东南学术文库
SOUTHEAST UNIVERSITY ACADEMIC LIBRARY

国内市场规模与出口产品结构优化
来自中国的经验研究

Home Market Scale and Optimization of Export Product Structure:
An Empirical Study from China

冯 伟 ● 著

东南大学出版社
·南京·

图书在版编目(CIP)数据

国内市场规模与出口产品结构优化：来自中国的经验研究/冯伟著. —南京：东南大学出版社，2022.3
ISBN 978-7-5766-0055-1

Ⅰ.①国… Ⅱ.①冯… Ⅲ.①出口产品-产品结构调整-研究-中国 Ⅳ.①F752.62

中国版本图书馆 CIP 数据核字(2022)第 047521 号

● 国家社科基金青年项目

国内市场规模与出口产品结构优化：来自中国的经验研究
Guonei Shichang Guimo yu Chukou Chanpin Jiegou Youhua: Laizi Zhongguo de Jingyan Yanjiu

| 著　　者：冯　伟
| 出版发行：东南大学出版社
| 社　　址：南京市四牌楼 2 号　邮编：210096　电话：025-83793330
| 网　　址：http://www.seupress.com
| 经　　销：全国各地新华书店
| 排　　版：南京星光测绘科技有限公司
| 印　　刷：南京工大印务有限责任公司
| 开　　本：700 mm×1000 mm　1/16
| 印　　张：19.25
| 字　　数：367 千字
| 版　　次：2022 年 3 月第 1 版
| 印　　次：2022 年 3 月第 1 次印刷
| 书　　号：ISBN 978-7-5766-0055-1
| 定　　价：85.00 元

本社图书若有印装质量问题，请直接与营销部联系。电话：025-83791830
责任编辑：刘庆楚；责任印制：周荣虎；封面设计：企图书装

编委会名单

主 任 委 员：郭广银
副主任委员：周佑勇　樊和平
委　　　员：(以姓氏笔画为序)
　　　　　　王廷信　王　珏　龙迪勇　仲伟俊
　　　　　　刘艳红　刘　魁　江建中　李霄翔
　　　　　　汪小洋　邱　斌　陈志斌　陈美华
　　　　　　欧阳本祺　袁久红　徐子方　徐康宁
　　　　　　徐　嘉　董　群
秘 书 长：江建中
编务人员：甘　锋　刘庆楚

身处南雍　心接学衡
——《东南学术文库》序

每到三月梧桐萌芽,东南大学四牌楼校区都会雾起一层新绿。若是有停放在路边的车辆,不消多久就和路面一起着上了颜色。从校园穿行而过,鬓后鬓前也免不了会沾上这些细密嫩屑。掸下细看,是五瓣的青芽。一直走出南门,植物的清香才淡下来。回首望去,质朴白石门内掩映的大礼堂,正衬着初春的朦胧图景。

细数其史,张之洞初建两江师范学堂,始启教习传统。后定名中央,蔚为亚洲之冠,一时英杰荟萃。可惜书生处所,终难避时运。待旧邦新造,工学院声名鹊起,恢复旧称东南,终成就今日学府。但凡游人来宁,此处都是值得一赏的好风景。短短数百米,却是大学魅力的极致诠释。治学处的环境静谧,草木楼阁无言,但又似轻缓倾吐方寸之地上的往事。驻足回味,南雍余韵未散,学衡旧音绕梁。大学之道,大师之道矣。高等学府的底蕴,不在对楼堂物件继受,更要仰赖学养文脉传承。昔日柳诒徵、梅光迪、吴宓、胡先骕、韩忠谟、钱端升、梅仲协、史尚宽诸先贤大儒的所思所虑,求真求是的人文社科精气神,时至今日依然是东南大学的宝贵财富,给予后人滋养,勉励吾辈精进。

由于历史原因,东南大学一度以工科见长。但人文之脉未断,问道之志不泯。时值国家大力建设世界一流高校的宝贵契机,东南大学作为国内顶尖学府之一,自然不会缺席。学校现已建成人文学院、马克思主义学院、艺术学院、经济管理学院、法学院、外国语学院、体育系等成建制人文社科院系,共涉及6大学科门类、5个一级博士点学科、19个一级硕士点学科。人文社科专任教师800余人,其中教授近百位,"长江学者"、国家"万人计划"哲学社会科学领军人才、全国文化名家、"马工程"首席专家等人文社科领域内顶尖人才济济一堂。院系建设、人才储备以及研究平台等方面多年来的铢积锱累,为东南大学人文社科的进一步发展奠定了坚实基础。

在深厚人文社科历史积淀传承基础上,立足国际一流科研型综合性大学之定位,东南大学力筹"强精优"、蕴含"东大气质"的一流精品文科,鼎力推动人文社科科研工作,成果喜人。近年来,承担了近三百项国家级、省部级人文社科项目课题研究工作,涌现出一大批高质量的优秀成果,获得省部级以上科研奖励近百项。人文社科科研发展之迅猛,不仅在理工科优势高校中名列前茅,更大有赶超传统人文社科优势院校之势。

东南学人深知治学路艰,人文社科建设需戒骄戒躁,忌好大喜功,宜勤勉耕耘。不积跬步,无以至千里;不积小流,无以成江海。唯有以辞藻文章的点滴推敲,方可成就百世流芳的绝句。适时出版东南大学人文社科研究成果,既是积极服务社会公众之举,也是提升东南大学的知名度和影响力,为东南大学建设国际知名高水平一流大学贡献心力的表现。而通观当今图书出版之态势,全国每年出版新书逾四十万种,零散单册发行极易淹没于茫茫书海中,因此更需积聚力量、整体策划、持之以恒,通过出版系列学术丛书之形式,集中向社会展示、宣传东南大学和东南大学人文社科的形象和实力。秉持记录、分享、反思、共进的人文社科学科建设理念,我们郑重推出这套《东南学术文库》,将近些年来东南大学人文社科诸君的研究和思考付之枣梨,以飨读者。知我罪我,留待社会评判!

是为序。

《东南学术文库》编委会
2016 年 1 月

内容简介

优化出口产品结构,实现对外贸易高质量发展,是新常态下我国经济发展的重要着眼点和落脚点。然而,面对传统动力和比较优势的日渐式微和消逝,我国急需呼唤新的动能来为提升出口产品质量和优化出口产品结构提供支撑和保障。基于此大背景,本著作认为我国所蕴含的不断增长的国内市场规模是新时代我国持续推进出口产品结构优化的新比较优势。对此,本著作基于"提出问题—分析问题—解决问题"的分析范式,采用规范分析和实证分析相结合的研究方法,从宏观与微观、国外与国内、理论与实践等多个层面,较为系统地研究了国内市场规模作用于出口产品结构优化的主要特征、内在基础、影响机制与实现路径等,力图厘清并明晰国内市场规模内生于出口产品结构优化的可能性与可行性,为新时代我国加快贸易强国建设、推进经济高质量发展提供研究参考与政策启示。

作者简介

冯伟，东南大学经济管理学院副教授，管理学博士，入选中共江苏省委宣传部"江苏社科优青"，中国世界经济学会理事，澳大利亚西澳大学(UWA)访问学者，主要从事国际贸易学和产业经济学等方面的研究，现已在《中国工业经济》《中国软科学》《经济科学》《南开经济研究》《国际贸易问题》《世界经济研究》以及 China & World Economy (SSCI)、Economic Analysis and Policy (SSCI)和 Growth and Change (SSCI)等重要期刊上发表论文四十多篇，并在《经济学家茶座》等刊物上发表随笔十多篇，出版专著三部、教材一本，主持并完成国家社科基金项目、教育部人文社科项目和江苏省社科基金一般、重点项目等十多项，研究成果曾获江苏省高校哲学社会科学研究优秀成果一等奖、江苏省哲学社会科学界学术大会优秀论文一等奖等，并获得东南大学第一届"杰出教学奖"（教学新秀奖），目前兼任《经济学（季刊）》《财经研究》、《经济评论》、《宏观质量研究》、Growth and Change、Technology Analysis & Strategic Management 等期刊的匿名审稿人。

目 录

第一章 绪 论 …………………………………………………… (1)
  1.1 研究背景 ………………………………………………… (1)
  1.2 研究视角 ………………………………………………… (9)
  1.3 研究价值与目标 ………………………………………… (13)
    1.3.1 研究特色 ………………………………………… (13)
    1.3.2 理论与实际价值 ………………………………… (14)
    1.3.3 主要目标 ………………………………………… (16)
  1.4 研究内容 ………………………………………………… (16)
    1.4.1 主要内容及重点难点 …………………………… (16)
    1.4.2 研究思路与方法 ………………………………… (20)
  1.5 创新之处 ………………………………………………… (21)
  1.6 本章小结 ………………………………………………… (22)

第二章 理论基础与文献综述 ………………………………… (23)
  2.1 相关贸易理论支撑 ……………………………………… (23)
    2.1.1 比较优势理论 …………………………………… (23)
    2.1.2 要素禀赋理论 …………………………………… (25)
    2.1.3 标准贸易模型 …………………………………… (25)
    2.1.4 本土市场效应理论 ……………………………… (27)

2.1.5　出口产品质量理论 …………………………………………（29）
　2.2　相关重要概念解析 ……………………………………………（30）
　2.3　关于比较优势对出口产品结构优化的研究 …………………（32）
　　2.3.1　来自供给侧比较优势的研究 ………………………………（32）
　　2.3.2　来自需求侧比较优势的研究 ………………………………（33）
　2.4　关于出口产品质量的测度方法研究 …………………………（34）
　　2.4.1　单位价值法 …………………………………………………（34）
　　2.4.2　出口产品技术复杂度法 ……………………………………（35）
　　2.4.3　Nested Logit 模型法 ………………………………………（36）
　　2.4.4　质量指数法 …………………………………………………（36）
　2.5　关于中国出口产品技术含量的研究 …………………………（37）
　　2.5.1　对出口产品技术含量演变的考察 …………………………（37）
　　2.5.2　对出口产品技术含量影响因素的考察 ……………………（38）
　2.6　关于产业结构与贸易结构的研究 ……………………………（39）
　　2.6.1　来自国外研究的观察 ………………………………………（39）
　　2.6.2　基于中国的经验研究 ………………………………………（41）
　2.7　关于影响出口产品结构的因素研究 …………………………（44）
　　2.7.1　外商直接投资 ………………………………………………（44）
　　2.7.2　技术创新 ……………………………………………………（44）
　　2.7.3　人力资本水平 ………………………………………………（45）
　　2.7.4　劳动生产率 …………………………………………………（46）
　2.8　本章小结 ………………………………………………………（46）

第三章　比较优势演变与中国出口产品结构优化 ………………（48）
　3.1　比较优势与出口产品结构的测算 ……………………………（48）
　　3.1.1　比较优势的测度 ……………………………………………（48）
　　3.1.2　出口产品结构的测度 ………………………………………（51）
　3.2　中国出口产品结构和要素结构的现状分析 …………………（52）
　　3.2.1　出口产品结构的基本状况 …………………………………（52）

  3.2.2 要素结构的总体现状 ……………………………………… (53)
  3.2.3 比较优势视角下中国出口产品结构的演变 ……………… (54)
 3.3 比较优势演变作用于出口产品结构的机制分析 ………………… (56)
  3.3.1 比较优势演变机制 ………………………………………… (56)
  3.3.2 基于供给侧的比较优势影响出口产品结构的作用机制
     …………………………………………………………………… (59)
  3.3.3 基于需求侧的比较优势影响出口产品结构的作用机制
     …………………………………………………………………… (60)
 3.4 比较优势演变对中国出口产品结构优化的实证分析 …………… (63)
  3.4.1 实证方程构建 ……………………………………………… (63)
  3.4.2 变量说明及数据处理 ……………………………………… (64)
  3.4.3 实证分析及结果探讨 ……………………………………… (68)
 3.5 本章小结 ……………………………………………………………… (82)

第四章 中国出口产品结构的演变特征与影响因素 ……………………… (85)
 4.1 我国出口产品技术含量演变的统计分析 ………………………… (85)
  4.1.1 资源基础产品内部演变 …………………………………… (88)
  4.1.2 低技术产品内部演变 ……………………………………… (89)
  4.1.3 中等技术产品内部演变 …………………………………… (90)
  4.1.4 高技术产品内部演变 ……………………………………… (92)
 4.2 我国出口产品技术含量演变的定量分析 ………………………… (95)
  4.2.1 出口产品技术含量的测度方法 …………………………… (95)
  4.2.2 相关数据说明 ……………………………………………… (96)
  4.2.3 出口复杂度指数的跨国比较与分析 ……………………… (97)
 4.3 我国出口产品技术含量的演变特征及存在问题 ………………… (100)
 4.4 出口产品技术含量影响因素的实证研究 ………………………… (101)
  4.4.1 变量选择和数据说明 ……………………………………… (101)
  4.4.2 模型设定和实证检验 ……………………………………… (104)
 4.5 本章小结 ……………………………………………………………… (109)

第五章　国内市场规模作用于出口产品结构优化的产业基础 ……… (111)

5.1　我国产业发展面临的主要困境 ……………………………… (111)
5.2　国内市场规模的新分析视角 ………………………………… (113)
5.3　机制解析与理论假说 ………………………………………… (115)
5.4　构建回归方程与测度相关变量 ……………………………… (117)
5.5　实证分析国内市场规模对产业升级的作用特征 …………… (120)
5.5.1　国内市场规模作用于产业升级的基本判断 ………… (120)
5.5.2　国内市场规模作用于产业升级的机制检验 ………… (124)
5.5.3　基于空间计量的基本判断的稳健性检验 …………… (125)
5.5.4　基于空间计量的作用机制的稳健性检验 …………… (128)
5.6　本章小结 ……………………………………………………… (128)

第六章　国内市场规模作用于出口产品结构优化的贸易基础 ……… (133)

6.1　发展历程与存在问题 ………………………………………… (133)
6.1.1　中国贸易结构的演进及问题分析 …………………… (133)
6.1.2　产业结构的演变历程 ………………………………… (135)
6.1.3　贸易结构和产业结构所面临的主要问题 …………… (136)
6.2　对外贸易结构与产业结构的联动机制 ……………………… (137)
6.2.1　产业间分工下的联动机理 …………………………… (138)
6.2.2　林氏逻辑下的联动机理 ……………………………… (139)
6.2.3　全球价值链分工下的联动机理 ……………………… (140)
6.3　对外贸易结构与产业结构协同关系的实证分析 …………… (142)
6.3.1　实证设计与结果探讨 ………………………………… (142)
6.3.2　进一步探讨：以苏浙沪为例 ………………………… (149)
6.4　本章小结 ……………………………………………………… (158)

第七章　国内市场规模作用于出口产品结构优化的机制分析 ……… (160)

7.1　国内市场规模与出口产品结构的基本现状分析 …………… (160)
7.1.1　我国国内市场规模的发展状况 ……………………… (160)

  7.1.2 我国出口产品结构的基本现状 ………………………………… (162)

 7.2 国内市场规模影响出口产品结构的理论机制探析 ………………… (167)

  7.2.1 来自劳动生产率的影响 …………………………………………… (167)

  7.2.2 来自外商直接投资的影响 ………………………………………… (169)

  7.2.3 来自技术创新和研发活动的影响 ………………………………… (171)

 7.3 构建国内市场规模作用于出口产品结构的检验方程 …………… (176)

  7.3.1 变量测度与说明 …………………………………………………… (176)

  7.3.2 变量之间的关系描述 ……………………………………………… (180)

 7.4 国内市场规模对出口产品结构作用机制的实证分析 …………… (183)

  7.4.1 基本回归 …………………………………………………………… (183)

  7.4.2 克服内生性回归 …………………………………………………… (188)

  7.4.3 分样本回归 ………………………………………………………… (191)

  7.4.4 机制探讨 …………………………………………………………… (198)

 7.5 本章小结 ……………………………………………………………… (208)

第八章 国内市场规模、进口贸易与经济增长质量 ………………… (214)

 8.1 经济增长质量的新动力 ……………………………………………… (214)

 8.2 国内市场规模和进口贸易作用于经济增长质量的逻辑 ………… (216)

  8.2.1 基本理论支撑 ……………………………………………………… (216)

  8.2.2 关于国内市场规模与经济增长关系的研究 …………………… (217)

  8.2.3 关于进口贸易与经济增长关系的研究 ………………………… (218)

  8.2.4 关于国内市场规模与进口贸易关系的研究 …………………… (219)

  8.2.5 简要述评 …………………………………………………………… (220)

 8.3 国内市场规模和进口贸易影响经济增长质量的实证设计 …… (220)

  8.3.1 构建实证方程 ……………………………………………………… (220)

  8.3.2 描述变量的统计特性 ……………………………………………… (223)

 8.4 实证分析国内市场规模和进口贸易对经济增长质量的作用

    特征 ……………………………………………………………………… (225)

  8.4.1 基本回归结果 ……………………………………………………… (225)

  8.4.2 分样本回归分析 ……………………………………… (228)
  8.4.3 交互项回归结果 ……………………………………… (230)
  8.4.4 原因探讨分析 ………………………………………… (233)
 8.5 本章小结 ………………………………………………………… (237)

第九章 主要结论和对策建议 ……………………………………… (239)
 9.1 相关结论 ………………………………………………………… (239)
 9.2 优化举措 ………………………………………………………… (242)
 9.3 研究展望 ………………………………………………………… (250)

参考文献 ……………………………………………………………… (253)

附　录 ………………………………………………………………… (273)

致　谢 ………………………………………………………………… (291)

第一章

绪　论

1.1　研究背景

改革开放四十多年以来,我国对外贸易取得了巨大的成就。据统计,在改革开放之初,如1978年,我国货物进出口贸易总额仅355亿元人民币,折合美元206.4亿,仅占全球贸易总额的1%左右,其中出口货物总额为167.6亿元人民币,折合美元只有97.5亿[1]。然而,经过四十多年的开放与发展,尤其是在2001年加入世界贸易组织(WTO)以后,我国的对外贸易出现了迅猛的发展,从1980年的出口总额排名全球第26位跃升至2003年的世界第4位,并在2009年超过德国而成为全球第一大出口国,并一直保持至今,如图1.1所示。

我国不仅在全球贸易排名上实现了质的飞跃,而且在贸易数量和贸易结构上也取得了巨大的成绩。首先,从贸易数量上来看,据统计,在2018年,我国的出口贸易总额达到了164 176.68亿元人民币,是1978年(167.60亿元人民币)的近980倍,年均增长率达18.79%。尽管近些年受次贷危机以及中美贸易摩擦等经济波动的影响,我国出口贸易受到了冲击和影响,但是总的来看,出口贸易总额还是呈现出向上发展的势头,出口占GDP的比重依然维

---

[1] 注：如无特别说明,本章所引数据均来源于中国统计出版社《中国统计年鉴》。

持在20%左右(如图1.2所示)。

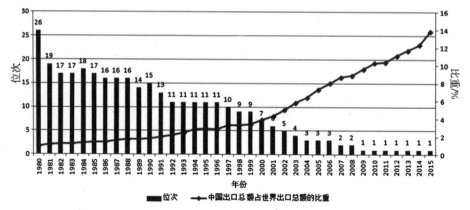

图1.1 改革开放以来中国出口总额占世界出口总额的比重及位次

数据来源:《中国贸易外经统计年鉴2016》。

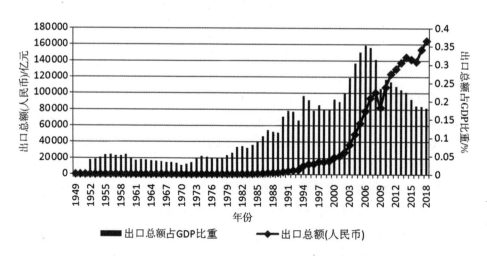

图1.2 中国1949—2018年出口总额及其占国内生产总值的比重

另外,从图1.3中可以看出,从出口对经济增长的贡献来看,相较于消费(最终消费支出)和投资(资本形成总额)这两驾"马车"而言,净出口(货物和服务的出口减去进口)对国内生产总值增长的贡献率较低,1978—2018年的年均贡献率只有3.47%,远小于消费的58.49%和投资的38.04%;从贡献率的稳定性来看,净出口对GDP的贡献率变化幅度较大,如在1985年(−50.9%)、1987年(32.5%)、1990年(82.9%)、1994年(30.9%)、1997年(42.6%)和2009年(−42.6%),以及2018年(−8.6%)等,均出现了较大幅度的波动。这一方面说明对外贸易易受经济发展的影响,尤其是国际经济的景气程度和不确定性因素的影响,存在着一定的脆弱性;另一方面也说明进出口贸易对经济增长的贡献率具有较大的潜力可挖,只要在适当地控制好和规避好对外贸易的风险以及国际经济的不确定性和复杂性的前提下,进出口贸易就能够对经济增长发挥很大的支撑作用。

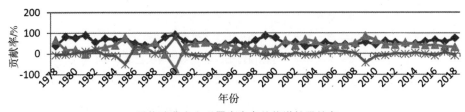

图1.3 中国1978—2018年"三驾马车"对国内生产总值增长的贡献率

进一步从"三驾马车"对国内生产总值的拉动情况来看(如图1.4所示),如同增长贡献率,净进口对GDP的拉动变化也存在着较大的波动。在1985年(-6.8个百分点)、1987年(3.8个百分点)以及2009年(-4个百分点)等,净出口的拉动作用均发生了较大幅度的变化,尤其是在近些年,如2018年(-0.6个百分点),还有下行趋势。总的来看,改革开放四十多年来,在"三驾马车"中,净出口的拉动作用只有0.15个百分点,只有消费拉动作用的2.82%,投资拉动作用的3.78%。这意味着净出口对GDP的拉动份额是偏低的,未来还有很大的提升空间,尤其是在国际经济的协作性和紧密度不断加深的大趋势下,我国应进一步加强进出口贸易对GDP的拉动作用,进而促使"三驾马车"能够均衡地推动我国经济的平稳增长。

从贸易结构上来看,我国进出口产品结构正在不断改善和优化。如图1.5所示,在出口产品结构中,改革开放之初,如在1980年,初级产品占我国出口产品总额的一半以上,约为50.30%,工业制成品约为49.70%。经过四十多年的发展,这种以"平起平坐"的出口产品结构为特征的贸易格局发生了很大的变化。现如今,初级产品占我国出口产品总额的比重稳定地保持在5%左右,而工业制成品在约95%的水平。这种工业制成品"一家独大"的局面,不仅反映出我国出口产品结构正在不断地优化,改变了改革开放之初以资源型产品和农产品(如矿物燃料、食品及主要供食用的活动物和动、植物油

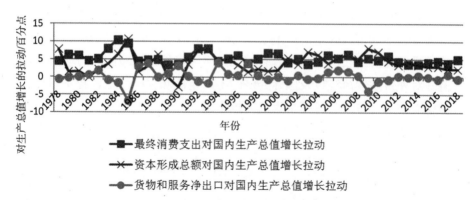

图 1.4　中国 1978—2018 年"三驾马车"对国内生产总值增长的拉动变化

脂及蜡等)出口换取出口外汇和贸易增长的"卑微"境地,也彰显了我国出口产品的全球影响力正在不断地扩大和提升。现在世界各地的很多商店和购物场所均能看到"Made in China"的产品,这极大地满足了世界人民对多样化制成品的需求。

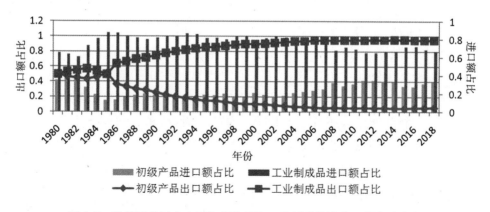

图 1.5　改革开放以来中国初级产品和工业制成品进出口额占比变化

从一般贸易和加工贸易的增长状况来看,我国出口贸易结构也在不断地优化。如图 1.6 所示,从出口额的增长状况来看,在 2010 年之前,一般贸易和加工贸易虽然处在相互交织的状态,但总体上是加工贸易出口额要大于一般贸易出口额,这说明在此阶段我国基本上处在全球价值链和国际分工网络的低端,主要依靠加工贸易[如"三来一补"、贴牌生产(OEM)、组装加工等]来维持出口。在 2010 年之后,我国出口贸易结构发生了质的变化,一般贸易出口额超过了加工贸易出口额,且这两者之间的差额有越发扩大的趋势。这说明我国出口贸易的主动性和主导性正在不断地提升和增强,也正在改变以往国际贸易中的"婢女"角色。从出口增速来看,我们可以进一步印证上述观点。在2010年之前,加工贸易处在加速的增长状态中,尤其是在改革开放之初,加工贸易发展十分迅猛,这与当时我国的具体国情是分不开的,即总体上处于百废待兴,急需经济动力来支撑经济起飞以及改变经济困境的阶段。然而,经过三十多年的发展,我国依靠传统出口贸易动力的格局发生了显著的变化。现阶段,即使受全球经济低迷和近期中美摩擦等的影响,一般贸易出口增速仍然保持了正的态势,而加工贸易出口增速却出现了负增长,这与近些年我国所出现的加工贸易企业不断倒闭的现象是相吻合的。这说明在国内外经济发生重大转变的大背景下,中国依靠劳动红利的"代工时代"将会越走越远,众多外贸企业尤其是以加工为主的企业也要审时度势,积极转变经营方式,努力提升产品附加值,不断向国际价值链分工的"微笑曲线"的两端迈进。

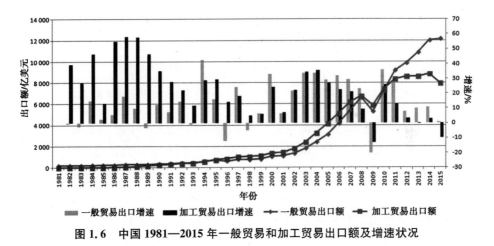

图1.6 中国1981—2015年一般贸易和加工贸易出口额及增速状况

数据来源:《中国贸易外经统计年鉴2016》。

从进口产品结构来看,其发展特征与出口产品结构并不相同。如图1.5所示,改革开放以来,我国进口产品中,初级产品所占比重大致平稳地保持在30%左右,而工业制成品则维持在约70%的水平。这说明无论是对初级产品进口,还是工业制成品进口来说,我国均具有较大的需求和依赖性。进一步地从细分的进口初级产品和工业制成品结构来看(如图1.7所示),以2018年为例,在初级产品进口中,矿物燃料、润滑油以及有关原料等进口占了很大的比重,约50%;在工业制成品进口中,机械及运输设备占据了近60%。这意味着在进口产品结构中,我国对资源类和技术密集型等产品均具有较高的对外依存度。这虽然在一方面说明我国与世界其他国家在经济联系上的紧密性,通过进口贸易能够为我国带来先进的技术和管理制度,但是另一方面也说明我国进口贸易存在着亟须突破的瓶颈和空间,即要规避对资源型产品的依赖以及对高技术产品的依存,因为如果过度依靠从国外进口此类产品,我国的经济发展将存在着较大的制约性和被动性,也会极易受外部经济以及不确定性的影响、冲击和波动,难以从贸易大国向贸易强国转变。

1 食品及主要供食用的活动物进口额(百万美元)
2 饮料及烟类进口额(百万美元)
3 非食用原料进口额(百万美元)
4 矿物燃料、润滑油及有关原料进口额(百万美元)
5 动、植物油脂及蜡进口额(百万美元)

6 化学品及有关产品进口额(百万美元)
7 轻纺产品、橡胶制品、矿冶产品及其制品进口额(百万美元)
8 机械及运输设备进口额(百万美元)
9 杂项制品进口额(百万美元)
10 未分类的其他商品进口额(百万美元)

(a) 初级产品　　　　　　　　　　(b) 工业制成品

图 1.7　2018 年我国进口产品中初级产品以及工业制成品的结构说明

最后,从国别特征来考察我国对外贸易发展的主要特征。现如今,我国已成为世界第一大商品出口国和第二大商品进口国。然而,这些产品具体出口到哪些国家,又是从哪些国家进口而来的呢？我国对外贸易的国别分布具有什么样的特征呢？

第一,从进出口总额的大洲分布来看,我国对外贸易对象具有一定的地理集中性。从图 1.8 中可以看出,在对 1998—2017 年二十年平均贸易额的比较来看,不论是从总体层面的进出口总额,还是从单个维度的出口总额或进口总额来看,我国对外贸易的对象主要集中在亚洲,这可能因为我国本身就处在亚洲,与亚洲其他国家或地区进行贸易具有得天独厚的地理近邻和文化亲近等优势。另外与我国具有贸易联系的国家主要分布在欧洲和北美洲,这主要因为这些大洲云集了世界上主要的发达国家,如美国、加拿大、英国、德国、法国等国家,而我国与这些国家在对外贸易上具有一定的互补性、合作性和关联性。最后,对诸如在非洲、拉丁美洲等的国家来说,我国与它们的经贸联系并不紧密。值得指出的是,虽然从数额上来看,我国与大洋洲的进出口贸易额在这六大洲中并不凸显,这可能与大洋洲只有少数几个国家有关,如澳大利亚、新西兰等，但是实际上，我国与这些大洋洲国家的经贸交往还是比较密切的。因而，我们还需要进一步从国别角度来考察我国对外贸易的地理分布特征。

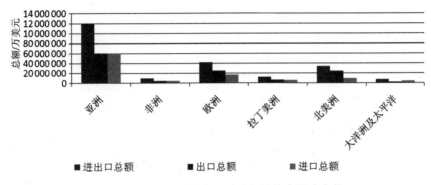

图1.8　1998—2017年我国对外贸易的大洲分布状况

数据来源：《国际统计年鉴》。

第二，从对外贸易的国别分布来看，我国对外贸易对象具有一定的地缘性和经济关联等特征。据统计，目前我国是49个主要国家的第一大贸易伙伴，101个国家的前三大贸易伙伴（张群，2015）。那么，这些国家主要分布在哪里呢？通过《国际统计年鉴》，可见1998—2017年间与我国对外贸易保持密切联系的国家或地区主要包括美国、欧盟、东盟以及俄罗斯和巴西等。这些国家或地区主要集中在与我国对外贸易具有便利性的地区，如东盟与俄罗斯等，或者具有价值链分工性的地区，如美国与欧盟等，再或者具有一定政体同属性的地区，如俄罗斯和巴西等。

第三，从出口贸易的国别分布来看，我国对外贸易对象同样具有一定的地理亲疏和政经关联等特征。通过《国际统计年鉴》，1998—2017年间，与我国出口贸易具有重要联系的国家或地区也主要分布于美国、加拿大、东盟、欧盟以及俄罗斯和巴西等。这与对外贸易的分布特征基本上是一致的，说明我国出口贸易的对象国或地区具有一定的导向性和稳定性。这从另一个角度也意味着虽然维系既有的贸易联系对于我国对外贸易具有重要的作用，但是开拓新的贸易关系，如与拉丁美洲国家甚或是非洲国家等进行更大程度的贸易，对于我国进一步推进和稳定贸易发展同样具有重要的意义。

第四，从进口贸易的国别分布来考察，通过《国际统计年鉴》，1998—2017年间，美国、东盟和俄罗斯等国或地区依然是中国进口贸易的主要来源。这里值得指出的是，相较于进出口贸易和出口贸易，澳大利亚在中国进口贸易中的作用更为明显。这主要因为澳大利亚是个资源丰富的"幸运"国家,其并没有因丰裕的资源而产生"荷兰病"或陷入"资源诅咒"的困境中,其所拥有的矿产品和农产品等均是我国经济发展所需的,因而在对外贸易发展上,澳大利亚与我国存在着较大的互补性。

与此同时,我们尤为关注的是,不论是在进出口贸易的总体层面,还是在出口贸易或进口贸易的单个层面,美国与我国的经贸联系均是紧密的和占据主体地位的。这不仅因为中美两国是当今世界的两大经济主体,在经济发展阶段、资源禀赋和贸易产品的互补性和合作性等方面均具有较大的空间,而且也因为中国不断壮大的市场规模以及不断优化的生产要素结构能为美国对外经济发展提供有效的保障和强有力的支撑。因而,从当下中美贸易摩擦不断升级的现实来看,两国之间的经济纷争、利益分歧甚或是贸易之战,不仅对两国的长远发展是不利的,是种"双输"的结局,而且也会对其他国家产生不良的影响,给整个世界经济带来动荡、不安甚或是萧条。

综合上述可以看出,经过改革开放四十多年的发展,我国对外贸易取得了快速的发展,出口额及出口产品结构也得到了大幅的增长和有效的优化。目前,我国已成为世界上第一大产品出口国和第二大产品进口国,从贸易总额和规模上来看是名副其实的贸易大国。然而,贸易大国并不等同于贸易强国。其中,表现最为突出的是,我国出口产品结构及其表现出来的出口产品质量与产品附加值相较于发达国家来说仍然存在着较大的差距。具体而言,主要表现在以下几个方面:

首先,以劳动力为代表的传统比较优势正在逐渐消失,使得推动对外贸易发展及其出口产品结构优化的动力正面临着新旧动能转换的过渡期和转型阶段。长期以来,低廉的劳动力成本和大量的劳动力资源被认为是我国对外贸易发展中最具竞争优势的要素,代工、组装和流水线等曾经是我国出口贸易的主要创利来源,但是随着我国人口老龄化趋势的日渐显著以及人口红利的不断丧失,再加之近年来我国劳动力工资也在不断攀升,致使很多外资企业开始将他们的生产线迁移至劳动力更为充裕和廉价的越南、菲律宾、泰国等东南亚国家,甚至是非洲国家等。因而,我国传统生产要素比较优势的日渐消逝,致使我国贸易条件出现了日益恶化的趋势(魏浩和程珖,2010),现阶段迫切需要新的动力或比较优势来支撑并持续推进我国对外贸易的有效增长和坚实发展。

其次,我国在全球价值链分工体系中长期处于低端位置,导致国际经济与贸易的资源导向和利益分配不均衡。产生这种现象的很大一部分原因是我国基于低廉的劳动力和粗放的资源禀赋所形成的传统贸易发展方式。即，在改革开放初期，我国因为劳动力技术水平低、资源议价能力薄弱等因素，往往只能在国际分工中扮演较低层次的"婢女"角色或是"学徒工"身份。这就导致我国在国际贸易中难以拥有对等的话语权，也无法获得相应的贸易主导地位，更是奢谈占据和拥有价值链顶端的可能（郭晶和杨艳，2010）。因而，加快挖掘、利用并发挥新的比较优势，以此切实增强并提升对外贸易的核心竞争力和价值链地位是我国摆脱低端低质量贸易困境的有效途径，更是实现贸易强国的题中之义。

最后，我国出口产品的附加值仍然不高，缺少大规模高技术含量的商品出口，导致我国出口贸易的换汇能力和盈利空间并不大。这主要也是因为我国传统贸易发展方式过度依赖于劳动与资源等要素，致使产品技术含量不高，产品品质粗放。而对发达国家来说，由于技术先进和管理经验丰富，其所生产出来的产品相对质量更高。因而，为了保持甚至是扩大这种领先优势，发达国家在国际分工中往往会将发展中国家的价值链分工和出口产品"锁定"在较低的位置和层次。发展中国家为了获得发达国家的贸易订单或商业机会，不得不被发达国家所"俘获"和"侵蚀"，这就在无形中生成并扩大了发达国家与发展中国家在出口产品质量与技术含量上的"鸿沟"和差距（沈琳，2015）。

因而，党的"十七大""十八大""十九大"等报告以及十九届二中、三中、四中和五中全会等相继提出了构建新型开放优势、推进经济高质量增长等重大发展战略。这就要求我们要进一步明晰和厘清我国出口产品结构的优化路径和有效动能以及对外贸易的提质增效之策，通过切实增强出口贸易的核心竞争力来加快贸易强国的建设步伐。这对于笔者研究团队来说具有十分重要的现实紧迫性和研究必要性。

1.2 研究视角

通过上述分析可知，目前，我国对外贸易发展缓慢以及出口产品质量不高的主要原因在于过去所依靠的驱动要素，如劳动和资源等比较优势已减弱，我国对外贸易正面临着禀赋红利和发展势能逐渐消散的困境。如何从现有的经济发展约束或潜能中找寻出推动我国对外贸易高效益发展以及出口产品结构高质量优化的适宜动力，是新常态下我国所迫切需要解决的重大现实问题。

尽管当前学术界已为我国进出口贸易实现转型发展开出了诸多"药方",如要加快技术创新、大力引进外资、鼓励自主研发以及提升人力资本等,但是"处方"并不能达到标本兼治的功效。如对技术创新来说,诚然,"创新是推动经济增长的第一动力"已逐渐成为学界共识,但是技术创新的依托是什么?其主要面向的对象是什么?对外商直接投资(FDI)来说,在中国要素禀赋结构发生重大转变的大背景下,理性的外资为什么要继续留在中国?能够稳住的外资动力又是什么?同样,对自主研发和人力资本来说,其提升的支撑在哪里?服务的对象是什么?因而,综合来看,这些路径并不是最为根本和基础性的。那么,推进我国出口产品结构优化和对外贸易高质量发展的关键动力是什么呢?

本书认为不断扩增的国内市场规模[1]是推进我国出口贸易提质增效的核心动力和新型比较优势。首先,从世界各国的 GDP 规模比较来看,如图 1.9 所示,2018 年我国 GDP 总量位居世界第二位,是位列第一的美国的近三分之二,却是位列第三的日本的约 2.74 倍。我国从改革开放初期的一穷二白、举步维艰,转变为现如今的全球第二大经济体,这不仅表征了我国经济的快速增长,也彰显了我国国内市场规模的迅猛扩展。

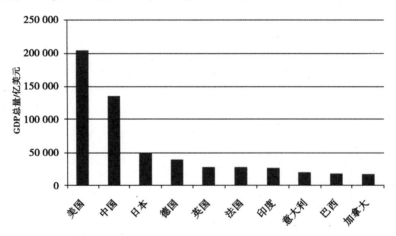

图 1.9　2018 年 GDP 世界排名前十的国家

数据来源:《国际统计年鉴》。

---

〔1〕 需要指出的是,国内市场规模在英文文献中表述为"Home Market Scale",在中文文献中又可译为"本土市场规模""本地市场规模"或"母国市场规模"等。因而,在本书中,有时为了能和现有文献的称呼保持一致,会将中文文献中关于"Home Market Scale"的几种称呼进行混合使用,但是主要以"国内市场规模"为主。

其次，从对我国各省区市经济增长情况的考察来看，不论是从总量增长还是从人均水平来看，均取得了快速的进步。如图1.10所示，1993—2018年，我国各省区市的GDP指数年均保持在10%左右的增长水平，其中增长最快的是内蒙古，达到了12.63%，学界也将此称为"内蒙古现象"。从人均GDP来看，2018年我国各省区市的平均值为65 253.45元，折合9 860.89美元，属于中上等收入国家[1]。其中，有11个省区市的人均GDP超过了该水平(它们分别是北京、天津、内蒙古、上海、江苏、浙江、福建、山东、湖北、广东、重庆)，北京(139 523元)位居所有省区市第一位。

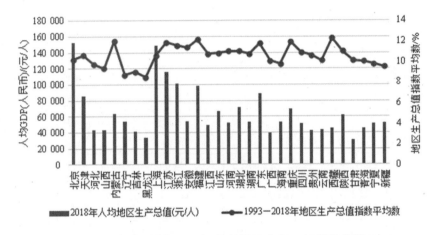

图1.10 我国各省区市GDP指数以及人均GDP的变化情况

数据来源：《中国统计年鉴》。

再次，从GDP的总额来看，我国各省区市的市场规模也都达到了"富可敌国"的程度。如表1.1所示，将2018年我国各省区市的GDP折合成美元，并与世界上其他国家的同期GDP进行比较，可以发现，我国很多省区市的GDP总量可以和世界上某一个国家的GDP总量相匹敌，且部分省区市已超过了诸多发达国家，如澳大利亚、瑞士、瑞典和比利时等。这说明近些年来我国国内市场规模总体上获得了快速的增长，未来的潜力也不容小觑。

---

[1] 按照世界银行2017年7月1日的收入分组标准，高收入国家的人均国民总收入大于12 235美元(现价美元)，中上等收入国家的人均国民总收入为3 956～12 235美元，中下等收入国家的人均国民总收入为1 006～3 955美元，低收入国家的人均国民总收入小于1 006美元。

表1.1 2018年我国各省区市GDP排名情况以及与相应世界各国GDP的对比状况

单位：亿美元

序号	地区	GDP	国家	GDP	序号	地区	GDP	国家	GDP
1	广东	14 700.30	澳大利亚	14 321.95	17	重庆	3 077.22	巴基斯坦	3 125.70
2	江苏	13 992.72	西班牙	14 261.89	18	广西	3 075.61	智利	2 982.31
3	山东	11 555.85	印度尼西亚	10 421.73	19	天津	2 842.45	智利	2 982.31
4	浙江	8 492.33	沙特阿拉伯	7 824.83	20	云南	2 702.14	孟加拉国	2 740.25
5	河南	7 262.05	瑞士	7 055.01	21	内蒙古	2 612.69	孟加拉国	2 740.25
6	四川	6 147.15	波兰	5 857.83	22	山西	2 541.50	埃及	2 508.95
7	湖北	5 948.95	波兰	5 857.83	23	黑龙江	2 472.51	越南	2 449.48
8	湖南	5 504.55	瑞典	5 510.32	24	吉林	2 278.03	葡萄牙	2 379.79
9	河北	5 441.76	瑞典	5 510.32	25	贵州	2 237.50	秘鲁	2 222.38
10	福建	5 410.59	比利时	5 317.67	26	新疆	1 843.49	阿尔及利亚	1 806.89
11	上海	4 938.48	泰国	5 049.93	27	甘肃	1 246.12	乌克兰	1 308.32
12	北京	4 581.86	奥地利	4 557.37	28	海南	730.20	缅甸	712.15
13	安徽	4 534.53	挪威	4 347.51	29	宁夏	559.91	黎巴嫩	566.39
14	辽宁	3 825.57	尼日利亚	3 972.70	30	青海	432.98	科特迪瓦	430.07
15	陕西	3 693.04	南非	3 662.98	31	西藏	223.29	特立尼达和多巴哥	234.10
16	江西	3 322.27	菲律宾	3 309.10					

注：数据来源于《中国统计年鉴》以及《国际统计年鉴》。

然而，我们也应看到，我国市场规模的地区分布也存在着不均衡现象。据核算，2018年我国GDP规模比较大的省区市主要集中在东部沿海地区，如广东、山东和江苏以及浙江，位列前四甲，而中西部地区的大部分省区市依旧处于比较靠后的位置，如宁夏、青海和西藏等。而且，两者之间的差距比较大，如位列第一的广东，其GDP规模是位列最后一位的西藏的65.84倍。这虽然在一定程度上反映了我国各省区市市场规模增长的不均衡性，但是从另一个侧面来说也意味着我国市场规模存在着较大的增长潜力，尤其是对中西部地区来说，在不断地赶超和跨越式发展中，它们会获得越来越多的增长机会和成长可能。

从产业发展来看，我国各行业的市场潜能及其规模增长也是非常具有前景的。IDC（Internet Data Center，互联网数据中心）全球机器人研究发布的《中国机器人市场预测，2018—2022》（*China Robotics Market Forecast*，

2018—2022)研究报告显示,2022年中国机器人市场规模将达到805.2亿美元,全球占比高达38.3%。《2017年度中国数字阅读白皮书》指出,中国数字阅读市场的规模在2017年达到了152亿元,比2016年增长了26.7%,同时,数字阅读用户规模也达到了3.78亿人,比上年增长了13.37%。另据IDC预测,中国对智慧城市技术投资的市场规模在2023年将达到389.2亿美元,约占全球的20.54%。此外,我国养老产业、智能制造行业、无人机行业、大数据、云计算、数字金融、融合通信行业等的市场潜能及规模也是十分庞大的。

综上所述,可以看到,经过改革开放四十多年的发展,我国国内市场规模获得了巨大的增长,而且未来持续增长的潜力也是值得期待的。

在当前我国传统生产要素红利不断式微甚至是枯竭的现实条件下,在全球经济不确定性和复杂性依旧没有减弱的大背景下,尤其是在全球依然没有走出新冠肺炎疫情(COVID-19)持续影响以及逆全球化依然盛行的形势下,我国推进对外贸易发展尤其是出口产品结构优化升级已不能再依靠传统动力以及外部力量,需要转变发展思路和创新发展方式。

那么,当国内市场规模遇到出口产品结构,这两者之间会产生什么样的作用效果呢?国内市场规模能否成为推进我国出口产品结构优化的新动力和新优势呢?其间的作用特征以及机制是怎么样的呢?又该如何从国内市场规模的视角来推进我国出口产品结构优化升级呢?这些问题均是我们要着力探讨和研究的,也正是本书的立题所在和所要解决的关键问题。

1.3 研究价值与目标

1.3.1 研究特色

从国内市场规模视角来探讨出口产品结构的优化机制及其实现路径,一直是学界关注的焦点。从现有文献来看,一方面主要是基于Krugman(1980)所提出的"本土市场效应"(Home Market Effect)理论来诠释或检验一国发生对外贸易的可能(Davis and Weinstein,2001),其指出在一个存在规模报酬递增和具有贸易成本的世界中,那些拥有相对较大且稳定的国内市场规模的国家或地区将成为贸易的净出口方,这为从国内市场规模视角来研究对外贸易及优化出口产品结构奠定了重要的理论基础;另一方面主要是基于Melitz(2003)所提出的"企业异质性"模型(Heterogeneous Firm Trade Model)来说明通过依托国内市场规模能够实现出口产品结构的多元化(Parteka and Tamberi,2011;易先忠等,2014)。

上述这两方面的研究,为我们理解国内市场规模与出口产品结构之间的作用关系提供了很好的基准和参照。然而,令人遗憾的是,现有研究并没有完全打开国内市场规模作用于出口产品结构优化的"黑箱"。这不仅在于国内市场规模在作用于经济增长时会展现出要素集聚功能(范剑勇和谢强强,2010;Campolmi et al.,2014)和技术创新功能(Acemoglu and Linn,2004;Blume-Kohout and Sood,2013),而且还在于出口产品结构本身具有更为丰富的内涵和更为立体的结构。

现有关于出口产品结构的研究主要是围绕产品间和产品内两个维度展开的,前者主要包括二元边际结构和技术结构,而后者主要是指品质结构(李坤望等,2014;施炳展等,2013)。(1)在二元边际结构方面,很多学者在对中国出口增长的微观结构考察中发现,中国的出口增长主要是沿着集约的贸易边际(the intensive margin of trade)实现的,扩展的贸易边际(the extensive margin of trade)所占据的比重还很小,并将影响这一现象的因素主要归结为经济规模、多边阻力、生产率水平和金融发展等(钱学锋和熊平,2010)。(2)在技术结构方面,很多学者认为中国出口产品的技术结构并没有发生显著改变,中国出口产品复杂度的提升主要来自低端和中端层产品,并将影响这一现象的因素主要归结为人力资本、外商投资程度、劳动生产率、资本密集度等(姚洋和张晔,2008;鲁晓东,2014)。(3)在品质结构方面,很多研究认为中国出口产品质量或品质(quality)总体上呈下降趋势,形成了变动之谜(李坤望等,2014),对此进行解释的因素包括距离、人均收入、外商直接投资、研究研发以及人力资本等(Baldwin and Harrigan,2011)。

综上可以看出,现有诸多研究尽管已从多个维度探讨和分析了优化出口产品结构的影响因素,但是鲜有从国内市场规模的视角来捕捉和探讨优化一国出口产品结构的动态特征及其作用机制的,成熟且成体系的学术文献也不多见。这就为本书研究提供了很好的切入点,这也正是本书研究的特色和边际贡献之处。

1.3.2 理论与实际价值

1. 理论研究价值

相较于已有研究,本书认为国内市场规模是优化我国出口产品结构的坚实基础和有效动力。这不仅因为优化我国出口产品结构在经济新常态的大背景下,需要新的动力支撑,需要从传统的以消耗资源和牺牲环境为代价的要素供给型或对外依赖型转变到以发挥国内市场规模为特征的需求内驱型的新的发展阶段上来,也因为经过改革开放四十多年的发展,我国已拥有巨大的市场规模,而且不断扩增的市场规模能够成为优化我国出口产品结构的第三条道路。

这主要表现在:一方面通过国内市场规模的要素集聚功能,可以有效地吸引外商直接投资(FDI),在"干中学"的过程中促使我国企业和行业能够获得技术及知识的外溢,以此提升并加快我国出口产品的技术含量和品质升级;另一方面通过国内市场规模的技术创新功能,在市场规模可预期的收益作用下能够强化企业之间的竞争和创新,以此增强和丰富出口产品的技术复杂度和种类。因而,本书将突破以往多数文献主要从要素供给或外部需求拉动的角度来探究出口产品结构优化的分析思路或研究范式,着重从国内市场规模的内生视角,将我国不断成长的国内市场规模作为出口产品结构优化的新动力和新优势,以此分析我国出口产品结构优化的可能性与可行性,这对于深化国际贸易理论研究有着重要的理论意义。

2. 实际研究价值

本书以我国经济步入新常态为背景,以我国外贸发展方式亟待转变为契机,积极发挥国内市场规模对于产业结构升级以及贸易结构优化等的引导和激励作用,以此探索出一条优化我国出口产品结构的新路径,这对于全面提高我国开放型经济水平具有重要的实践导向意义,具体主要凸显在以下两方面:

一方面,通过测度并分析我国出口产品技术含量及其组成结构的演变过程,能够深刻认识我国对外贸易的发展状况以及贸易结构的演变进程。当前,国内外学者对我国出口产品技术含量及产品结构的演变大多从定性和定量两个视角来进行分析,但这些研究主要偏重于建立在一国或整个地区的总体层面上,较少从产品的微观视角来考察和剖析。本书将从宏观和微观、地区和行业、历史和现实等多个层面来探究我国出口产品结构的演进过程,明晰我国出口产品结构的内在特征和演变规律。

另一方面,通过厘清和明晰我国出口产品结构的影响因素和优化机制,为我国优化出口产品结构寻找新的比较优势。目前,国内外学者将影响出口产品结构及其技术含量的因素主要归结为企业竞争、科研投入、人力资本以及基础设施等,鲜有将本土市场规模纳入其中并作为主要的内生变量加以考虑。对此,本书在考虑传统影响因素的同时,将国内市场规模内生至影响出口产品结构优化的因素架构中,力求全面客观地分析我国出口产品结构的主要影响因素,并据此给出促进我国出口产品结构优化升级的实施路径和对策建议,切实提升我国国际贸易的综合竞争力和影响力。

1.3.3 主要目标

1. 理论研究目标

揭示国内市场规模作用于我国出口产品结构优化的关键机制。将国内市场规模内生至影响出口产品结构优化的因素架构中,在现有文献中还缺乏系统性研究,因而厘清这两者之间的作用关系及其内在机制,不仅能弥补现有理论研究的不足或缺憾,而且还能获得诸多有价值的并能指导实践发展的研究结论,这是本书在理论层面上需要实现的主要目标。

2. 实践启示目标

设计国内市场规模对我国出口产品结构优化的实现路径。将规模化的国内市场融入对外贸易的作用框架中,能为我国贸易转型发展培育新优势,但这需要多维层面的政策支撑和制度保障。因而,设计出能更好地发挥国内市场规模优势,并以此优化出口产品结构的实现路径及政策支撑体系,这是本书在实践层面上需要实现的主要目标。

1.4 研究内容

1.4.1 主要内容及重点难点

1. 主要研究内容

本书针对外部需求的不稳定性以及内在要素供给动力不足的现实状况,主要研究国内市场规模对我国出口产品结构优化的作用机制及实现路径,重点回答:① 我国出口产品结构演进的脉络和趋势是什么?有哪些因素会影响这一变化?国内市场规模在其中会扮演什么样的角色?② 我国所拥有的国内市场规模能否成为优化我国出口产品结构的新优势和新动力?其内在的作用机制是什么?又需要哪些条件的支撑?③ 我国优化出口产品结构的路径是什么?又有哪些对策?主要内容如下所示:

(1)明晰我国对外贸易中各类比较优势对出口产品结构优化的作用特征。改革开放以来,在推进我国对外贸易发展和出口产品结构优化的过程中,很多比较优势发挥了重要的作用,如劳动、资源、资本等,但是这些传统的禀赋优势伴随着新的发展约束和情境正在不断地弱化,在经济新常态下,迫切呼唤新的比较优势来持续推进我国出口产品结构的优化。对此,本部分着重分析了我国贸易开放过程中各类比较优势对出口产品结构优化的作用特征,据此通过比较分析来凸显国内市场规模是我国在新时代下构建贸易强国的更具内生功能的新比较优势。

(2)理清我国出口产品优化的演变特征及影响因素。本部分基于经典文献所构建的测度方法,对我国出口产品的技术含量及结构构成进行了剖析,并在此基础上,根据我国出口产品结构演变的历程及特征,从中解析出影响我国出口产品结构优化的主要因素。综观我国对外贸易发展的主要历程,诸多要素在此过程中均发挥了重要的作用。对此,本部分通过实证分析,从定量化的视角来考察各类因素对我国出口产品结构优化的影响程度及作用方向,以此更好地明晰我国出口产品结构的内在特征,以及国内市场规模在其中所扮演的具体角色。

(3)明确国内市场规模作用于出口产品结构优化的产业基础。本部分指出我国所蕴含的巨大的且不断成长的国内市场规模是推进我国产业升级的重要动力和持续保障,而这将为优化我国出口产品结构提供重要的产业基础和动力基石。经济学家克鲁格曼(Krugman)曾提出了"本土市场效应"(Home Market Effect)理论,即通过培育和发展一国的国内市场规模,可以引致该国的对外出口和贸易升级。其中,国内市场规模对该国产业发展的作用是发挥本土市场效应的第一环或是前提。对此,本部分将国内市场规模内生至我国产业升级中,运用实证分析方法,着重探析了国内市场规模对于我国产业升级的可能性和可行性。

(4)分析国内市场规模作用于出口产品结构优化的贸易基础。如何将产业结构和贸易结构内嵌起来,进而实现国内市场规模对出口产品结构的优化?本部分通过测度产业结构和贸易结构,具体分析了这两者之间的联动机制和协同关系,并以苏浙沪为例,进一步佐证了产业结构与贸易结构之间的螺旋式关系。相较于上一部分,本部分可以看作发挥"本土市场效应"的第二环或是具体实现,即国内市场规模先作用于产业发展,之后通过产业结构升级来推进贸易结构优化。因而,上一部分是实现本土市场效应的产业基础,而本部分则是贸易基础。

（5）揭示国内市场规模内生于出口产品结构优化的主要机制。上述两部分阐释并说明了国内市场规模优化出口产品结构的产业基础和贸易基础，那么国内市场规模作用于出口产品结构优化的内在机制是什么呢？本部分通过定量化的分析，给出了在优化我国出口产品结构的过程中，国内市场规模可以通过吸引外商直接投资以及提升技术效率等方式来提升我国出口产品质量，进而优化劳动、资本以及技术等密集型产品在我国出口商品中的组成结构和分布特征。本部分既是对前两部分的深化，也是进一步延展本书研究的核心。

（6）明晰国内市场规模、进口贸易与经济增长质量之间的作用关系。实现经济高质量发展，是我国新时代推进经济增长的重要落脚点和着眼点。那么，国内市场规模会对经济增长质量产生什么样的作用特征呢？本部分在现阶段我国不断重视进口开放的大背景下，通过实证分析指出，不断扩增的国内市场规模能够带来进口贸易的增长，进而通过发挥进口贸易的外溢效应推进我国经济的高质量增长。相较于以往文献更多的是从技术创新、人力资本等视角来研究经济增长质量的推进机制，本部分则是将国内市场规模看作促进经济高质量发展的新动力，这对于丰富本书研究具有重要理论价值和现实意义。

（7）构建国内市场规模推进出口产品结构优化的政策支撑体系。本部分综合上述各部分研究，从政策设计视角给出了基于国内市场规模视角优化我国出口产品结构的路径和政策。具体而言，从支撑路径来看，在我国资源供给陷入贫困式增长、要素成本不断高企、外需疲软乏力以及经济增长将长期处于新常态的大背景下，将国内市场规模作为一种新比较优势融入对外贸易产品结构的动态演进中，在克服地方保护、市场分割和贸易壁垒等的综合作用下，通过内在机制的协同作用，可以为优化我国出口产品结构提供一条新的实现路径；从政策建议来看，将国内市场规模作为优化出口产品结构的内生动力，需要多维力量的交叉协同，不仅需要政府"有形之手"的顶层设计和制度保障，包括政策引导、公共服务和资源配置等，而且也需要市场"无形之手"的自我激励和内在驱动，包括自行选择、自我学习和自主创新等。

本书的总体框架可细化为如下结构图（见图1.11所示）。

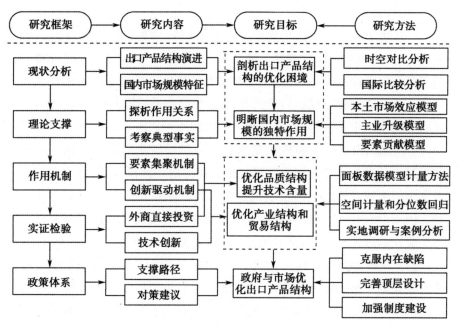

图 1.11 本书的总体研究框架

2. 研究重点

(1) 明晰国内市场规模所具有的经济增长功能的优化作用。虽然在现有研究中,已经注意到了国内市场规模所具有的要素集聚和技术创新等功能,但是在出口产品结构优化的研究中,尚未融入国内市场规模及其经济增长功能。因而,如何将国内市场规模及其所展现出的经济增长功能与出口产品的内在结构高度契合起来,是本书研究的重点之一。

(2) 厘清国内市场规模与出口产品结构优化的作用机制。虽然现有研究已从多个维度研究了出口产品的性质和特征,但是将国内市场规模作为优化出口产品结构的主要内生驱动力并加以深入研究的文献还十分鲜有。因而,如何从理论与实证两个层面,借助模型构建、变量设计、数据分析等方法,厘清它们的作用机制,是本书研究的重点之二。

(3) 给出国内市场规模优化出口产品结构的政策支撑体系。在以往的研究中,大多是从劳动和资本等要素供给或外需视角来设计出口产品结构优化的政策建议,缺乏从市场需求视角来探究的。因而,如何设计并给出有效的政策支撑体系,使国内市场规模这一新比较优势能融入并成为优化我国出口产品结构的主要驱动力,是本书研究的重点之三。

3. 研究难点

(1) 测度并刻画国内市场规模这一核心解释变量的内在特征。在既有研究中,对国内市场规模的测度与刻画,大多是使用一地区的 GDP 或者一行业的总产值等来诠释的,但这些做法并没有凸显出市场规模的本土性及其内在特征。因而,如何从地区、行业乃至产品等层面准确合理地测度出这些客体所内含的国内市场规模,是本书需要解决的难点之一。

(2) 构建国内市场规模内生至出口产品结构优化的理论架构。虽然新新贸易理论已经指出发挥国内市场规模能够促进一国出口,但是现有研究还没有完全明晰或者厘清国内市场规模与出口产品结构优化之间的内在作用机制。因而,如何将国内市场规模及其所具有的经济增长功能内契至出口产品结构优化的理论架构中,是本书需要解决的难点之二。

(3) 界定经济新常态这一发展约束对政策支撑体系的现实影响。经济新常态是党中央对当前及未来中国经济发展形势的科学判断。较之过去的传统形势,在新常态下,我国出口产品结构会面临更为复杂的发展状况。因而,如何根据新常态这一发展约束,从国内市场规模这一新比较优势的视角设计出具有战略性的政策建议,是本书需要解决的难点之三。

1.4.2 研究思路与方法

1. 基本思路

(1) 剖析现实状况,引出主要问题。从总体上明晰我国出口产品结构的演变历史和发展困境以及国内市场规模的发展状况,并着重从动力学视角剖析驱动我国出口产品结构优化的动源因素,着力凸显国内市场规模对于我国出口产品结构优化的重要性和独特性。

(2) 明确总体关系,给出理论支撑。从总体上明确国内市场规模和出口产品结构优化之间的作用关系,这不仅需要理论框架上的突破,而且还需要经验层面的支撑,通过融合并创新现有经典理论模型以及采用要素贡献度等分析方法,初步明晰这两者之间的作用关系。

(3) 分析作用机制,形成主体架构。着重剖析国内市场规模推进出口产品结构优化的可能性与可行性,即:一方面将国内市场规模所具有的吸引外商直接投资的要素集聚功能融入引资结构中;另一方面将国内市场规模所具有的技术创新功能融入出口产品的技术结构中。通过上述两方面的作用机制,协同改进并优化我国出口产品结构。

(4)直面现实问题,构建政策体系。结合经济新常态的发展背景和全面提高开放型经济水平的内在要求,针对本书研究过程中所发现的现实问题,给出具有战略性的实现路径和具有可操作性的政策建议。

上述研究思路可简化为如图 1.12 所示。

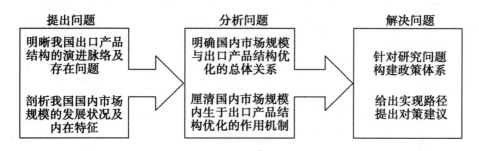

图 1.12　本书的基本研究思路

2. 研究方法

(1)比较分析方法。主要是在多维度指标的刻画与反映下,通过纵向比较我国出口产品结构的演化脉络以及国内市场规模的发展状况、横向借鉴贸易大国(如美国、日本、德国等)优化出口产品结构的驱动路径等,为本书研究提供典型化事实和论证支撑。

(2)数理分析方法。主要是在借鉴经典文献的基础上,将新常态下我国国内市场规模所拥有的内在特征与出口产品结构所展现出的新情境相契合,通过模型构建、博弈分析等方法,力图得出富有实践意义的理论命题,为本书研究提供理论基础和实证指引。

(3)计量分析方法。主要是在理论命题的指引下,通过采用计量经济学中的相关前沿分析方法,如空间计量模型、动态面板估计模型、工具变量法等,借助 Stata、SPSS、ArcGIS 等分析工具,对国内市场规模与我国出口产品结构优化的作用机制进行定量化分析,为本书研究提供学理支撑和经验佐证。

1.5　创 新 之 处

1. 研究视角具有创新性

本书打破从要素供给或外需层面来研究出口产品结构优化的既有思路,着重从国内市场规模的视角来立题,旨在提出通过发挥国内市场规模这一新优势,为优化我国出口产品结构提供更具内源性与持久性的动力,在学术思想上具有创新性。

2. 研究观点具有新颖性

本书认为在国内外发展环境发生重大改变以及中国经济开始进入以质量和结构提升为主的新常态背景下,通过借助并发挥我国所蕴含的国内市场规模这一内在的新型比较优势,为我国应对经济不确定性、优化出口产品结构、全面提升开放型经济质量以及构建贸易强国提供一种新的发展思路或第三条道路,该观点在现有文献中还十分罕见,具有新颖性。

3. 研究方法具有跨界性

本书综合利用经济学、管理学、系统动力学和公共管理学等学科中的前沿分析方法,并结合实际调研、专家访谈以及各种前沿计量经济学方法(如动态面板数据模型、空间计量经济学以及面板中介效应模型)等,力图在研究方法和分析工具上能跨界创新和相互支撑,以使问题研究得更为深入和透彻。

1.6 本章小结

作为提纲挈领的一章,本章从研究背景、研究视角、研究价值与目标、研究内容以及创新之处等方面介绍了本书研究的关键问题、思路安排和特色贡献等。总体而言,虽然改革开放以来尤其是在加入世界贸易组织(WTO)之后,我国对外贸易得到了长足的发展,但是近几年所出现的新的发展约束和现实背景,如中美贸易摩擦、英国脱欧(Brexit)、中国经济进入新常态(New Normal)、新冠肺炎疫情(COVID-19)持续影响等,促使并倒逼我国在对外贸易发展尤其是出口产品结构优化等方面加快转型升级。

本书选题恰逢其时,研究适逢其会,正是基于这样一种内外交困的现实情形展开,因而更具现实意义和理论研究价值。通过本书的研究,我们也期待能够为我国在新发展格局下加快推进对外贸易高质量发展、构建新型对外开放优势以及加快贸易强国建设等提供有益的思路借鉴和政策启示。

第二章

理论基础与文献综述

2.1 相关贸易理论支撑

2.1.1 比较优势理论

英国经济学家大卫·李嘉图(David Ricardo)在1814年从劳动生产率和成本的角度提出了比较优势理论(Theory of Comparative Advantage),成功地解释了国际贸易动机和国际贸易模式的决定因素。他认为进行国际贸易的国家在各个方面存在着千差万别的状况,正是这些差别导致了国际贸易的发生。国际贸易可以使不同国家之间取长补短,获得自己短缺和想要的商品。不仅如此,国际贸易还可以使各个国家获得规模经济,因而每个国家只需要注重生产自己擅长的或拥有比较优势的少数产品即可,而不是生产自己所需要的所有产品。

李嘉图是运用机会成本(Opportunity Cost)来衡量和解释比较优势的。即对于同一种商品,如果其在一个国家或地区进行生产时的机会成本要小于其他国家或地区的机会成本,则说明该国对于生产该商品具有比较优势。因而,如果每个国家都生产具有比较优势的商品并从事国际贸易,那么这种生产上的重组和资源上的整合将大大地扩大和提高世界的经济规模和生产效率,进而促进世界经济的发展。基于这种分析,李嘉图得出了两个重要的结论:一是国际贸易模式取决于比较优势而非亚当·斯密所说的绝对优势理论(Theory of Absolute Advantage),即要使一个国家相对于另一个国家在商品生产上具有绝对优势,其应该集中生产最具有比较优势的产品而非生产所有具有比较优势的商品,即"两利相权取其重,两弊相权取其轻";二是工资水平取决于劳动生产率,劳动生产率高的生产者,其所获得的工资水平就比较高。

比较优势理论很好地解释了国际贸易动因和国际贸易的决定因素,在国际贸易理论中占有十分重要的地位。李嘉图所倡导的自由贸易,为实现国际分工和消除贸易壁垒提供了重要的理论依据。虽然比较优势理论具有普遍的适用性,但也存在着一定的缺陷。首先,比较优势理论具有非常严格的假设条件,如:假设贸易只存在于两个国家(或地区)、两种产品和一种生产要素且不存在规模经济的情形下发生;国际贸易是以物物交换的形式进行,并不考虑复杂的商品流通;国际贸易是在完全竞争的市场下进行,并没有贸易限制和壁垒;生产要素可以在本国内自由流动,但国与国之间不能自由流动;两国的生产要素都得到全部利用,并没有未被利用的要素和资源。其次,比较优势理论成立的前提是两国在生产两种商品的机会成本上存在着不同程度的差异,但是如果两国在机会成本的程度上并没有差异,即如果出现等优势或等劣势的情况,那么比较优势理论就无法用来解释贸易动因和贸易模式。

为了弥补传统优势理论的缺陷,进而提高比较优势理论的解释力和适用性,学者们对李嘉图的比较优势理论模型进行了理论上和实证上的探索和改进。Dornbusch 等(1977)在李嘉图比较优势模型的基础上提出了 D-F-S(多恩布什-费雪-萨缪尔森)两国连续产品模型,在连续产品空间上分析了均衡相对工资和有效生产专业化边界的决定条件,并认为偏好、技术与相对规模是决定均衡相对工资和专业化水平的主要因素。D-F-S 模型成功地解释了规模变动、技术发展和供需变化等因素对均衡的影响,适用于多种情况。Eaton 和 Kortum(2002)在 D-F-S 两国连续产品模型的基础上将两国变量扩展到多国变量并将地理障碍考虑进去,提出了 E-K 多国模型。他们发现了一个类似于引力模型的规律,即:基于比较优势所产生的贸易动机会随着两国距离的增加而削弱;一国总是将最廉价的商品出口到地理上最近的国家,而将昂贵的产品出口到地理位置较远的国家。E-K 模型为不同层面的贸易流分析提供了实证基础,并证实了自由贸易的多边互利性。

2.1.2 要素禀赋理论

要素禀赋理论(又称为赫克歇尔-俄林理论,即 Heckscher-Ohlin Theory,简称为 H-O 理论),其将不同的生产要素考虑到国际贸易理论中,弥补了传统比较优势理论局限于单生产要素的缺陷,并运用不同生产要素的富裕程度来解释国际贸易动机和国际贸易模式。从上述可知,比较优势理论假设劳动是唯一的生产要素,而生产率的不同直接导致了比较优势的不同,进而决定了贸易模式的不同。然而,在现实世界中,劳动生产率的不同并不能够完全解释贸易动机和贸易模式。这是因为不同国家除了存在劳动生产率的不同,还存在着各种资源和生产要素的不同,所以要素禀赋理论假设资源差异是各国进行国际贸易的唯一原因。

要素禀赋理论认为各国要素禀赋的不同会导致要素价格的不同,而不同的要素价格会导致产品价格的不同,正是产品价格的不同才导致了国际贸易的发生,因而要素禀赋的不同是导致国际贸易发生的根本动机。由此,该理论指出,各国参与国际贸易的真实动机或目的在于本国基于其丰富的要素禀赋所生产的商品进行出口,并进口本国并不拥有的稀缺要素所生产的商品,即所谓的优势互补、互利共赢。同时,要素禀赋理论也认为,正是国际贸易中商品的交换代替了各国不同资源的交换和流动,才使得世界各国的资源趋于均等化。

由于同时研究了收入分配和贸易模式的问题,要素禀赋理论长期占据了国际贸易理论的中心位置。然而,要素禀赋理论成立的假设条件是静态的,其并没有将世界各国经济因素的动态变化考虑在内,因此也出现了一些要素禀赋理论无法解释的现象,即里昂惕夫悖论(Leontief Paradox)。根据传统的要素禀赋理论,美国出口产品应该以资本密集型为主,进口产品应该以劳动密集型为主,但是事实与理论并不相符。经济学家里昂惕夫(Leontief)发现美国出口产品的资本密集程度要低于其进口产品的资本密集程度。针对这一悖论,经济学者们从不同视角提出了诸如消费偏向说、人力资本说、劳动效率说和美国经济延迟说等理论来解释里昂惕夫悖论所产生的原因,但这些假说并没有被经济学界所共同接受。因而,基于要素禀赋理论所产生的里昂惕夫悖论至今依然是个谜。

2.1.3 标准贸易模型

贸易标准化模型(Standard Trade Model)是一个建立在比较优势理论、

赫克歇尔-俄林模型和特定要素模型(Specific Factors Model)等传统国际贸易理论基础上的更具一般性的世界贸易模型。标准贸易模型研究并解释了国际贸易中的一些重要问题,如相对供给、相对价格和相对需求以及贸易条件改变对一国福利的影响,相对价格的决定、生产可能性边界以及贸易条件的变化等。标准贸易模型的建立有四个重要的关系基础:生产可能性边界与相对供给曲线的关系;相对价格和相对需求曲线的关系;由相对供给曲线和相对需求曲线所确定的世界均衡价格的关系;贸易条件发生变化对国家经济利益和民生福祉的影响等。标准贸易模型提供了一个分析和解决国际贸易问题的框架,并认为比较优势理论、要素禀赋理论等传统贸易理论和模型均是标准贸易模型的特例。

标准贸易模型认为一国经济增长通常是偏向型的。如果一国生产可能性边界的扩张偏向于出口产品,则这种经济增长被称为出口偏向型增长;若生产可能性边界的扩张偏向于进口产品,则被称为进口偏向型增长。出口偏向型增长会使得本国的贸易条件恶化,但对世界其他国家有利;进口偏向型增长有利于改善本国的贸易条件,但对世界其他国家有害。在此情形下,国际收入转移有可能会影响一国的贸易条件。即,如果两个国家对同一种产品的边际支出倾向不同,则会导致国际相对需求曲线的改变,从而改变一国的贸易条件。而进口关税和出口补贴会同时影响相对供给和相对需求,虽然这两者的目的都是支持国内产品和厂商,但是这两种贸易政策对一国贸易条件的影响是不同的。进口关税会使世界相对供给下降、世界相对需求上升,从而使产品价格提高,本国贸易条件改善而国外贸易条件恶化;出口补贴会使得本国该产品的价格相对上升,供给增加而消费需求减少,从而会导致本国贸易条件恶化,外国贸易条件改善。由于标准贸易模型综合考虑了社会生产能力、相对需求和相对供给、经济增长、国际收入转移、贸易政策、贸易条件等诸多方面,更为系统全面地阐释了国际贸易理论,因而是一个更具一般性的世界贸易模型。

综合来看,虽然上述各种贸易模型存在着区别,但都具备了以下重要的共同特征:一是,用生产可能性边界来表征社会生产的能力范围,国际贸易发生的主要原因是各国生产可能性边界不同;二是,生产可能性边界决定了一个国家的相对供给曲线;三是,由各国相对供给曲线推演所得的世界相对供给曲线位于各国相对供给曲线之间;四是,世界相对需求曲线和世界相对供给曲线共同决定了世界价格的均衡点。

2.1.4 本土市场效应理论

理论与实践的发展相统一,国际贸易相关理论为国际贸易实践提供了理论支持和指导方向。新形势下,各国经济发展进程的加快、经贸合作的增多、国际交流的密切在带来更多机遇的同时也产生了更多的问题和挑战,这对国际贸易理论提出了更高的要求。因此,为了对新国际贸易理论进行有效补充以弥补传统国际贸易理论的不足,我们需要不断探索、深入、创新国际贸易理论并促进其发展。Krugman(1980)基于 Dixit-Stiglitz 模型(简称 D-S 模型)提出了本土市场效应,认为在世界市场存在报酬递增和贸易成本的情况下,成为进出口对象的国家一般拥有较大的国内市场规模和需求,这就是"本土市场效应"(Home Market Effect)的基本含义。以 Davis 和 Weinstein(2001)的研究为起点,基于 Krugman(1980)的 IRS-MC 模型,他们的研究将模型进行延伸与发展,提出超常需求(Idiosyncratic Demand)并将其作为一个新的识别标准。Linder(1961)的研究认为国内典型需求决定某国潜在的出口产品类别,激励本土企业进行技术创新、新产品研发的动力很大程度上来自国内市场对新创造、新发明和新技术强烈而又巨大的需求,因此这种强大且广泛的需求直接激发了企业将潜在的商品投入生产。与此同时,国内消费群体对产品的使用反馈和意见又促进了厂商对产品质量和技术标准不断进行改进和完善。进一步地,Porter(1990)从市场竞争和比较优势的角度提出了国家竞争优势理论,该理论认为相较而言,国内市场需求质量的重要性远远高于需求数量。因此,偏好相似理论和国家竞争优势理论均告诉我们,在促进一国出口贸易的蓬勃发展中,出口国所拥有的国内市场规模是促进其出口并提升其国际竞争力的极其重要的因素之一。发现并强调国际贸易受到本土市场规模较大影响的理论还有"产品生命周期理论"(Vernon,1966)和"技术差距论"(Posner,1961)等。例如,新技术或新产品一般总是在工业发达的国家即创新国最先问世,创新国初期比较利益的获得受到其国内市场需求和规模制约,由于存在需求滞后,新产品必须在国内销售之后才可能进入国际市场销售。技术差距理论的前提是最初的技术进步必须建立在存在于某国经济中的一系列制度性内生变量的基础之上。制度性内生变量是指某一国所拥有的不同于他国的独特的变量条件,这些变量对技术进步要么从需求上提出要求,要么从供给上提供保障,从而引起技术创新。"研究开发要素说"(Gruber,1967)认为根据产业发展所需要的条件,充足的资金投入、较为丰裕的自然资源以及高质量水平的劳动力固然是先决条件,但国内消费者对新产品有巨大且旺盛的需求,则是这种产业得以发展的更为重要的基础和保障。

我国学者钱学锋和梁琦(2007)对本土市场效应理论进行了深入研究,在假设一国国内市场规模较大的前提下,激励该国不断增长的出口规模的动力来源不仅包括其固有的第一性的外生要素禀赋优势即各类生产要素,还在于基于规模经济的第二性的内生比较优势即本地市场规模。张亚斌等(2014)通过研究发现,对于不同质量水平的产品,本土市场效应的存在和作用发挥存在差异;而且,不同大小的需求规模、不同水平的需求结构均对本土市场效应的发挥存在差异化影响。冯伟和徐康宁(2012)研究发现,从行业和地区层面来看,部分行业和地区存在本土市场效应,主要集中在资本和技术密集型行业与中东部地区,但是在省级细分层面上没有发现我国产业发展中存在着本土市场效应,这可能是因为国家产业发展中存在行业差异性和空间异质性。

以分工和相互需求或者以产品差异化和异质性企业为基础的贸易理论都注重国内市场,其假设前提为存在完整的国内市场。朱希伟等(2005)认为出口国当地企业预期庞大的国内市场规模将带来充足的收益和较高的利润,为其进行多元化产品生产、提高出口产品质量以及开拓国际市场提供依托。许德友(2015)的研究对内需与出口的关系进行了阐明,内需市场的成长体现在消费需求结构升级和需求多样化,企业为了获取更多利益势必以消费需求的转变为导向对产品和经营模式进行创新,不断增强自己在国际市场上的竞争优势,这就引发了本土市场效应。廖利兵等(2013)着重说明了我国吸引FDI的因素动态变化特征,认为我国市场规模一直对FDI的流入存在正向促进作用。刘和东(2013)认为国内市场规模发挥其虹吸效应和集聚效应,促使人才流动并形成人才集聚,人才集聚通过迂回效应不断放大群落内需求关联、扩大相似需求、提升驱动创新能力;创新要素集聚与国内市场规模之间存在显著的双向因果和协同关系。徐康宁和冯伟(2010)基于本土市场规模效应,提出了技术创新的第三条道路。这种技术创新的模式主要借助于中国所蕴含的本土市场规模优势,通过中外双方"零距离"地合作、沟通与交流,在汲取国外先进技术的进程中,形成具有中国本土自生能力的创新竞争力。杨浩昌等(2015)也表明国内市场规模对技术创新能力具有正向促进作用,国内市场规模已经成为我国对外贸易发展的又一新驱动力。

2.1.5 出口产品质量理论

传统国际贸易理论认为参与国际贸易的国家都能从中获益,并且出口产品的种类对获益的多少影响较小。但是很多学者的研究进一步发展了传统贸易理论,认为即使是生产同一产品的参与国,收益也是有差别的。高越和李荣林(2015)认为企业生产的产品质量越高、科技含量越高,企业获得的收益也将越大,不仅仅增加了经济利益,还扩大了技术扩散的广度、加深了技术汲取的深度,因此在实际的生产实践中,国家积极鼓励企业去追求产品质量的提升。

在这一领域中,早期的相关研究主要有:Markusen(1986)认为对于富国来说,其所出口的商品主要体现为质量较高的奢侈品,这主要是因为富国一般拥有较为充裕的资本,因而它们所出口的商品主要是以资本密集型为表征的产品。新近的研究主要体现在:Baldwin 和 Harrigan(2011)以及 Johnson(2012)等改进了 Melitz(2003)的异质性企业模型,将垂直差异化产品融入异质性企业模型之中,试图解释并说明高生产率的企业为何会生产并出口高质量商品的内在原因。其中,Baldwin 和 Harrigan(2011)主要是从生产要素的供给方面来解释了高生产率企业出口高价格或高品质商品的这种现象及其原因。Antoniades(2015)的模型认为,一国出口份额大部分是由较高生产率的企业占据的,这是因为较高的生产率意味着产品产出的质量更高。基于需求视角的产品质量研究发现产品质量与出口国和进口国的收入有关。Fajgelbaum 等(2011)在其模型中假设消费者所拥有的收入和需求偏好均是异质的,并基于"垂直本土市场效应"假说,其所构建的模型阐释了发达国家出口高质量商品的主要原因。

学者们主要从行业分类、变动趋势、影响因素和测算方法等方面对中国出口产品质量进行研究。如,施炳展(2014)从企业层面进行研究,测算了我国企业出口产品质量并利用相关测度数据发现企业层面的产品质量升级与总体产品质量水平之间呈正向关系。Rodrik(2006)以及 Xu 和 Lu(2009)利用单位价值法测算了出口产品质量,并对中国出口产品质量问题所产生的原因、机理以及改进对策进行了分析。施炳展等(2013)在采用 Khandelwal(2010)的离散选择模型的同时,结合产品层面的研究数据,测度了中国出口产品质量,并从行业特点入手分析了其决定因素。

2.2 相关重要概念解析

1. 出口产品(或商品)结构

所谓概念的展开,即是理论的全部。本书对在后续研究过程中将要涉及的几个关键概念给出相应的解释和说明,力求由浅入深,层层展开,步步递进。

关于出口产品(或商品)结构(the structure of export product),是指在报告期内一国出口的各类商品在出口商品总值中所占的比重,反映了一国出口产品的结构如何,是否合理,可以为出口战略的调整与优化提供决策依据和事实参考。

2. HS 编码

HS 编码是商品名称及编码协调制度(International Convention for Harmonized Commodity Description and Coding System)的简称,由海关合作理事会于 1983 年 6 月制定,主要为了供海关或进出口管理部门等追踪、统计和核算国际贸易商品流动状况所共同使用的一套关于国际商品分类的指南说明或编码体系。HS 编码主要采用六位数编码方式,将国际贸易的全部商品分为 22 类 98 章,每一章下再分目和子目。在 HS 编码体系中,"类"基本上按照经济部门划分,"章"有两种基本的分类方法:一是按商品属性和原材料分类,二是按商品的用途和性能分类。因而,任何商品都能够在 HS 体系中找到合适的位置。

3. SITC

SITC 是国际贸易标准分类(Standard International Trade Classification)的简称,主要用于国际贸易商品的统计和对比,通常采用经济分类标准,即将所有商品分为 10 个门类、50 个大类、150 个中类和 570 个细类等。其中,经济分类是指按原料、半成品、制成品等进行分类,反映了商品的加工程度和来源情况。

4. 贸易产品分类

随着国际贸易的发展,贸易模式和贸易总额已经不能够全面客观地反映一国出口贸易的发展状况。对一国贸易状况的研究逐渐从贸易总额转向出口贸易质量,而出口产品技术含量是衡量贸易质量的重要方法。国内外学者从不同方面对出口产品技术含量及可能的影响因素做了详细的研究。本章回顾了国内外学者关于贸易产品分类、中国出口产品技术含量演变和产品技术含量影响因素等的研究成果。通过借鉴前人的研究方法和成果,我们可以尝试探求新的可能的研究方向和研究方法。

在国外研究方面,Pavitt(1984)在研究英国产业模式的技术演变时将产品分为劳动密集型、规模密集型以及资源密集型等三类产品。Lall(2000)根据技术标准将产品分为初级产品(Primary products)、资源基础产品(Resource-based products)、低技术产品(Low-technology products)、中等技术产品(Medium-technology products)和高技术产品(High-technology products)等。其中,资源基础产品(RB)主要包括简单的劳动密集型产品,例如食品和皮革制品。相较而言,这一类产品使用了一定的资本、规模和生产技能等,但这些因素又并不是非常明显,因为这类产品的比较优势主要来源于当地的自然资源而非技术和资本,对此,Lall(2000)又将资源基础产品分为农业资源性产品和非农业资源性产品。而低技术产品(LT)主要是指需要广泛普及的技术才能生产的产品,例如纺织品、服装和鞋类。同类的低技术产品通常没有较大区别,主要通过价格来相互竞争。因此,劳动力成本将是决定产品市场竞争力的主要因素。对中等技术产品(MT)来说,其主要包括需要大量技术工人和规模密集型技术才能生产的产品,多为资本品和中间商品。中等技术产品的生产在一个成熟经济体中处于核心位置,它需要复杂的生产技术、较高的R&D投入等。在中等技术产品(MT)下,Lall(2000)又将其细分为汽车产品(MT_1)、加工工业品(MT_2)和机械产品(MT_3)等。高技术产品(HT)需要先进的和快速发展的技术,同时也需要很高的R&D投入。因而,高技术产品多为人力资本密集型产品,对人力资本和技术等均有很高的要求。

在国内研究方面,江小涓(2007)结合SITC商品分类和HS商品分类将产品按照生产要素分为五类:农产品类商品、资源类商品、劳动密集型商品、资本密集型商品和技术密集型商品等。鲁晓东和李荣林(2007)借鉴Lall(2000)传统分类方法并结合中国的实际情况,按照要素禀赋,将产品分为五大类:初级产品(农产品、矿产品)、资源密集型产品(农业和工业原材料)、非熟练劳动密集型产品(纺织品)、资本技术密集型产品(机电、化学制成品)和人力资本密集型产品(精密仪器、医疗产品)等。郑展鹏(2010)依据产品的要素密集特征将产品分为自然资源密集型产品、非熟练劳动密集型产品、人力资本密集型产品和资本密集型产品等。

5. 对外贸易结构

对外贸易结构反映的是对外贸易活动中各个要素之间的配比状态及其

联系,有多种表现形式,如对外贸易的方式结构、商品结构、模式结构和区域结构等。由于本书是在供给侧结构性改革的政策背景下展开的研究,涉及生产要素配置对经济发展的作用,所以采用的是对外贸易商品结构的概念,因为它能体现出一国的资源禀赋条件、产业结构状态和经济发展水平。更准确地说,对外贸易商品结构指的是一定时期内各种商品在进口总额或出口总额中所占的比重,反映的是各种商品在进出口贸易中的构成情况。根据当下国际通行的关于进出口商品的分类标准,即"国际贸易标准分类"(SITC),一国的进出口商品可以划分为初级产品和工业制成品两个大类,共计十项。据此,本书主要以初级产品和工业产品在进出口商品总额中的占比来表示对外贸易商品结构。

6. 产业结构

我国学者史忠良等(1999)将产业结构定义为涵盖产业构成和各产业间联系的结构特征,并指出由于受到不同经济因素的作用,各生产部门的发展速度、在经济总量中的占比以及对经济发展的影响力都具有明显的不同。因而,当一个国家处于不同的经济发展阶段,其产业构成也可能不尽相同。

由于各项研究的目的和侧重点不同,经济学界对产业结构进行分类的方法有很多,常见的有三次产业分类法、资源密集度分类法、两大部类分类法、物质生产与非物质生产分类法和国际标准产业分类法等。目前使用比较广泛的是第一种方法,即按三次产业对产业结构进行分类,其依照社会生产活动的发展顺序来划分产业结构:第一产业的产品直接取自自然环境;第二产业主要是对初级产品进行再加工;第三产业则是为生产和消费提供各种服务。从中可以看出,这一方法充分考虑到生产要素在各部门的分布状况,与前文的对外贸易商品结构相契合,因此本书将采用三次产业分类法来衡量产业结构。

2.3 关于比较优势对出口产品结构优化的研究

2.3.1 来自供给侧比较优势的研究

(1) 外商直接投资(FDI)对出口产品结构的相关研究

近些年,有许多理论都试图解释并厘清FDI与出口产品结构之间的关系,如全球供应链经济理论、边际产业扩张理论等。Klette 和 Kortum(2004)

指出要用全球化的视野来审视供应链系统,各大企业都在全球寻找有竞争力的合作伙伴,从而能够整合原本分散在各个国家的资源,有利于扩大收益和节约成本,缩短从原材料供应商到最终消费的商业流程。因而,在资源整合的过程中,全球的资源会被重新配置,各国生产的产品与其所拥有的资源会紧密相关,其出口产品结构也必然会发生变化。此外,很多国内学者利用中国贸易数据得出投资会不同程度地促进出口产品结构的结论(李瑞琴等,2018;廖利兵等,2013)。然而,也有学者持不同观点,如聂辉华等(2012),其利用门槛回归模型发现FDI短期可以促使进出口贸易结构优化,但是长期却会产生不利的影响。

(2) 人力资源(或资本)对出口产品结构的相关研究

人力资源(或资本)作为全要素生产里的一个重要的因素,对出口产品的结构也有着不可忽视的作用。李宇和张瑶(2014)利用中国30多个省市的数据研究了人力资本对我国出口产品结构的影响,他们认为人力资本中低技术劳动力的存量与高技术复杂度产品的出口比重成反比,此外还发现高技术水平劳动力与外资的结合对出口贸易结构有显著正向作用。一些国际贸易研究者(Schott,2004;Wacziarg et al.,2003)也表示发达国家与发展中国家出口贸易发展程度不同的本质原因就在于人力资本异质性。发达国家的劳动力更擅长生产技术和知识密集型产品,而发展中国家的劳动力擅长生产劳动密集型产品,同时也更容易成为服务业的供给者。

(3) 资本和资源对出口产品结构的相关研究

诸多学者将资本视为一种要素禀赋,从比较优势的角度分析资本、资源对出口产品结构的影响。Fajgelbaum等(2011)通过研究发现资本与资源和其他要素禀赋、技术创新以及规模经济一样,影响一国的比较优势,在资本充裕的国家,发达的金融体系还可以特别地推动金融行业的对外贸易发展。把资本和资源纳入HO模型研究对出口产品结构的影响,卢艳妮(2014)发现资本和资源均对出口比较优势具有积极影响作用,即可以优化一国的出口产品结构。

2.3.2 来自需求侧比较优势的研究

(1) 市场规模对出口产品结构的研究

当今越来越多的理论开始聚焦于国内市场规模对进出口贸易的影响,因为国内市场规模越大越能够为异质化产品提供巨大的发展空间,从而催生了产品多元化局面的出现,同时近年来推行的市场经济更进一步推动了企业间的自由竞争,促使企业扩大和提高自己的经济规模和生产力水平。李燕萍和彭峰(2012)对此做了深入的研究,他们将市场规模分为完善制度下和不完善制度下两种情况,并分别对出口产品结构的影响做了详细解释。即,完善制度下的市场规模扩张,一方面可以促进差异化产品生产,促进出口产品种类的增加,另一方面,原来的出口产品可以通过扩大市场规模来获取规模效应和技术创新,从而提高产品的国际竞争力并使我国出口产品结构更加分散化;而不完善的市场规模扩张,一方面会催生寻租和投机的行为,因而弱化本土企业创造差异化产品的动力,另一方面差异化生产动力的缺乏会迫使企业扩张同质产品规模来满足市场要求,从而使得我国出口产品结构会越来越集中化。对于国家来源不同的差异化产品,国内市场规模是否足够大被认为是其是否具有国际竞争力的关键影响因素(Posner,1961)。集聚经济具有技术外溢的效应,因而国内市场规模扩张可以促进企业生产多元化产品,进而优化一国的出口产品结构(O'Mahony et al,2009)。

(2) 贸易开放度对出口产品结构的研究

贸易开放程度对出口产品结构的影响并不像之前的因素那样,它是通过影响其他要素禀赋从而间接影响出口产品结构的。一般认为更加开放的贸易政策能够吸引更多的外商投资,从而为本国的出口贸易提供资金支撑,也为技术发展提供外溢效应(罗长远和陈琳,2011)。同时,贸易开放程度可以通过影响市场规模来间接影响出口产品结构,不过相比于市场规模对出口产品结构的影响,其对外商直接投资吸引的能力较小,所以影响程度远不及市场规模的扩张。

2.4 关于出口产品质量的测度方法研究

2.4.1 单位价值法

由于出口产品质量的抽象性和复杂性使其不容易被测度,关于出口产品质量发展变化的相关研究并不多。早期国外学者们在研究出口产品的质量变化时,通常使用出口产品的平均价格来代表出口产品的质量,即以"Unit Value"的数值来代表出口产品的质量。Boorstein 和 Feenstra(1987)在研究美国 1969—1974 年进口钢铁的质量变化时使用了价格指数方法。Flam 和

Helpman(1987)在南北贸易模型的基础上,利用单位价值的方法分部门对发达国家与发展中国家产品的质量数据进行测度,其研究结果表明,对于发达国家来说,其一般会出口品质较高的产品,而对于发展中国家来说,其倾向于出口品质较低的产品,两者根据各自的生产状况,各行其是,各司其职。

郑立伟等(2015)通过单位价值对质量结构进行划分来考察产品的质量结构,得出中国在低质量档次的出口额占比最高,应提高高质量档次占比并逐步降低低质量占比的结论。在选择产品质量的测度方法时,单位价值的使用较为广泛。刘逸琪(2014)认为单位价值由于数据获取便捷、计算方式简单的优势而在许多研究中得到广泛采用,但是单位价值在衡量出口产品质量时存在较大缺陷,它忽略了对不同国家单位劳动生产率差异、非品质因素的考量,因而不能反映一国出口产品质量的真实水平。

2.4.2 出口产品技术复杂度法

出口产品技术复杂度用以反映一国或地区出口商品结构和出口产品技术含量并且在一定程度上能体现出该国或地区的国际分工地位和国际生产链位置。从概念上来说,出口产品复杂度可溯源于出口产品的技术含量。那么,出口产品的技术含量又来源于哪里呢?其能够用一个什么样的指标测算并表示出来呢?据此,学者们提出了不同的测度指标。Michaely(1984)将一国出口产品的技术含量与该国的人均GDP联系起来,并以贸易额为权重,对人均GDP进行加权平均,以此构建出口产品技术含量。通过构建并测度出口产品技术复杂度,能够克服将产品单位价值等价于出口产品质量的缺陷,是具有相对优势的测算方法。Hausmann等(2007)为了测度一国出口产品的技术含量,提出了出口产品技术复杂度这个概念,并把这一指标用于测度并衡量一国出口产品结构的评价,认为一个国家的出口复杂度不仅表征了该国出口产品的内在技术含量,而且也体现了该国出口产品的品质或质量,并在一定程度上反映了该国出口产品在全球价值链和产业链分工中所处的地位。施炳展和冼国明(2012)推导出的扩展引力模型很好地解释了中国出口爆发式增长的原因。该模型的主要创新之处在于将出口国和进口国双边数据,包括出口产品技术复杂度和人均收入水平等纳入引力模型中,使得改进后的引力模型更具现实意义和理论解释性。杜传忠和张丽(2013)从国际垂直专业化分工视角构建的测算方法区分了出口产品国内技术复杂度(DTS)和出口产品全部技术复杂度(WTS),发现虽然我国出口产品国内技术复杂度近年来总体上呈逐年上涨趋势,增长速度较稳定,但也在逐年扩大其与出口产品全部技术复杂度之间的差距。

2.4.3　Nested Logit 模型法

嵌套 Logit 模型广泛应用于经济学、社会学、医学等学科。Mcfadden(1981)构建了 Nested Logit 模型,并将其应用于消费者离散选择方面。根据美国 1989—2001 年间产品产量和价格的数据,Khandelwal(2010)运用 Nested Logit 方法对出口到美国的产品质量进行测算,并且结合本国出口产品的价格和出口产品的市场占有率来估测美国出口产品质量。Khandelwal(2010)的模型建立在 Berry(1994)离散选择模型的基础上,并对其进行了改进,即考虑到了离散选择模型容易忽略同类产品水平偏好差异对需求市场份额的影响。Pula 和 Santabárbara(2011)利用嵌套 Logit 模型对 1994—2007 年间中国出口到欧盟的产品质量进行研究,发现由于出口产品价格较低和相对质量较好,中国出口到欧盟的产品占有较大的市场份额,并且表现在质量阶梯上,中国出口产品质量正不断缩小其与世界水平的差距。王明益(2014a)基于 Nested Logit 模型,构建了测度中国出口产品质量的理论框架,结果表明我国制造业总体的质量水平呈缓慢上升趋势,但各行业表现出不同的特征。在中美制造业出口贸易的研究中,魏伟等(2018)利用嵌套 Logit 模型测度了中美两国制造业 26 个行业产品质量,并分析了中国出口产品质量阶梯的变化趋势,发现中美两国制造业存在着互补性和相似性,同时中国出口产品的质量阶梯正在不断地提升。

2.4.4　质量指数法

以往,学者们在考虑质量因素的时候,一般假定质量单纯地等同于价格,即价格越高的出口产品,相应地,质量也越高。随着研究的深入,出口价格可以分解为包含质量因素和除质量因素以外的两部分价格,在考虑各国同一出口产品的水平差异、需求状况和关税设定等贸易成本的基础上,学者们构建了出口质量指数。Hallak 和 Schott(2011)提出了 HS 模型(质量指数测度模型),并认为出口产品的价格可以划分为两部分:一是受质量因素影响的价格,二是不受质量因素影响的价格。基于此,可将出口价格指数相应地划分为质量指数和纯价格指数。进一步地,在此基础上,可以构建一个包含质量指数、纯价格指数和贸易成本等变量作用于净贸易额的实证方程,通过计量方法回归并计算得出一国相对于基准国(benchmark)的出口产品质量指数。

综合上述文献,基于数据的完备性和可获得性,本书将选择出口产品技术复杂度作为测度并衡量我国出口产品质量的指标依据。

2.5 关于中国出口产品技术含量的研究

2.5.1 对出口产品技术含量演变的考察

关于中国出口产品结构的演变状况和发展特征,国内外学者基于不同视角进行了研究。Schott(2008)基于Finger和Kreinin(1979)的研究成果,运用出口产品相似指数,指出相对于美国的其他贸易伙伴,中国出口产品质量与以OECD(经济合作与发展组织)为代表的发达国家的产品相似度越来越高。这也进一步表征了中国的出口产品技术含量正在不断提高,出口产品结构正在向发达国家靠拢或收敛。我国学者樊纲等(2006)依据技术等级将不同产品进行分组归类来研究中国出口产品的技术结构,通过分析不同年份各种技术产品的出口份额,认为中等技术产品和高等技术产品占中国出口产品的份额正在不断上升,而低技术产品所占的出口份额正在不断下降。张群和张曙霄(2014)从出口产品技术含量的角度,运用2001—2011年的贸易数据分析和比较了中德两国的出口商品结构,认为在出口商品的整体技术水平方面中国超过了德国,但在技术高度方面还远远落后于德国。这表明相较于以往,中国的出口产品技术含量有了较大幅度的提升。齐俊妍和王岚(2015)从贸易转型和技术升级两个视角对出口产品国内技术含量的演变路径进行分析,认为在2002—2007年劳动密集型和资源密集型产品的国内完全技术含量的比例较高且提升明显,而资本技术密集产品的国内完全技术含量比例较低且增长缓慢。这说明中国在出口产品技术含量方面有较大提升,且劳动和资源密集型部门提升更快。

对于以上研究结果,也有学者持不同态度。杜修立和王国维(2007)通过构建测度出口贸易技术结构的方法,着重分析了1980—2003年我国出口产品的技术结构特征和演变状况,认为虽然从总体上来说中国出口贸易的发展水平得到了较大的提升,但是中国出口产品的技术结构并没有实质性的进步或根本性的改变。施炳展和李坤望(2009)从产品分类角度解构了中国出口产品的技术含量,认为我国出口产品的技术等级越高,该产品反而处于越低端的位置,这可能存在着出口产品的品质之谜。马淑琴(2012)选取了32个国家的出口产品数据为样本,运用修正后的Hausmann等(2007)出口产品复杂度计算公式,在SITC Rev 2的3位码水平下对1996—2009年各国出口产品的技术含量进行了测算,结果显示中国出口产品的技术含量明显低于高收入国家,且与阿根廷等中等收入国家相比也有一定的差距,因此,从这个维度来说,中国虽是贸易大国但非贸易强国。Koopman等(2014)以中国为例,通过测算认为,中国出口产品技术含量中的国外要素约占50%,而在高技术产品中国外要素所占比例高达80%,这意味着中国出口产品的技术含量并没有因为贸易规模的扩大而出现明显的提升。

2.5.2 对出口产品技术含量影响因素的考察

研究并厘清出口产品结构及其技术含量的影响因素是改善出口产品结构的重要前提和先决条件。对此,国内外学者进行了大量的研究和分析。

在国外研究方面,Rodrik(2006)运用数据进行实证分析,发现人均GDP与出口产品技术含量存在着明显的正相关。具体而言,Rodrik(2006)运用1992年的数据制作了人均GDP与出口产品复杂度EXPY的散点图,发现两者之间的相关系数竟高达0.83。虽然人均GDP与EXPY的相关性很高,但依然有一些国家对应的数据并没有整齐地排在回归线附近,而是远离了回归线。这说明除了人均GDP外,还有其他因素影响着出口产品复杂度EXPY。Dhrifi(2015)从技术变化和贸易变化的关系入手来探讨FDI和技术创新等因素对一国产品技术含量的影响,发现不同因素对不同技术等级的产品影响是不同的,如技术创新、生产力水平对低技术产品和高技术产品的技术含量存在较大影响,而外商直接投资的影响则主要体现在中等技术产品的技术含量上。Xu和Lu(2009)选取了2000—2005年中国外商直接投资中来自OECD国家的相关数据,实证研究了外商直接投资(FDI)对中国出口产品复杂度的影响,发现提高外商独资企业的比重有利于提高出口产品复杂度,而本国企业占出口加工贸易比重的提高反而会阻碍出口产品技术含量的进步。

制度质量也是研究产品技术含量影响因素的一个重要方向,但对其影响作用,目前学术界并没有达成共识。Martincus(2009)从一国制度结构与出口产品技术含量关系的角度研究了制度质量对一国出口产品结构的影响,发现拥有良好制度的国家在出口产品中占有更高的份额和更复杂的生产过程以及更多样化的产品,制度质量与一国出口产品复杂度存在着正相关关系。而 Hausmann 等(2007)通过对制度因素与产品复杂度相关性的研究,发现制度质量的系数为正但不显著,并认为导致这种结果的主要原因是不同产品对于制度质量的依赖程度不同。因而,从现阶段来说,制度因素对于出口产品技术含量或出口产品品质的影响方向并不明确,有待于进一步的证实。

在国内研究方面,朱振荣和王文皓(2007)以北京为例,说明创新因素、融资因素、人才因素和中介因素等均是制约我国高新技术产品出口的重要因素,并基于此给出了加强企业自主创新能力和拓宽融资渠道等的改进建议。孟祺(2013)基于2001—2010年中国制造业中20个行业的数据,研究了影响国内技术含量的主要因素,认为研发投入是影响出口的国内技术含量变化的关键因素,而垂直专业分工对其影响较小,并给出了提高国内技术含量的相关建议,如增加研发经费、加强自主创新、保护知识产权等。王孝松等(2014)从出口产品国内增加值的角度,定量分析了国内技术含量变化的影响因素,认为行业员工的受教育程度、外商企业比重等均是影响国内出口产品技术含量的重要因素,并指出未来中国提升出口产品技术含量的主要途径是依靠人力资本的累积、鼓励外商出口企业建立本土化的研究机构、加强中外核心技术人员的内部交流以及互访学习等。

2.6 关于产业结构与贸易结构的研究

2.6.1 来自国外研究的观察

伴随着经济全球化趋势的持续发展,对外贸易活动对各个国家的经济发展均具有举足轻重的意义,尤其对发展中国家来说,其作用更加显著。因此,很多国内外学者对该领域的相关热点难点问题进行了丰富的理论研究和实证分析。

西方古典贸易理论最早提出了对外贸易可以促进产业结构升级的观点,认为当一国的外贸活动严格遵循比较优势理论时,有利于形成成本较低的专业化产业部门,从而提高该国在国际分工中的竞争力,进而也有助于推动其产业结构的优化升级。虽然国外学者很早就开始研究对外贸易与产业结构问题,但是发达国家的经济发展近年来已实现了高度工业化,通过优化对外贸易结构来进一步升级产业结构的边际效应比较低,因而现阶段国外学者对发达国家的对外贸易结构和产业结构之间关系的研究并不多见,而是把目光主要投向了发展中国家和新兴国家等。如,Chow(1987)研究了一些新兴国家的出口增长与产业发展之间的关系,发现它们之间存在着双向因果关系。Kwan 和 Cotsomitis(1991)基于 Granger 因果关系检验方法研究了中国的出口贸易,发现中国人均收入与出口占 GDP 的比重在 1952—1978 年存在着双向因果关系,而在 1978—1985 年并没有因果关联。Wörz(2004)另辟蹊径,从技术溢出的视角区分了贸易结构的经济增长功效,研究发现高技术密集型产品表现出更佳的技术溢出效果,其对经济发展的作用期也更长,因而主张通过提高该类产品的净进口量来扩大国内的生产规模,进而更好地推动经济增长。Li 等(2012)对中国同欧盟之间的货物贸易往来情况进行了分析,认为中国的相对比较优势已经向一些资本密集型的制造行业扩展,而不再局限于过去的劳动密集型行业。基于此,他们认为,出口导向型政策已不再适合当下中国国情和未来发展,要想提高在全球产业链中的地位,中国必须推动技术进步,优化产业结构。

除了具体分析发展中国家和新兴国家的对外贸易与产业结构的关系外,作为各种贸易理论诞生的摇篮之地,西方经济学界也涌现了一批致力于运用现有学术理论对该问题进行定性研究的学者。如,Michaely(1977)和 Balassa(1978)利用生产函数模型,对"出口提高全要素生产率"这一假说进行了实证检验,并指出出口贸易活动能够使生产资源的分配更加优化、利用更加充分以及技术转移更为便捷,从而会促进对产业结构的调整。Feder(1983)的研究结果表明,出口部门的要素边际生产率和投资边际生产回报率都要比非出口部门高出很多,且前者对后者的技术溢出效应和外部性影响会体现出进出口贸易对产业结构的作用。Baldwin(1992)综合运用新古典增长理论和比较优势理论,从资本形成的视角阐释了对外贸易结构对产业结构的影响。Mazumdar(1996)借鉴索洛经济增长模型(Solow Growth Model),运用资本积累理论进行研究,发现贸易是否能够推动经济的发展是由贸易结构所决定的。这一研究扩展了 Baldwin(1992)的结论,即出口消费品和进口资本品的外贸形式有利于一国经济的发展,同时,外贸结构对产业结构具有一定的拉动作用。

综合上述观点可以发现,国外学者主要是运用各种经济和贸易理论研究了对外贸易结构与产业结构之间的关系,且主要集中在新兴国家以及主要发展中国家。总体来看,国外的现有研究侧重于考察对外贸易结构对产业结构的单向作用,而很少考虑后者对前者是否存在促进或抑制作用,这启示本书应当全面考量两者之间的动态关系,以深刻解读这两者之间的互动关系及其对促进经济增长的重要意义。可以说,上述丰富的理论研究为本书的分析工作奠定了良好的学理基础,但本书在研究的过程中也要审视各种理论的适用性及其现实指导意义,以"拿来主义"的辩证方法来研究中国的本土化问题。

2.6.2 基于中国的经验研究

国内学者对对外贸易与产业结构的研究成果也在持续增加,但仍主要侧重于外贸规模与产业结构的关系或前者对后者的单向作用上,而鲜有文献探讨外贸结构与产业结构之间的互动关系。张丝思(2008)将对外贸易与产业结构升级的理论关系总结为以下两个方面:一是,由于经济发展以产业结构为核心内容,同时又在很大程度上受到外贸活动的影响,因而产业结构发展和对外贸易活动之间具有一定的关联性;二是,一国比较优势的形成取决于其要素禀赋,因此,要素禀赋从根本上决定了该国的对外贸易结构和产业结构。陈建华和马晓逵(2009)采用协整检验和 Granger 因果检验方法,对中国 1989—2007 年产业结构和对外贸易结构的数据进行了实证分析,得出这两者具有单向因果关系的结论。马章良和顾国达(2011)实证分析了我国 1980—2009 年对外贸易与产业结构之间的作用渠道,发现进出口贸易均会对三次产业产生作用,即从长期来看,出口额每上升 1 个百分点,产业结构指数就会上升 0.03 个百分点;进口额每上升 1 个百分点,产业结构指数就会上升 0.04 个百分点。陈晋玲(2014)选取 1980—2012 年我国进出口贸易结构与产业结构的时间序列数据,分析发现进口贸易结构和出口贸易结构的优化均能够在一定程度上促进产业结构的升级,且从作用的显著程度来看,前者的作用效果较后者更为明显。

尽管对外贸结构和产业结构关系进行直接研究的国内文献不多,但还是有部分学者对这一问题进行了关注和探讨,主要表现在以下两个方面:

在理论研究方面,张亚斌(2000)将外贸结构与产业结构看作两个不同的系统,认为它们之间是相互联系且相互作用的,即一个国家的生产结构和比较优势决定了该国出口商品的结构,而出口商品结构的优化又会反过来促进相关产品积累比较优势,进而推动生产结构变化和技术进步。刘秉镰和刘勇(2006)根据产品生命周期理论,指出发达国家和发展中国家通过交换处于不同生命周期的产品,能够实现由产业结构推动贸易结构,再由贸易结构带动产业结构不断高级化,二者相辅相成,相互促进。然而,有一些学者认为对外贸易结构与产业结构是对立统一的。如,胡秋阳(2005)提出只有贸易达到较高的生产性水平并且能够提高经济的整体生产性水平时,其才能够对产业结构的优化产生影响。然而,许多发展中国家出口的产品主要来自劳动密集型产业,因此,胡秋阳(2005)认为贸易结构很难对产业结构的升级起到积极作用。王菲(2010)认为,当对外贸易和国内产业政策发生较小扭曲时,该国的对外贸易结构应当与产业结构特别是可贸易程度较高的工业品具有较高的相似性,并且出口贸易的主导产业部门也应当在产业结构中占有较大的比重;相反,当对外贸易和国内产业政策发生较大的扭曲或背离时,该国的对外贸易结构和产业结构也会有很大程度的偏离。

在实证研究方面,袁欣(2010)认为对外贸易结构与产业结构之间是相辅相成、相互促进的关系,其对比了广东省对外贸易结构和产业结构,得出在20世纪90年代中期之前,广东轻(纺)工业进出口占比与产业比例均有大幅度的提高,随后几乎是下降了相同的幅度,而重(化)工业进出口占比与产业比例在20世纪90年代中期之后,均上升了几乎相同的幅度。然而,可惜的是,袁欣(2010)并没有继续探究上述联动效应是否存在因果关系。张金太(2011)结合定性和定量两种分析方法考察了我国改革开放以来产业结构和对外贸易的发展历程,认为产业结构与对外贸易之间的互动关系结果可总结为产业结构升级与对外贸易存在着长期稳定的互动关系,即:一方面,产业结构的升级能够促进进出口的增加;另一方面,进出口的提升也可以推动产业结构的升级。对此,也有学者持不同的观点。尹翔硕(2004)通过实证分析我国对外贸易结构,指出廉价的低技能劳动力是我国的比较优势所在,因而我国出口商品中以劳动力密集型为特点的轻纺织产品占很大的比重,但是国内以劳动密集型为特征的纺织业在制造业产业结构中并未占据主导地位,这种出口产业结构与国内产业结构相分离的现象与张金太(2011)的研究结论并不一致。陈虹(2010)通过实证比较了我国2002年以来的产业结构和出口贸易结构,发现两者也存在着偏离现象,具体表现为资本密集型产业比例远远小于贸易结构中的比例,偏离度为40%,而资源密集型产业结构远远超过贸易结构中的比例,偏离度为79%。

近年来,也有一些学者分析了地方经济中对外贸易结构与产业结构之间的关联关系。如,王兆海(2015)通过描述当前山东省的对外贸易和产业结构状况,探究了山东省对外贸易结构对产业结构的作用,提出山东省应当加速发展对外贸易从而拉动产业结构优化升级的观点。段水仙(2015)研究了四川省改革开放以来对外贸易活动和产业结构的发展状况及存在的问题,并分析了两者之间的作用关系,认为四川省对外贸易发展具有新的机遇和挑战,需要加以重视和关注。徐晖(2014)以江苏省和广东省为研究对象比较了苏粤两省的对外贸易和产业结构现状,并通过实证分析,发现在长期和短期内苏粤两省对外贸易作用于产业结构升级的影响并不相同,而是各有特征。卫军(2016)选取了山西省 11 个地级市 2004—2014 年对外贸易中进出口额与比重较大的 9 种贸易产品和产业结构数据,实证分析了对外贸易与产业结构之间的影响机制,发现外贸活动能够通过影响资本积累、技术进步与消费需求的结构变动等途径来推动产业结构的升级。

  综合上述观点,可以发现,国内很多学者的研究主要集中在对外贸易结构对产业结构的影响效果上,很少涉及这两者之间的作用机制和途径。同时,现有的文献大都局限于宏观层面,即使深入到地方,也都是对单个省区市的对外贸易结构与产业结构之间的关系分析,较少涉及区域或板块层面的分析。鉴于以上缺憾,本书将选取 1991—2015 年我国对外贸易商品结构和产业结构相关数据,如初级产品和工业制成品进出口数据以及三次产业数据,运用协整理论和相关实证分析方法,对我国对外贸易结构变化与产业结构变化之间的互动关系进行实证检验,深入探讨这两个变量之间的影响途径和作用机制。与此同时,本书还将采用 1999—2014 年苏浙沪三省三次产业在国内生产总值中所占的比重、初级产品进出口比重、工业制成品进出口比重和其他相关经济变量指标所构成的面板数据,从地区层面进一步实证检验和分析对外贸易结构和产业结构之间的内在关系。可以看到,国内学者较多地从对外贸易总量方面来研究对外贸易结构对产业结构的影响和作用,较少关注并研究具体的产品要素分配对产业结构升级的指导意义。因此,本书将对外贸易结构具体到要素分配视角来研究其对产业结构的影响,以期能够为当前我国积极推行的供给侧结构性改革和贸易强国战略提供可操作性的政策建议。

2.7 关于影响出口产品结构的因素研究

2.7.1 外商直接投资

吸引外商直接投资(FDI)、发展本国经济是我国一项重要的经济政策和发展战略。这主要是因为通过引进外资,能为我国企业创新发展带来知识外溢和先进经验等,并能为我国产业转型升级带来充足的资金和先进的设备等。Harding 和 Javorcik(2009)利用 1984—2000 年 116 个国家的贸易数据研究了 FDI 与东道国出口产品质量提升的关系,发现对于发展中国家来说,FDI 对出口产品质量有着明显的促进作用,但对发达国家来说,这种作用并不明显;然而,FDI 能够缩小这两类国家在生产技术和市场潜力等方面的差距。李坤望和王有鑫(2013)基于 1999—2007 年产品层面的贸易数据,研究了 FDI 对出口产品质量的作用特征和微观机制,发现外商直接投资稳健地提高了我国出口产品质量,而且 FDI 对产品质量的提升作用要强于来自港澳台的直接投资;并通过进一步分析发现,在资本密集型或外资占比较高的行业中,外商直接投资能够推进出口产品质量升级,而在劳动密集型或外资占比比较低的行业中,外商直接投资对出口产品质量的作用则相反,即会抑制出口产品质量的提升。Chen 和 Swenson(2007)使用 1997—2003 年中国贸易数据研究了外资企业对中国民营企业新出口产品的质量及其存货概率的影响,研究发现,在同一行业中,外资企业对中国民营企业出口产品质量有着积极的影响。施炳展(2015)研究了 FDI 对本土企业出口产品质量的作用方向和影响机制,发现外资企业数目和本土企业出口产品质量之间存在着正相关关系,而外资企业出口强度和本土企业出口产品质量之间却存在着负相关关系,但是综合来看,伴随着外资企业在我国出口贸易中所扮演的角色愈加重要,外资企业对中国本土企业出口产品的质量提升存在着阻滞作用。

2.7.2 技术创新

创新是经济增长最重要的驱动力,诸多学者从经济内生增长的视角来研究并阐述了企业技术创新与出口产品之间的作用关系。如,Klette 和 Kortum(2004)基于技术进步的均衡模型,认为企业通过产品创新能够促进业绩增长,而业绩提升又可以扩大企业规模,进而使得企业可以获得更多的 R&D

经费并将其投入新一轮的产品创新中,这种良性的"技术进步环"能够有效地提高和增加企业的创新效率和生产收入。技术创新效率源自 Farrell(1957)所提出的生产效率(productivity),具体是指在研发创新活动中,投入要素(input)对产出要素(output)的贡献率或转化率。池仁勇(2003)基于企业技术创新效率的概念,将浙江省 230 家企业问卷调查数据进行 DEA 测算,并将所测得的大、中、小企业的技术创新效率数据进一步按照所有制类型进行排序,主要是为了检验并说明技术创新效率会显著地受到企业内部各部门协调性、企业所有权结构以及企业技术创新方式等的影响。郭晶和杨艳(2010)对高技术制造业出口复杂度进行了测度,结果表明经济增长、技术创新与我国高技术制造业出口产品复杂度之间存在着长期的协整关系。沈琳(2015)收集并整理了我国 21 个省份 1995—2011 年技术创新和出口产品复杂度等数据,通过实证分析检验了这两者之间的相关关系,发现技术创新和高技术产品出口复杂度之间存在着正相关关系,并且相关程度受到该地区经济发展水平和出口规模等因素的正向影响。

2.7.3 人力资本水平

人力资本,是体现在劳动者身上的非物质资本,一般是指对医疗保健、教育、培训等方面进行投入所形成的资本,通常用劳动者数量和劳动者质量两个方面来衡量和反映。诺贝尔经济学奖得主舒尔茨(Schultz)在 1960 年构建了人力资本理论,明确提出,在当今时代,相对于物质资本,人力资本是促进国民经济发展的主要动力。李建民(1999)认为人力资本投资的增加不仅可以提高要素自身的生产效率,而且在很大程度上还可以提升其他生产要素的生产效率,并指出这种提升作用主要原因有两个:首先,人力资本是生产过程中不可或缺的必要条件和投入要素,即具有要素这一方面的生产作用;其次,人力资本能够极大地影响生产效率的提高,即具有效率这一方面的生产功能。傅立峰(2012)对人力资本进行了考量,认为人力资本对我国高技术产业的影响主要体现在提升企业技术创新能力和研发活动上,并指出较高素质的人力资本不仅可以促进企业对先进技术的吸收、模仿和消化,更能促进企业进行产品的自主研发和自主创新,为企业创新意识、创新氛围、创新文化等的形成提供有效的支撑作用。李怀建和沈坤荣(2015)基于 1996—2009 年 58 个人均收入水平差距较大的国家的发展数据的研究发现,出口产品质量受到人均收入水平的影响,即人均收入水平的不同会导致出口产品质量的影响因素不同,也即人均收入水平越低的国家,出口产品质量的改善越依赖于物质资本存量以及以初等教育注册率为表征的人力资本水平,而人均收入水平越高的国家,研发能力和非物质资本存量所代表的较高人力资本水平对出口产品质量的促进作用更为显著。

2.7.4 劳动生产率

根据异质性企业贸易理论(Melitz,2003),可按照产品生产效率将微观企业分为生产率最低企业、生产率较低企业和生产率较高企业等三种类型,并基于不完全竞争和需求偏好等理论,我们可以认为生产率最低的企业将退出市场竞争,生产率较低的企业则继续立足国内市场进行生产,而生产率较高的企业则进入国际市场销售产品,因而,从根本上来讲,企业及其所在行业的劳动生产率水平在贸易行为和生产方式的选择上发挥着决定性的作用。Curzi 和 Olper(2012)基于 Linder(1961)的假设构建了异质性企业简单垄断竞争贸易模型,认为全要素生产率(TFP)与企业产品质量之间存在着正相关关系,这是由于假定产品质量与固定成本正向相关,因而,如果生产率越高,在规模报酬递增的作用下,边际成本就会越低,利润就会越高,这为企业产品升级、新产品研发、技术创新等提供了更大的资金支撑和扩展空间。李方静(2014)在企业生产率对选择出口目的地的影响研究中,根据企业异质性贸易理论对我国企业微观层面的贸易数据进行研究,发现通过将研发经费投入至劳动生产率较高的企业,能更容易生产较高品质或较高技术含量的产品,进而可以将其出口到收入较高的国家,满足富裕国家对高品质高技术含量商品的偏好需求。祝树金等(2015)通过研究,也发现我国全要素生产率对促进出口产品质量提升具有积极的作用,企业的全要素生产率越高表明企业生产的边际成本越低,这就越有利于创造更高的生产收益和创新利润,这些都会促使企业进行质量升级,并更加注重改进和提升出口产品质量。夏素云(2016)利用微观企业数据,研究了要素集聚和全要素生产率对出口产品质量的作用关系,认为企业生产率与出口产品质量以及价格之间存在着正相关关系。

2.8 本章小结

本章详细介绍了与本书研究相关的国际贸易理论,包括比较优势理论、要素禀赋理论和标准贸易模型等。这些贸易理论充分揭示了国际贸易的动因与国际贸易的模式,很好地解释了世界对外贸易发展的总体规律,有助于充分理解我国出口贸易的发展状况、内在特征和未来走向等。同时,我们也对 HS 编码、SITC 编码、出口产品结构、贸易结构以及产业结构等相关概念进行了梳理和阐释,因为它们是本书对出口产品结构进行分类、对出口产品技术含量进行测度、对出口产品结构优化进行实证分析等的主要依据和关键变量。

综合现有研究,可以看到,已有文献及相关理论对我国出口产品技术含量的演变及其影响因素以及出口产品结构优化等均做了较为详细的研究。这对本书研究我国出口产品技术含量的演变过程、探究出口产品结构升级的影响因素以及揭示出口产品质量优化规律等问题均做了重要的贡献和支撑。然而,这些研究中依然存在着一些值得进一步改进的不足或遗憾。

一方面,虽然国内外学者对我国出口产品技术含量的演变特征以及出口产品结构优化的产业基础和贸易基础等从定性和定量角度做了一定的研究,但这些研究大多建立在国家的宏观层面,鲜有从更为细致的地区层面来考察和捕捉的;另一方面,对于出口产品技术含量影响因素的研究,主要集中在人均 GDP、FDI、科研投入和人力资本等方面,较少考虑国家规模、竞争程度等更为体现中国现实情形的重要因素。同时,对出口产品结构优化的现实基础、内在机制以及实施路径等,现有文献也鲜有系统性的探讨和全面的分析。

对此,本书不仅从宏观层面分析了我国出口产品技术含量的整体发展状况,而且按照技术含量标准对出口产品进行了分类归纳,探究了不同技术含量的分类产品的内部特征,并从宏观和微观两个视角全面地剖析了我国出口产品技术含量的演变特征和发展变化等。同时,在对传统影响因素分析的基础上,本书也将新的影响因素考虑并纳入我国出口产品结构优化的进程中,通过细致分析国内市场规模对我国出口产品结构优化的经济基础、内在机制以及发展方向等,力求全面而又透彻地厘清我国出口产品结构优化的内在规律,并基于此给出相应的提升路径和对策建议。

第三章

比较优势演变与中国出口产品结构优化

3.1 比较优势与出口产品结构的测算

3.1.1 比较优势的测度

综观国内外文献,用来衡量一国比较优势或者国际竞争力的指标主要有以下几种:显示性比较优势指数(简称 RCA 指数)、贸易竞争力指数(简称 TC 指数)、相对贸易优势指数(简称 RTA 指数)以及净出口显示性比较优势指数(简称 NRCA 指数)等。下面,我们对每一种指数做简单的介绍和说明。

1. 显示性比较优势指数(Revealed Comparative Advantage Index,RCA 指数)

RCA 指数最早是由 Balasa(1965)在测算一部分国家的产业发展的比较优势时提出来的。具体而言,Balasa(1965)用某产业占该国出口份额与世界贸易中该产业占全球贸易出口份额的比值来衡量该国的比较优势。值得注意的是,在计算过程中需要剔除世界和国家总量的波动影响,这样才能更加准确地反映该国的相对比较优势。其计算公式为

$$RCA_{ij} = \frac{X_{ij}/X_i}{X_{wj}/X_w} \quad (3.1)$$

其中:RCA_{ij} 表示 i 国 j 类商品的显示性比较优势指数;X_{ij} 表示 i 国 j 类商品

的出口额；X_i 表示 i 国的总出口额；X_{wj} 表示全球贸易中 j 类商品的出口额；X_w 表示全球贸易出口总额。如果 $RCA_{ij}>1$，说明 i 国 j 类商品在国际市场具有显示性比较优势；如果 $RCA_{ij}<1$，则说明其没有显示性比较优势。

目前，RCA 指数在服务贸易领域中已经得到了广泛的应用。如，刘和东（2013）指出，如果一国的 $RCA \geqslant 2.5$，则说明该国在服务贸易领域具有极强的国际竞争力；而当 $1.25 \leqslant RCA < 2.5$ 时，则说明该国的服务贸易具有较好的国际竞争力；如果 $0.8 \leqslant RCA < 1.25$ 时，则表明该国的服务贸易具有一定的国际竞争力；而 $RCA < 0.8$ 时，则意味着该国在国际服务贸易市场中并不具有竞争优势。

2. 贸易竞争力指数（Trade Competitive Power Index，TC 指数）

贸易竞争力指数又称可比净出口指数（Normalized Trade Balance，NTB）、比较优势指数（Comparative Advantage Index，CAI）或者贸易专业化指数（Trade Specialization Coefficient，TSC），其是利用某一商品的进出口差额占进出口贸易总额的份额来测定一国或一地区的比较优势的。其计算公式为

$$TC_{ij} = \frac{X_{ij} - M_{ij}}{X_{ij} + M_{ij}} \tag{3.2}$$

其中：TC_{ij} 表示 i 国 j 类商品的贸易竞争力指数；X_{ij} 为 i 国 j 类商品的出口额；M_{ij} 为 i 国 j 类商品的进口额。该指标用贸易差额与贸易总额的比值来表示，可以不用考虑通货膨胀和经济波动等宏观因素所带来的不确定性影响，因为无论进出口额如何变化，该指标的数值会恒定维持在 $[-1,1]$ 之间。而且，该指标还排除了国家和地区异质性的影响，使得不同规模的国家和地区之间具有可比性。如果该指数越接近于 1，则说明该国或地区越具有比较优势；如果该指数等于 1，则表明该国或地区只出口而不进口；如果该指数越接近于 -1，则表明该国或地区越不具有比较优势或者国际竞争力越薄弱；如果该指数等于 -1，则说明该国或地区只进口而不出口；而当该指数在 0 附近时，则表明该国或地区究竟处于出口还是进口的何种状态并不是很明确。

3. 相对贸易优势指数（Relative Trade Advantage Index，RTA 指数）

RTA 指数是对 RCA 指数的补充，因为 RCA 指数忽略了进口对于比较优势的影响，所以学者们在 RCA 指数的基础上减去某商品进口额占一国进口总额的份额与该商品进口额占全球市场进口总额的份额之比，从而得出了相对贸易优势指数。其计算公式为

$$RTA_{ij} = RCA_{ij} - \frac{M_{ij}/M_i}{M_{wj}/M_w} \qquad (3.3)$$

其中：M_{ij} 表示 i 国 j 类商品的进口额；M_i 表示 i 国所有商品的进口总额；M_{wj} 表示世界各国 j 类商品的进口总额；M_w 表示在全球市场中所有商品的进口总额。如果一国的 RTA 指数大于 0，说明该国某一类商品出口占全球的比重要大于该类商品进口占全球的比重，这意味着该国在这类商品发展中具有比较优势；相反，如果 RTA 指数小于 0，则表征该类商品并不具有比较优势，或许会存在比较劣势。因而，如果该指数越大，则说明该国在这一产业上越具有竞争力。然而，这一指数仍然具有与 RCA 相类似的缺陷，即无法避免国家间的异质性，也即一国的经济发展程度以及外贸开放程度均会对该指数的含义产生不同的影响。假如一国的对外开放程度较低，此时会对某些进口商品或资本采取一定的抵制措施，那么，受到国家保护的幼稚产业根据此公式所计算出来的指标值将会变大，但是这并不能代表该国在该产业上具有比较优势；相反，正是因为该产业在这个国家中相对处于劣势地位，政府才会采取抵制措施。因此，在使用该指标时，应当充分了解和结合一国的经济发展水平和对外开放政策（Syverson，2011）。

4. 净出口显示性比较优势指数（Net Export Revealed Comparative Advantage Index，NRCA 指数）

该指数的构建思路与 RTA 指数具有异曲同工之处，都是用出口比重减去进口比重的差值来反映一国的比较优势，但是与 RTA 指数不同的是，在 NRCA 的测度公式中，其进出口比重均不包含国际市场，即只需要某商品出口额占该国总出口份额减去该商品进口额占总进口额份额即可得到净出口显示性比较优势指数。其计算公式为

$$NRCA_{ij} = \frac{X_{ij}}{X_i} - \frac{M_{ij}}{M_i} \qquad (3.4)$$

其中，公式中各参数的含义与上述公式相同，在此不再赘述。同样，当 NRCA>0 时，表明该国在这一产业上具有比较优势；而当 NRCA<0 时，则表明该国在这一产业上并没有比较优势。因而，该指数越大，则说明以该指数所测度的产品在国际市场上越具有竞争力。

值得注意的是，每种指标均有其优劣，适应于不同的情况，因而在利用这些指数评判一国比较优势时，应该根据现有数据有选择性地挑选相应的指标，才能得出准确的结论。

3.1.2 出口产品结构的测度

根据现有文献的梳理,对出口产品结构的测度主要可以用出口产品占总出口份额的比重以及出口技术复杂度来表示。

出口产品占总出口份额这一测量指标是从生产要素的角度出发的,即将中国出口产品划分为资源密集型产品、资本密集型产品以及劳动密集型产品等,基于此,求出每种类型下包含的所有类别产品的出口累计额与总出口货物金额的比重。关于要素密集型产品的划分,李小平等(2008)按照国际贸易标准分类下的0~8类商品,将0~4类初级产品,主要包括食品及主要供食用的活动物、饮料及烟类、非食用原料和矿物燃料、润滑油及有关原料以及动植物油脂及蜡等,归为资源密集型产品;将5类和7类归为资本密集型产品,主要包括化学品及有关产品和机械及运输设备等;将6类和8类归为劳动密集型产品,主要包括轻纺产品、橡胶制品、矿冶产品及其制品和杂项制品等。

出口技术复杂度这一概念最早由 Hausmann 等(2007)提出,之后学者们又根据不同理论进一步修正和完善了出口技术复杂度的测算,其中基于市场份额测度法、基于 RCA 指数测度法以及基于相似程度测度法等受到了广泛的认可,较为典型。

基于市场份额测度法是将某一特定产品或产业的一国出口额占国际出口市场的份额作为各国人均 GDP 加权平均的权重,从而得到各个产品或各个产业的出口技术复杂度。该测度方法的主要理论依据是国际贸易理论,认为高收入国家出口产品技术复杂度要比低收入国家高,因为高收入国家有更多的资本投入到相关的产品研发和设计当中,使得该产品的技术复杂度提高到低收入国家难以达到的水平。该测度方法的优点在于简单易操作,但也有不少学者指出,该测度方法容易低估出口量较小但在某些产品上具有比较优势的小国权重。

基于 RCA 指数测度法是对上述市场份额测度法的改进,其将原公式中权重的衡量标准由某产品或产业占国际出口市场的份额改成该产品或产业的显性比较优势指数,进而获得出口技术复杂度。该方法最早由 Hausmann 等(2007)提出,此后不少学者利用此方法测度了各国的出口技术复杂度,在实践检验的过程中得到广泛印证。RCA 指数法不仅避免了基于市场份额法容易低估小国市场份额的缺陷,还可以用于一国内不同区域甚至跨国的比较研究,但是由于不同地区经济发展水平的差异本身包含在测度公式中,所以该方法难以衡量由国家或地区异质性所导致的技术复杂度差异。

基于相似度测度方法是将一国与所选定参照国的出口产品结构的相似程度或重叠比例作为基准来衡量该国的出口技术复杂度。由于这一方法在测度过程中不包含经济发展水平，因而在一定程度上是对基于RCA指数测度法的改进。任世毅（2016）利用此方法将中国与世界主要国家的出口技术复杂度进行比较后，发现中国的出口产品技术复杂度与亚洲新兴经济体相仿，但与发达国家相差甚远。不过，该方法中参考国的选定没有特定要求或统一标准，因此这种测度方法也存在着一定的主观性。

3.2 中国出口产品结构和要素结构的现状分析

目前，中国出口产品结构的总体情况是工业制成品占据出口总量的主导地位，但是其中高附加值的精加工成品和深加工成品的比例很低，中国的出口规模扩张主要还是依靠大量生产并出口低附加值的初级加工制成品。

3.2.1 出口产品结构的基本状况

出口产品结构可以用来反映一国各产业的发展水平、各要素禀赋的富裕程度以及对外贸易政策的开放程度等。从改革开放后的出口情况来看，中国出口产品结构在2001年以前处于缓慢增长阶段，涨幅不是很明显，但是从2002年开始几乎处于飞跃式增长的状态，这得益于我国加入了世界贸易组织，获取了更多的贸易机会和渠道，也享受了更多互利互惠的贸易政策。然而，由于2008年受全球金融危机的影响，我国的出口总量首次出现下降，此后总体呈现较为平稳的状态。从出口产品结构来看，1981年我国工业制成品占出口总额的份额首次超过初级产品；到20世纪80年代末，我国就已经实现工业制成品占主导地位的出口产品结构；到1993年，工业制成品的占比已经达到出口总额的80%以上；1995年，工业制成品出口额已经超过初级产品出口额的5倍多，与改革开放初期工业制成品出口额还不足初级产品出口额相比有了巨大的进步，这说明我国出口产品结构已经有了很大程度的优化。钱学锋和梁琦（2007）指出这种变化主要得益于我国改革开放进程中加强了经济体制改革、外贸体制改革等，使得整个国民经济的产业结构得到了有效调整，同时我国也积极参与国际合作，积极汲取国际技术溢出。

然而，也有学者指出，中国的出口产品结构还是以加工程度较浅且附加值不高的劳动密集型产品为主。从改革开放到现在,我国劳动密集型产品一直占据很大部分,尤其是在20世纪末,已经超过总出口额的50%,一度占据着中国出口的半壁江山。然而,进入21世纪以来,由于科学技术的进步,劳动密集型产品比重有所下降,但是相对于其他类别的出口商品,仍然占有较大比重,除了2010年跌破40%,其余年份的劳动密集型产品份额一直在40%~50%之间波动。

总的来说,我国出口产品结构与发达国家相比存在的差距主要体现在是否以高附加值制成品出口为主。一般而言,发达国家大多出口精深加工的机电产品,而我国则主要出口粗浅加工的制成品,附加值含量低,并不利于出口产品结构的优化,因而我国依然面临着严峻的国际贸易竞争。导致我国出口产品结构弱化的原因主要有以下两点:一是与国际趋势相比,我国出口产品整体上处于低附加值的地位,且主要聚集在劳动密集型产品,这从苹果公司所生产的iPhone的价值链分工中即可窥见一斑,如高盛(Goldman Sachs)在一份关于苹果智能手机的全球供应链的研究报告中指出,苹果智能手机(iPhone)在中国所支付的生产成本约占整个生产过程中的25%~35%,其中约15%主要用于支付零部件加工、装配线组装以及物流装运等方面所投入的劳动力成本;二是我国与发展程度相同的国家有着极其相似的出口产品结构,这就导致我国在优化出口产品结构时会受到其他国家的竞争与牵制,尤其是当前我国正在面临劳动力成本不断上涨的压力,我国既有的人口红利正在逐步消逝,这使得我国原本构筑的出口产品结构会面临巨大的阵痛和调整。同时在周边国家劳动力优势不断凸显的冲击和倒逼下,我国出口产品结构更是面临着前所未有的挑战和困难。继续保持既有结构,会被周边国家淘汰;努力打破现有结构,新的动力和优势在哪? 因而,当前我国出口产品结构正面临着"进退两难"的困境,唯有突破和创新,才是持续提升我国出口竞争力的有效途径。

3.2.2 要素结构的总体现状

在本章,我们用基于影响出口产品结构优化的主要因素来衡量我国要素结构的主要变化。根据对现有文献的梳理,影响出口产品结构优化的主要因素有人力资本、对外直接投资、技术创新、法制状况、资本投入、对外开放度以及市场规模等。根据要素的供需来源,我们可将对外开放度和市场规模归结为需求侧要素,其余五种因素均可归纳为供给侧要素。虽然管理学家迈克尔·波特(Michael Porter)将一国生产要素按照其属性进行了分类,认为除了劳动力可以归结为基础要素之外,其余的生产要素均可归属为高级要素。但是由于这些要素的来源与功能不同,有的属于供给侧要素,有的属于需求侧要素,有着不同的内在特征和影响程度,因而迈克尔·波特的分类方法略显粗糙,不宜将性质不同的要素简单归结为一类或直接进行加总和比较。对此,本章将基于要素分类的供给侧和需求侧的分析框架来全面客观地反映并分析影响中国出口产品结构的各要素之间的演变状况及其发展趋势。

纵观我国使用要素的发展状况,我国生产要素主要集中在劳动力、自然资源等方面,属于典型的基础要素丰裕型国家。近些年来,虽然外商直接投资、技术创新、法制状况、资本投入、对外开放度以及市场规模等要素贡献度正在逐年上升,对优化出口产品结构的作用也愈发明显,但是仍然低于欧美等发达国家或地区的发展水平。此外,从基于劳动力的要素结构来看,尽管近些年出现了人口红利短缺的情况,但是总体而言,我国劳动力数量仍然高于发达国家。与此同时,除劳动力以外的高级要素在整体数量上还远不及发达国家,这就导致我国的要素结构比例在优化出口产品结构方面比较滞后缓慢,与发达国家或地区之间的"鸿沟"就会难以缩小。然而,这也意味着我国在要素结构的优化方面还存在着巨大的发展潜力和提升空间。

3.2.3 比较优势视角下中国出口产品结构的演变

基于上述分析,本章将主要运用贸易竞争指数(TC 指数)和净出口显示性比较优势指数(NRCA 指数)来分析我国的出口比较优势。这主要在于:一方面是考虑到数据的可得性,因为本章主要研究的是我国总体及省际层面的发展状况;另一方面根据之前的说明,显示性比较优势指数忽略了不同国家经济的规模和发展程度,这会影响测度结果的准确性和合理性。

基于此,运用 TC 指数和 NRCA 指数进行分析,所得结果如表 3.1 和表 3.2 所示。从表 3.1 中可以看出,我国杂项制品($SITC_8$)具有明显的比较优势,是唯一一个 TC 指数超过 50% 的产业,而且多年维持在 60% 以上。其次是轻纺产品、橡胶制品、矿冶产品及其制品($SITC_6$)。这两类商品都属于劳动密集型产品。而归属于资本密集型的机械及运输设备($SITC_7$)的贸易竞争指数相对较低,不过其净出口显示性比较优势指数与轻纺产品、橡胶制品、矿冶产品及其制品相当。值得注意的是,该 TC 指数从改革开放初期的 −70% 缓慢增长到近些年的 20%,说明我国正在逐渐改变并优化出口产品的组成结构。

表 3.1 我国出口产品按 SITC 分类的贸易竞争指数

单位:%

年份	初级产品	SITC$_0$	SITC$_1$	SITC$_2$	SITC$_3$	SITC$_4$	SITC$_5$	SITC$_6$	SITC$_7$	SITC$_8$
2013	−72	14	−27	−90	−81	−89	−23	42	19	61
2011	−71	27	−24	−90	−79	−91	−22	36	18	56
2001	−27	44	36	−68	−35	−75	−41	2	−6	70
1996	−7	29	46	−45	−7	−64	−34	−5	−22	74
1985	45	42	−32	−10	95	5	−53	−45	−91	29
1983	25	−5	39	−13	95	20	−44	−18	−53	66
1980	13	1	37	−35	91	−60	−44	−2	−72	68

数据来源:根据《中国统计年鉴》中的出口统计数据整理计算而得,因篇幅限制此处仅显示主要年份,详细数据见附录 A。

表 3.2 我国出口产品按 SITC 分类的显示性比较优势指数

单位:%

年份	初级产品	SITC$_0$	SITC$_1$	SITC$_2$	SITC$_3$	SITC$_4$	SITC$_5$	SITC$_6$	SITC$_7$	SITC$_8$
2013	−29	0	0	−14	−15	−1	−4	9	11	19
2011	−29	1	0	−16	−14	−1	−4	8	11	17
2001	−9	3	0	−8	−4	0	−8	−1	−8	27
1996	−4	3	1	−5	−1	0	−7	−4	−16	31
1985	38	10	0	2	26	0	−6	−12	−36	8
1983	16	−2	0	−3	20	0	−9	−10	−13	13
1980	16	2	0	−8	23	−1	−8	1	−21	13

数据来源:根据《中国统计年鉴》中的出口统计数据整理计算而得,因篇幅限制此处仅显示主要年份,详细数据见附录 B。

然而,我国整体工业化水平还有待进一步提高,其中化学品及有关产品($SITC_5$)的 TC 指数和 NRCA 指数印证了这一观点。$SITC_0$、$SITC_1$、$SITC_2$、$SITC_3$、$SITC_4$ 等的 TC 值呈结构式下降,尤其是 $SITC_4$ 的 TC 值在 2011 年和 2013 年已经跌至近 -90%(见表 3.1 所示),而且 $SITC_2$—$SITC_5$ 这四类的 NRCA 值 1996 年来也一直处于负值状态(见表 3.2 所示),说明我国在初级产品国际市场上处于比较优势弱化态势。从初级产品的整体状况来看,改革开放以来,其 TC 值和 NRCA 值总体上处于先上升后下降的状态,说明我国的出口产品架构正在朝向工业化以及高附加值的方向发展,这是符合比较优势的演进规律的。

3.3 比较优势演变作用于出口产品结构的机制分析

基于一国要素禀赋所构建的静态比较优势理论并没有注意到各个要素在时间维度上所发生的动态变化,即一国的要素结构应该是伴随着时间演进和经济发展而不断改变的,因而如果一味地坚持静态比较优势,就会容易使发展中国家陷入"比较优势陷阱",即自身的比较优势被锁定在国际分工的初期阶段,而忽略了要素变化所引致的国际分工变化与蜕变的可能。因而,只有从比较优势演进或动态的视角来阐析我国出口产品结构的演变动力,才能打破原有的被固化的国际分工状态,并通过不断培育新的驱动要素,如国内市场规模、科学技术等,促进要素结构的整合重组以及比较优势的动态演进,从而提升出口产品技术含量,优化出口产品结构。

很长一段时间以来,中国出口产品在国际市场上的最大优势是拥有大量的廉价劳动力资源。然而,这并非是长久之计或者是并非可持续的。一方面,中国人口结构变化所带来的人口红利消失使得廉价劳动力这一传统比较优势在现有的中国经济发展语境下已经发生了明显的转变,即正在不断地减弱;另一方面,如果长期维持以廉价劳动力为内容的比较优势进行国际分工,我国也将难以实现贸易发展的高质性、自主性和高端性,更不用说迈向全球价值链的两端,争做"链主"的可能。因此,我国不仅要从要素结构的供给侧来改变原有比较优势,如加快科技进步等,也要从要素结构的需求侧来挖掘潜在比较优势,如培育国内市场规模等,这是我国实现贸易强国的有效路径。

3.3.1 比较优势演变机制

一国的比较优势可以用要素禀赋结构来反映。其中,要素禀赋结构是指经济发展所需要的各种生产要素之间的比例关系。因而,如果把生产要素分成基础要素和高级要素两部分,那么要素结构升级是指高级要素所占比重越来越大,或者说是高级要素相对于基础要素而言逐渐占主导地位的过程(徐圆,2009)。此外,对于发展中国家来说,其出口产品结构容易受到比较优势动态演变作用的影响。而对于比较优势来说,其动态演变趋势往往会受以下两方面的影响:一是来自国际宏观经济发展、冲击与波动的影响;二是来自本土各种生产要素的自我演变的动态变化的作用,包括初始要素的流动、外来要素的积累以及新要素的培育等。

改革开放以来,我国所形成的出口产品结构演化的比较优势正在不断发生变化。以劳动力为例,在改革开放初期,我国正是依仗廉价的劳动力优势而取得了对外贸易发展的比较优势,但是这一优势并不是一成不变的。随着经济发展水平的不断提升,一方面人们的收入不断提升,导致劳动力成本不断增加,另一方面人口增长也逐渐陷入了老龄化状态,导致人口红利逐渐丧失,这就使得我国基于廉价劳动力的比较优势逐渐被侵蚀和削弱。

然而,我们也应看到,我国国民素质也在不断地提升,尤其是实施科教兴国以及大学扩招政策以来,劳动者的教育普及率尤其是受高等教育的人数正在不断攀升,劳动力质量也因此不断提升。可以说,我国劳动力比较优势正在从数量优势转变为质量优势,从人口红利转变为人才红利。因而,伴随着国际经济贸易的发展,各个国家的人力资本、生产技术水平、资本投入量以及市场规模等广义生产要素是会不断地发生变化与转变的,从而会引起生产要素存量即要素禀赋的改变;同时,考虑到不同国家之间、不同地区之间经济发展的异质性,相同生产要素在不同国家之间或者一国内不同地区之间的流动速度均是不一样的,而且一个国家的不同生产要素累积速度也不尽相同,因而也会引起各个国家之间生产要素存量的改变,最终导致各国的比较优势处于不断的动态演变之中(施炳展和冼国明,2012)。

当然,要素的流动并非无障碍的。在各国要素流入受限制的政策影响下,一国初始要素的流动路径主要表现为从要素丰裕端流向要素稀缺端、从要素低收益方流向要素高收益方、从要素流动性高的地方流向要素流动性低的地方、从要素分散趋势转变为要素组合趋势等,通过要素间的互动与融合,逐渐形成了全球各要素动态平衡下的新聚集状态。这种状态不仅促进了稀缺要素的积累和冗余要素的退出,而且也发挥了高级要素的流动溢出效应,有利于实现要素禀赋结构的优化与升级。在相关要素价格变动的政策干预下，不同国家不同产业可以实现不同要素在区域间、产业间的重新配置和均衡，进而改变地区与行业层面的要素结构。因而，基于不同要素动态发展所形成的比较优势路径是彼此影响的，正是这种相互作用共同形成了有机的比较优势演变体系。

比较优势的演变往往伴随着要素禀赋的价格变动，进而影响要素收益变动和相关要素所有者的收入以及消费能力。要素所有者将会以消费者的身份出现在国际贸易中，他们的消费能力会影响整个市场的需求量，这不仅涉及需求总量的变化，而且还牵涉需求结构的变化。这些变化都会导致相关部门生产量的变化，甚至会导致某些旧产业部门的没落或者新产业部门的兴起。尤其是当各产业的产量发生不同步的变化时，这个国家的出口量以及出口额也会发生相应的变化，进而促使出口产品结构发生内在的改变。需要指出的是，在国际贸易发展中，要素的流动往往是跟随着信息、文化和科学技术等的传播，因此一国的生产技术必然会在这个过程中得到改善，而且随着经济的不断发展，一国本身也会更加注重科学技术的提升，而生产技术结构的变动以及进步会使得要素结构发生相应的变动，从而导致出口产品结构的改变和调整。

在开放的经济发展环境中，比较优势演变可以表现为要素结构的变化。一国要想适应这种变化就要积极地进行产业结构调整以符合比较优势的变化趋势，逐渐实现以出口基础要素密集型产品为主向以出口高级要素密集型产品为主的转变。落实到我国的要素特点来看，就是要实现以出口劳动密集型产品为主的传统粗放产品结构向以出口高技术、高附加值产品为表征的现代产品结构转变。

根据上述论述，可以提出命题1，即随着国际经济环境的不断变化和要素结构的不断优化，以劳动力数量为表征的传统比较优势对出口产品结构优化的促进作用会逐渐减弱。

由命题1所推演出的基于比较优势演变的我国出口产品结构的变化特征见图3.1。

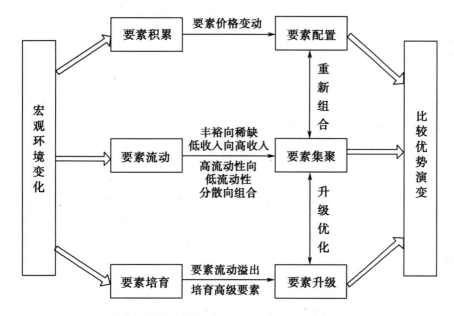

图 3.1　比较优势演变视角下我国出口产品结构优化的主要路径

3.3.2　基于供给侧的比较优势影响出口产品结构的作用机制

根据内生经济增长理论,技术进步是推进经济增长的重要源泉。科技进步对出口产品结构的影响主要集中在以下两个方面:一是促进了要素生产率的提高。一国产品的出口销售能力与国际市场竞争能力是相关要素生产率的增函数,即当要素生产率有所提高时,该国的出口总量将会增加,出现出超现象。同时贸易的扩张有利于该国企业实时掌握国际市场的动态信息,及时学习国外先进的科学技术,吸引外资涌入国内市场,接受高技术国家企业带来的技术外溢和技术转移,强化"干中学"效应,进一步促进该国科学技术的发展。二是替代一些落后、效率较低要素的地位(张萃,2014)。科技进步在某些商品生产时可以替代人力资源甚至土地资源,并且可以创造性地增加产品种类,提升产品质量,而且往往中、高质量的产品可以带来更高收益,呈现出新的出口贸易增长局势和经济增长繁荣局面,从而产生新的比较优势,促进出口产品结构进一步优化升级。

一国出口产品结构取决于比较优势动态演变,一国的科学技术进步也可通过转换比较优势结构实现出口产品结构的优化升级(龚六堂和谢丹阳,2004)。作为发展中国家的代表国,我国曾经在生产出口劳动密集型产品等附加值较低的产品时具有显著的比较优势,如果科学技术进步发生在具有传统比较优势的产业,如劳动密集型产业和部分资源密集型产业,那么劳动要素的生产率会进一步提高,有利于培育出高质量的人力资本,生产出更高质量和更多品种的劳动密集型产品和资源密集型产品,提升整体劳动密集型产品和资源密集型产品的出口技术含量,也促使我国比较优势从劳动力数量向劳动力质量转变。如果科学技术进步发生在不具有比较优势的产业,如技术密集型产业或者资本密集型产业,那么将有效改善我国原先出口该类产品比重低的现象。因为国内企业由于生产技术的提高和科技的进步,可以生产出更多的原先无法批量生产的高科技产品,所以该类产品的出口总量也会进一步增加,进而提高我国出口产品技术复杂度,从而改善我国出口产品结构。

基于上述论述,本章可以提出命题2:科学技术可以通过提高要素生产率和替代低效率生产要素来促进出口产品结构优化。

基于供给侧的比较优势影响出口产品结构的作用机制可见图3.2。

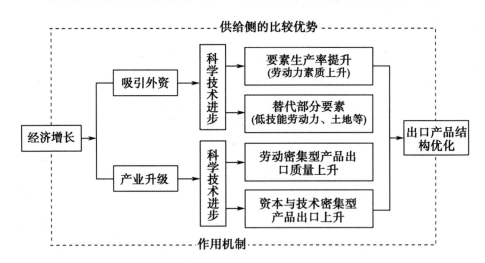

图3.2 基于供给侧的比较优势影响出口产品结构的作用机制

3.3.3 基于需求侧的比较优势影响出口产品结构的作用机制

许多研究表明,我国出口产品既存在劳动力要素的比较优势,也存在着市场规模的比较优势,但从整体趋势来看,劳动力比较优势的影响更为显著。不过随着人口红利的消失,这种劳动力比较优势也将慢慢退出历史的舞台,我国出口产品必将需要寻求新的比较优势(刘和东,2013)。根据新古典贸易理论,在规模收益不变和产品同质化生产的背景下,一国某种产品的国内市场需求增大将会导致其出口量的减少;但是新贸易理论却认为,当规模报酬递增、产品差异化、出口运输存在冰山成本时,产品的国内需求增加可以促进其出口额的增加,二者表现为正相关。因此,根据不同的贸易理论,我们可以得出国内市场规模对出口有着替代和促进作用的结论。新古典贸易理论的假设为产品同质化,其意味着国内市场需求的扩增会从数量上对出口产生替代作用,这大多表现为生产附加值较低的劳动密集型产品;而差异化较大的产品,如大多数技术密集型产品,其国内市场规模的扩大则会进一步促进其出口。综合来看,一国的某些产品出口减少,而另一些产品出口增加,必将导致整体的出口产品结构发生改变。此外,随着国内市场规模的扩大,技术和资本密集型产品的出口也随之扩大,因此其出口产品结构是不断优化的。下面将从微观机理层面进一步阐析国内市场规模是如何对高质量产品出口产生促进作用的。

亚当·斯密的"市场范围"假说曾指出,分工会受到市场大小的限制,因为分工本质上取决于交换能力的大小,而交换能力又受到市场广狭的影响,因此,市场规模的扩大会对产业的分工起到促进作用。当某一地区市场规模扩大时,产业分工进一步加强,从而促进了分工产业链的延展,包括产业内的水平分工和产业间的垂直分工,生产规模又会因此扩大,使得相应产品在满足了本土市场需求之后依旧有剩余可供出口;同时,生产效率也会因此提升,进而形成了规模经济。在这种规模经济的作用下,一方面,与产业分工各属性相配套的本土企业会被大量创生出来;另一方面,与分工产业链生产性质相类似的外资企业也会大量涌入本土市场(时磊和田艳芳,2011)。基于这两方面的共同影响,本土市场开始出现由分工引起的经济集聚现象,而集聚会促使共享和竞争,因而会进一步促进出口产品质量的提升。具体来说,主要通过以下三条路径来实现影响机制:

(1)市场共享。杨浩昌等(2015)指出市场共享包括经济聚集内的企业间相互共享研发设备、高质量劳动力和高品质中间产品等,并认为某些研发设施的装配及使用培训只有当生产规模达到一定程度时才会有收益,因此在产业集聚的地点往往更容易进行科研设备的共同组装与技术交流;同样,在产业聚集的地点,不同类型的人力资本聚合在一起更有利于低技能劳动者向高技能劳动者学习技术技能,提升整体的劳动力水平。因而,高质量产成品的生产离不开高质量中间产品的供给,规模化的集聚经济会使得这些高质量中间产品更容易投入到产品市场中。

(2)知识外溢。知识外溢主要体现在技术流通和相关生产以及商业信息的互联互通,因为产业聚集在一起使得劳动力之间交流更为便捷,因此相应的技能技术和相关性信息也会随着劳动力间的交流而在企业之间相互流通,形成知识外溢(许德友,2015)。

(3)竞争效应。集聚导致劳动力和企业集中运转,信息获取更加方便,企业更轻松地了解竞争企业在做什么,从而促进了企业间的竞争,这种竞争可以激发企业和劳动力的自主创新和研发意识,使得经济聚集区内的企业比分散的企业更具有竞争力,能够生产出更高质量的产品(原毅军等,2010)。

基于上述论述,本章可以提出命题3:扩大国内市场规模能够引发经济聚集现象,进而通过市场共享、知识外溢和竞争效应等来促进高技术复杂度产品的出口,最终促进出口产品结构优化。

基于需求侧的比较优势影响出口产品结构的作用机制可见图3.3。

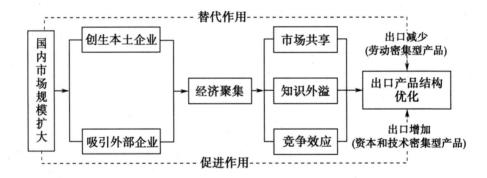

图3.3 基于需求侧的比较优势影响出口产品结构的作用机制

基于以上分析,可知我国比较优势发生了演变,所形成的新型比较优势分别从供给侧和需求侧两个方面促进了我国出口产品结构的优化,其作用机制可见图3.4。

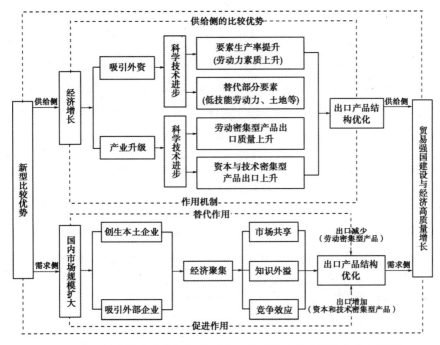

图 3.4 比较优势演变视角下我国出口产品结构优化的综合作用机制

3.4 比较优势演变对中国出口产品结构优化的实证分析

前面章节已经对中国比较优势演变和出口产品结构进行了定性与定量分析,发现改革开放以来,我国比较优势发生了巨大变化,原先起主导作用的劳动力比较优势正在逐渐消失,使得我国原先基于人口红利而形成的出口产品结构难以持续提升和优化,也难以摆脱低附加值和低质量产品出口占主导位置的"婢女"角色。因此,我国迫切需要发掘新型比较优势来带动并促进出口产品质量的提高,从而优化我国出口产品结构,进而提高我国出口产品在国际贸易市场中的竞争地位。本章将通过实证分析来探讨国内市场规模以及科技进步等新型比较优势有效地优化我国出口产品结构的可能性及其作用特征。

3.4.1 实证方程构建

本章利用 1998—2017 年中国各省区市的平衡面板来研究我国比较优势

演变对出口产品结构变化的影响。综合前文的分析和研究，选取出口产品结构优化作为被解释变量，同时选取包含劳动力数量、人力资本、国内市场规模、科技进步等在内的9个解释变量。所构建的实证方程如下所示：

$$EXPY_{it} = \beta_0 + \beta_1 LABOR_{it} + \beta_2 HR_{it} + \beta_3 INVEST_{it} + \beta_4 RESOURCE_{it} + \beta_5 TRADE_{it} + \beta_6 FDI_{it} + \beta_7 GOV_{it} + \beta_8 RD_{it} + \beta_9 MDEMAND_{it} + \mu_i + \upsilon_t + \varepsilon_{it}$$

(3.5)

其中：$EXPY_{it}$ 表示出口产品结构优化；$LABOR_{it}$ 表示劳动力数量；HR_{it} 表示人力资本；$INVEST_{it}$ 表示投资水平；$RESOURCE_{it}$ 表示资源禀赋；$TRADE_{it}$ 表示贸易开放程度；FDI_{it} 表示外商直接投资水平；GOV_{it} 表示政府支持力度；RD_{it} 表示科技进步程度；$MDEMAND_{it}$ 表示国内市场规模；β_i 表示回归系数；μ_i 表示不同省区市的组间差异；υ_t 代表时间效应；ε_{it} 为随机误差项。

由于不同变量之间有较大的数量级差别，为了避免回归过程中因此而产生过大的异方差，因而在做回归分析时，我们对各个变量取自然对数，最终确定回归模型如下：

$$\ln EXPY_{it} = \beta_0 + \beta_1 \ln LABOR_{it} + \beta_2 \ln HR_{it} + \beta_3 \ln INVEST_{it} + \beta_4 \ln RESOURCE_{it} + \beta_5 \ln TRADE_{it} + \beta_6 \ln FDI_{it} + \beta_7 \ln GOV_{it} + \beta_8 \ln RD_{it} + \beta_9 \ln MDEMAND_{it} + \mu_i + \upsilon_t + \varepsilon_{it}$$

(3.6)

3.4.2 变量说明及数据处理

1. 关于被解释变量的测度说明

目前关于测度出口产品结构没有一个统一的方法，其中被大多数学者认可的方法是通过测量产品质量来间接测量产品结构，因为产品质量越高就表明出口产品结构越完善。其中使用最为广泛的测度产品质量的方法是出口产品单位价值法(Schott,2008；Harding 和 Javorcik,2009；Baldwin 和 Harrigan,2011；李坤望等,2014)，也有采用产品层面回归反推法测度企业出口品质量（施炳展和邵文波,2014）。除此之外，陈丰龙和徐康宁(2016)基于 Khandelwal(2010)提出的嵌套 Logit 模型，通过控制出口产品价值、嵌套组内份额、消费者偏好等因素来推导出口产品质量。最早由 Michaely(1984)提出的产品的技术复杂度法，用一国某产品的出口额占世界该产品出口总额比重作为权数乘以该国人均 GDP 所得指标作为标准进行判断。基于产品的技术复杂度法所测得的产品质量能够克服将产品单位价值等价于产品质量的缺陷,是相对具有优势的研究方法。

本章基于 Hausmann 等(2007)构建的产品复杂度指数对产品层面质量进行测度。其所构建的产品复杂度指标的公式为

$$PRODY_i = \sum_j \frac{(x_{ji}/X_j)}{\sum_j (x_{ji}/X_j)} Y_j \qquad (3.7)$$

其中:i 代表产品;j 代表国家;x_{ji} 为出口额;X_j 代表 j 国出口总额;Y_j 代表 j 国的收入水平(实际人均 GDP);权数 x_{ji}/X_j 代表 j 国 i 产品出口的份额占所有国家 i 产品出口的份额之和的比重。根据公式(3.7)可以计算出基于 HS6 位码的我国工业产品出口复杂度。由于本章的研究对象是我国各省区市的出口产品结构优化,因而需要将上述基于 UN Comtrade 数据库中关于中国进出口产品 HS6 层面所测得的产品复杂度按照 HS6 与 SITC3 的转换代码转化成 SITC3 层面;然后,再按照盛斌(2002)所给出的 SITC3 与国民经济行业二位码的转换关系将 SITC3 层面的数据转换成工业行业层面的数据,并按照谢建国(2003)对工业行业的分类方法,将我国出口行业的技术复杂度分为劳动密集型、资本密集型以及技术密集型等三个行业;最后,参考赵红和彭馨(2014)的做法,用各省区市的出口比重乘以技术密集型行业的出口复杂度,即可得到各省区市以技术密集型行业出口复杂度为表征的出口产品结构优化。

基于产品层面复杂度指数 PRODY,Hausmann 等(2007)提出了一国出口复杂度指数的测度公式,即

$$EXPY_j = \sum_i \left(\frac{x_{ji}}{X_j}\right) PRODY_i \qquad (3.8)$$

其中:权数 $\frac{x_{ji}}{X_j}$ 代表 j 国商品出口额中 i 商品所占比例;$EXPY_j$ 表示 j 国所有出口产品的生产力水平的加权平均,代表一国的出口复杂度。由于本章是研究我国工业各细分行业层面的出口复杂度,所以本章将产品 HS6 位码基于 SITC3 位码对应到我国 36 个工业行业,即将公式(3.8)中 j 对应到某行业,权数代表产品 i 的出口份额占所属行业的出口份额之比,由此计算所得的 $EXPY_j$ 即为 j 行业的出口复杂度[1]。

---

〔1〕 基于 PRODY 和 EXPY 所测得的数据可见附录 C 和附录 D 所示。

2. 关于解释变量的测度说明

参考相关文献,并根据我国对外贸易发展中比较优势的演变特征,我们选取了以下几个因素作为影响我国出口产品结构优化的关键变量,具体测度说明如下:

劳动力数量($LABOR_{it}$):用各省区市的就业人数占其总人口数的比重来表示,数据来源于《中国统计年鉴》和各省市的统计年鉴。

人力资本(HR_{it}):用人口教育结构指标来核算,这里采用的是陈钊等(2004)所构建的估算方法,首先将各种受教育等级划分为高等教育水平(16年)、高中教育水平(12年)、初中教育水平(9年)与小学教育水平(6年)四个层次,然后将这四个层次水平的受教育人口数除以包括文盲在内的总人口数,得到的权重再乘以相应的受教育年限,以此所得数据作为该地区的人力资本。所用到的受教育人口数据以及包含文盲的总人口数据来自《中国统计年鉴》和各省市的统计年鉴。

资产投资($INVEST_{it}$):用全社会固定资产投资总量占 GDP 的比重来表示。全社会固定资产投资主要用于基础设施建造与完善、固定资产购置与重置等,是反映一地区一定时期内基础设施投资与建设状况的主要指标之一。对于一地区的国际贸易尤其是出口产品的发展来说,其离不开固定资产的支撑和保障。全社会固定资产投资数据来自《中国统计年鉴》以及各省市统计年鉴。

资源禀赋($RESOURCE_{it}$):选用徐康宁和王剑(2006)所采用的核算方法,将原煤、原油以及天然气的产量经过热量转换计算之后所得到的综合指标。在测算过程中,所基于的折算公式为

$$\begin{aligned}能源产量 =\ &原煤产量(亿吨) \times 0.714 + 原油产量(万吨) \times 1.43/10\,000 \\ &+ 天然气产量(亿立方米) \times 13.3(吨/万立方米)/10\,000\end{aligned}$$

(3.9)

其中:能源产量的计量单位为亿吨标准煤。基于此,将该能源产量数值与该地区 GDP 的比值作为最终衡量资源禀赋的指标,能源产量数据来源于中经网统计数据库,GDP 数据来源于历年统计年鉴和各省份统计年鉴。

对外贸易规模($TRADE_{it}$):用当年进出口总额与 GDP 的比值来表示,相关数据来源于海关统计和统计年鉴。

外商直接投资(FDI_{it}):用每个省份所吸引的外商直接投资额与 GDP 的

比值来表示,数据来源于历年统计年鉴和各省市统计年鉴。

政府支持力度(GOV_{it}):用财政收入占 GDP 的比重来表示,也可称为政府参与,财政收入和 GDP 数据均来源于历年《中国统计年鉴》。

科学技术水平(RD_{it}):用地区的研发经费占 GDP 的比重来表示,也可称为研发投入,相关数据同样来源于历年《中国统计年鉴》。

国内市场规模($MDEMAND_{it}$):根据 Harris(1954)所提出的空间加权平均法来测度某一地区的市场规模,即一地区的市场规模与本地区及其他地区的总收入呈正比,而与其他地区到该地区的距离呈反比,具体公式为

$$MDEMAND_{it} = \sum_{j \neq i}(Y_{it}/D_{ii} + Y_{jt}/D_{ij}) \tag{3.10}$$

其中:Y_{it} 为 t 时期 i 省区市在扣除净出口额后的地区生产总值;Y_{jt} 为 t 时期 j 省区市在扣除净出口额后的地区生产总值;D_{ij} 为 i、j 两省区市省会城市之间的地理距离;D_{ii} 为 i 省区市的内部距离,用 $D_{ii} = \dfrac{2\sqrt{S_i/\pi}}{3}$ 来测度,其中 S_i 为第 i 省的陆地面积。相关原始数据来源于《中国统计年鉴》和 Google 地图[1]。

基于数据的可得性和完备性,我们最终搜集到了 28 个省区市的发展数据,剔除了数据缺失较为严重的西藏、青海和海南。同时,考虑到不同变量具有较大的数量级差异,本章对所有变量进行了取对数处理,由此得到的各个关键变量的统计性描述如表 3.3 所示。

表 3.3 变量的描述性统计说明

变量	观察值数	均值	标准差	最小值	中值	最大值
ln EXPY	532	1.039 5	1.580 5	−2.758 2	0.741 6	4.609 5
ln LABOR	532	−2.290 2	0.636 2	−3.861 5	−2.344 6	−0.587 1
ln HR	532	2.136 6	0.125 5	1.761 2	2.134 6	2.525 9
ln INVEST	532	−0.627 8	0.414 7	−1.441 5	−0.652 7	0.294 3
ln RESOURCE	504	16.533 9	2.205 7	7.886 1	17.083 2	20.360 9
ln TRADE	532	−1.713 5	1.001 4	−3.439 7	−2.050 9	0.543 6
ln FDI	532	−4.022 1	1.001 3	−7.844 8	−3.940 2	−1.921
ln GOV	532	−2.461 8	0.321 3	−3.109 9	−2.477 7	−1.481 3
ln RD	532	−4.573 5	0.683 3	−6.829 4	−4.597 9	−2.811 1
ln MDEMAND	532	−3.495 4	0.888	−5.982 2	−3.452 6	−1.590 6

---

[1] 基于 Harris(1954)所获得的数据可见附录 E 所示。

为了检验各个解释变量和被解释变量之间是否存在相关性,本章首先对各变量进行了相关性分析。如果被解释变量与个别解释变量之间没有相关性,就没有必要再做回归分析;如果有一定的相关性,则可通过回归分析进一步检验它们之间的内在关系。此外,相关分析还可以查看解释变量之间的共线性程度如何,如果解释变量间的相关性非常大,则表示它们之间存在着共线性问题,需要予以剔除。对此,本章采用相关系数来对各变量进行相关性检验,相关系数分析结果如表3.4所示。

表3.4 相关系数分析

变量	(1)	(2)	(3)	(4)	(5)	(6)	(7)	(8)	(9)	(10)
(1)	1.0000									
(2)	0.5284	1.0000								
(3)	0.4367	0.7171	1.0000							
(4)	−0.2586	0.3145	0.2080	1.0000						
(5)	−0.1768	−0.3257	−0.1071	−0.0398	1.0000					
(6)	0.8330	0.5316	0.5201	−0.2877	−0.2389	1.0000				
(7)	0.5911	0.3146	0.3415	−0.2486	−0.0988	0.5704	1.0000			
(8)	0.2473	0.6505	0.6104	0.3636	−0.3288	0.4136	0.1013	1.0000		
(9)	0.4717	0.6343	0.6823	0.1023	−0.1682	0.5747	0.4173	0.5592	1.0000	
(10)	0.4059	0.7670	0.6818	0.5010	−0.2402	0.3097	0.2650	0.6105	0.6638	1.0000

注:(1)—(10)变量分别为 ln$EXPY$、ln$LABOR$、lnHR、ln$INVEST$、ln$RESOURCE$、ln$TRADE$、lnFDI、lnGOV、lnRD、ln$MDEMAND$。

由上表可见,除了解释变量(4)即资产投资、解释变量(5)即资源禀赋、解释变量(8)即政府支持力度与被解释变量(1)出口产品结构之间的相关系数绝对值小于0.3,说明并不存在着较强的线性关系,其余解释变量与被解释变量之间的相关性基本都控制在一定程度以内。此外,其余任何两个解释变量之间的相关系数都没有很接近1的,说明任何两个解释变量之间都没有完全共线性的可能,即任何两个变量之间并不高度相关,它们分别对被解释变量产生相应的正向或负向影响。然而,严谨而又客观的结论需要更为科学的方法来加以实证和检验。

3.4.3 实证分析及结果探讨

由于在回归过程中可能存在着虚假回归或伪回归的现象,即一些非平稳的经济时间序列往往会表现出共同的变化趋势(Common Trend),但实际上这些数据之间并无直接关联(李子奈和叶阿忠,2012),对此需要进行平稳性检验,以排除此类问题的影响。因而,为确保回归结果的有效性和合理性,本章在进行回归分析前先对各变量的平稳性进行面板单位根检验(Unit Root Test)。具体检验结果如表3.5所示。

表3.5 基于面板单位根检验的回归结果

	Levin-Lin-Chu		Harris-Tzavalis		Breitung		Im-Pesaran-Shin	
	统计量	P值	统计量	P值	统计量	P值	统计量	P值
ln EXPY	−0.049 8	0.480 1	0.933 8	0.997 9	2.318 2	0.989 8	2.514 4	0.994 0
ln MDEMAND	−1.183 7	0.118 3	0.981 7	1.000 0	16.236 3	1.000 0	0.580 6	0.719 2
ln LABOR	2.164 6	0.984 8	1.000 3	1.000 0	10.338 8	1.000 0	11.022 2	1.000 0
ln HR	−2.824 8	0.002 4	0.856 5	0.587 7	4.589 4	1.000 0	−0.121 1	0.451 8
ln TRADE	−0.429 4	0.333 3	0.805 5	0.064 0	−0.899 9	0.184 1	−0.566 8	0.285 4
ln RD	−4.505 3	0.000 0	0.816 5	0.126 4	6.253 8	1.000 0	−4.905 0	0.000 0
ln GOV	−3.420 4	0.000 3	0.924 8	0.994 7	5.084 9	1.000 0	3.456 3	0.999 7
ln INVEST	−3.573 6	0.000 2	0.939 4	0.998 9	8.395 1	1.000 0	4.366 5	1.000 0
ln FDI	−4.632 4	0.000 0	0.748 1	0.000 0	0.074 8	0.529 7	0.568 5	0.715 2
ln RESOURCE	−3.111 1	0.000 9	0.667 4	0.000 0	−2.432 1	0.007 5	−1.453 2	0.073 1

从表3.5可知,变量ln EXPY、ln MDEMAND和ln LABOR,无论利用什么检验方法,检验结果都是原阶不稳定的,因此需要我们对该序列进行一阶差分后继续检验。取差分后的所有变量经检验都是平稳的,说明所有解释变量与被解释变量之间均存在长期关系,满足下一步回归分析的条件,一阶差分面板单位根检验结果如表3.6所示。

1. 基本回归分析

本章采用面板数据的固定效应模型(FE方法)和二阶段最小二乘法(2SLS方法)分别对影响出口产品结构的变量进行了回归和内生性处理,回归检验结果如表3.7所示。其中,对于二阶段最小二乘法(2SLS方法),我们参考邵军和徐康宁(2011)以及Fieler等(2018)的做法,选取解释变量的一阶滞后项作为其工具变量;同时,我们也基于K-P LM、K-P Wald F以及Hansen J等指标对工具变量是否存在弱识别或过度识别等进行检验,从表3.7中可以看出,这些指标均能印证所选取工具变量的有效性。基于此,从回归结果来看,劳动力数量(ln LABOR)、人力资本(ln HR)、对外贸易规模(ln TRADE)、外商直接投资(ln FDI)、政府支持力度(ln GOV)以及国内市场

表 3.6 基于一阶差分面板单位根检验的回归结果

	Levin-Lin-Chu		Harris-Tzavalis		Breitung		Im-Pesaran-Shin		Fisher-type-dfuller	
	统计量	P值	统计量	P值	统计量	P值	统计量	P值	统计量	P值
ln EXPY	−9.6446	0.0000	0.0406	0.0000	−7.0374	0.0000	−8.7973	0.0000	106.8304	0.0001
ln MDEMAND	−7.8150	0.0000	0.5492	0.0000	−8.5365	0.0000	−3.3962	0.0003	12.6131	1.0000
ln LABOR	−3.1329	0.0009	0.1225	0.0000	−3.0508	0.0011	−9.9868	0.0000	254.0291	0.0000
ln HR	−14.0953	0.0000	−0.3178	0.0000	−8.8713	0.0000	−13.5142	0.0000	165.1686	0.0000
ln TRADE	−8.1580	0.0000	0.0258	0.0000	−8.4892	0.0000	−9.6257	0.0000	60.5040	0.3166
ln RD	−2.2260	0.0130	−0.1453	0.0000	−3.2404	0.0006	−13.5313	0.0000	118.8764	0.0000
ln GOV	−4.4739	0.0000	0.0873	0.0000	−7.9923	0.0000	−7.9029	0.0000	114.7062	0.0000
ln INVEST	−7.7543	0.0000	0.2843	0.0000	−7.6251	0.0000	−7.1353	0.0000	100.1079	0.0003
ln FDI	−9.7642	0.0000	−0.1393	0.0000	−8.6695	0.0000	−9.2019	0.0000	117.8456	0.0000
ln RESOURCE	−7.7216	0.0000	−0.0206	0.0000	−8.9052	0.0000	−10.0267	0.0000	77.5307	0.0300

规模的系数显著为正,对出口产品结构具有显著的正向作用;而资产投资(ln INVEST)、资源禀赋(ln RESOURCE)和科学技术(ln RD)对出口产品结构的影响不显著,此结果与之前的相关性检验相吻合。

表 3.7 出口产品结构影响因素的基本回归结果

	(1) ln EXPY FE	(2) ln EXPY FE-滞后项	(3) ln EXPY 2SLS	(4) ln EXPY IV-GMM
ln LABOR	0.151 7**	0.207 1**	0.408 6	0.162 5
	(0.072 8)	(0.081 1)	(0.257 5)	(0.101 1)
ln HR	2.312 1***	2.086 7***	−2.046 2*	6.421 4***
	(0.696 9)	(0.776 4)	(1.164 4)	(1.701 3)
ln INVEST	−0.178 7*	−0.086 2	−0.700 1*	−0.179 1
	(0.092 0)	(0.102 5)	(0.383 5)	(0.115 8)
ln RESOURCE	0.023 0*	−0.015 1	0.039 2	0.032 6
	(0.013 1)	(0.014 7)	(0.034 0)	(0.029 0)
ln TRADE	1.284 8***	1.125 2***	1.231 3***	1.237 8***
	(0.065 0)	(0.072 4)	(0.147 8)	(0.101 0)
ln FDI	0.168 1***	0.225 2***	0.159 1	0.277 3***
	(0.039 4)	(0.043 9)	(0.103 7)	(0.074 4)
ln GOV	0.664 6***	0.656 9***	−0.906 8***	0.767 0**
	(0.192 3)	(0.214 3)	(0.297 4)	(0.337 6)
ln RD	0.038 9	−0.038 8	−0.522 3**	0.092 2
	(0.086 1)	(0.096 0)	(0.231 5)	(0.118 7)
ln MDEMAND	4.793 1***	4.188 3***	0.924 6***	2.789 1**
	(0.885 4)	(0.986 4)	(0.215 7)	(1.121 5)
K-P LM			8.235***	
K-P Wald F			68.933***	
Hansen J			0.000	
Time Effect	YES	YES	YES	YES
Province Effect	YES	YES	YES	YES
Constant	23.978 5***	21.995 3***	6.612 0**	−6.139 1
	(4.727 9)	(5.267 4)	(3.320 6)	(5.889 1)
Observations	504	504	476	476
R-squared	0.658 6	0.590 8	0.812 5	0.958 4

注:括号中的数字为标准误;*、**、***分别表示在10%、5%和1%水平上显著。

在固定效应回归中,考虑到前文在单位根检验中发现所有变量只有在一阶差分后才是平稳的,所以进行了一阶滞后回归,详见表 3.7 中第 2 列,除了资产投资($\ln INVEST$)和资源禀赋($\ln RESOURCE$)的显著性下降以外,其余回归结果与正常面板回归结果几乎一致,相应变量的影响效应及显著性几乎没有发生变化,详见表中第 1 列。

为了提高检验结果的科学性和稳健性,本章还进行了内生性处理,目的在于消除解释变量与被解释变量之间的内生性关系。产生内生性的原因主要可以归纳为以下三种:一是遗漏变量,如果所遗漏的变量与其他解释变量存在着一定的相关性,则说明没有很好地控制或"干净地"处理好回归方程的残差项与解释变量之间的内在关系,因而会导致内生性问题的产生;二是解释变量与被解释变量之间的相互作用与影响,在本案例中,劳动力(包括劳动力数量和质量即人力资本)、科学技术以及国内市场规模会影响出口产品结构,同样出口产品结构改变也会反过来影响这些要素的变化;三是度量误差,由于对关键变量的测度或度量可能存在着概念上或技术上的误差,使其与真实值之间存在着一定的偏差,而这种偏差也会成为产生回归误差的主要来源之一,从而导致内生性问题。

对此,本章采用两阶段最小二乘法(2SLS)和广义矩估计法(GMM)解决此问题。两阶段最小二乘法(2SLS)回归分两个阶段:首先,将解释变量对工具变量进行回归,可以得到解释变量的拟合值(或估计值);其次,将所得到的解释变量拟合值再用于对被解释变量进行回归或拟合。为确保所选取的工具变量的有效性,本章运用相关指标对工具变量(IV)的适用性进行了检验。从检验结果来看(如表 3.7 所示),K-P LM 统计量的值为 8.235,在 1% 的统计水平上显著拒绝了工具变量存在弱识别的零假设;K-P Wald F 统计量的值为 68.933,显著大于统计水平为 10% 时的临界值 16.38,从而显著地拒绝了弱工具变量的零假设;Hansen J 统计量则拒绝了工具变量过度识别的零假设。因而,上述统计检验均表征了本章所选取的工具变量的有效性和合理性。同理,广义矩估计法(GMM)也能够克服变量所存在的内生性问题,而且此方法相较于 2SLS 法的一大优点在于广义矩估计法可以自动生成工具变量,能够消除 2SLS 方法中可能因为工具变量选取不当造成的误差,同时此方法还考虑了被解释变量的滞后作用,所以可以更加精准地捕捉并反映解释变量与被解释变量之间的互动影响。

基于以上两种方法得到的回归结果如表 3.7 中第 3 列与第 4 列所示,不难发现，劳动力数量（ln $LABOR$）、外商直接投资（ln FDI）和科学技术（ln RD）回归结果存在着一定的差异；资产投资（ln $INVEST$）和资源禀赋（ln $RESOURCE$）对出口产品结构影响不显著，说明这些传统比较优势正在逐渐消失，不能很好地促进出口产品结构优化；而人力资本（ln HR）、对外贸易规模（ln $TRADE$）、政府支持力度（ln GOV）以及国内市场规模（ln $MDEMAND$）的系数始终显著为正，说明这些影响因素能够有效促进出口产品结构的优化。以上回归结果与前文命题 1 与命题 3 相一致，说明我国出口产品比较优势正在发生变化，以劳动力数量、资产投资以及资源禀赋等为代表的传统比较优势不能为我国出口产品结构的优化带来持续动力，而国内市场规模和人力资本等可以有效地促进出口产品结构优化；但是回归结果显示，科学技术对出口产品结构优化的影响并不显著，与命题 2 不符，原因可能为本章衡量科学技术的指标是地区研发经费占 GDP 的比重，而部分研发经费的投入所实现的专利或技术未必能够及时地应用到实际生产中，所以会有一定的时间滞后性。此外有学者也表示只有当科学技术处于很低或者很高的水平时，才会对出口产品技术复杂度产生正面影响，而我国的科学技术水平恰恰处于中等水平，将科研成果应用到实践中会耗费更多的成本，从而对出口产品结构优化并不能起到明显的促进作用。

2. 分样本回归的异质性分析

考虑到地区性差异以及 2008 年全球金融危机的影响，本章进行了地区的分样本回归和时间序列的分样本回归。综合考虑地理位置和地区经济发展水平，将全国划分为东部、中部和西部三大区域进行分组回归[1]，同时按照时间顺序分别取 2009 年之前和之后两大时间段进行分组回归，回归检验结果如表 3.8 所示。

---

[1] 本章综合考虑地理位置（包括地形和风俗特点）和地区经济发展水平，将全国 31 个省区市划分为东部、中部和西部三大区域进行分组分析。东部地区有北京、天津、河北、辽宁、上海、江苏、浙江、福建、山东、广东和海南 11 个省市；中部地区有山西、吉林、黑龙江、安徽、江西、河南、湖北和湖南 8 个省市；西部地区有四川、重庆、贵州、云南、西藏、陕西、甘肃、青海、宁夏、新疆、广西和内蒙古 12 个省区市。

表 3.8 出口产品结构影响因素的分样本回归结果

	(1) ln EXPY	(2) ln EXPY	(3) ln EXPY	(4) ln EXPY	(5) ln EXPY
	EAST	MIDDLE	WEST	year<2009	year≥2009
ln LABOR	0.058 3**	0.160 6*	0.543 9**	−0.062 7	0.309 2***
	(0.022 4)	(0.091 2)	(0.209 4)	(0.040 5)	(0.072 1)
ln HR	0.974 6***	2.092 1***	−0.083 3	0.014 7	2.018 6***
	(0.295 9)	(0.723 5)	(1.468 3)	(0.402 6)	(0.495 8)
ln INVEST	0.085 5***	−0.059 7	−0.069 9	−0.128 0*	0.343 0***
	(0.030 7)	(0.154 8)	(0.304 6)	(0.070 5)	(0.083 4)
ln RESOURCE	−0.025 1**	−0.025 3	0.050 0**	0.007 1	0.002 9
	(0.010 2)	(0.025 3)	(0.023 9)	(0.018 6)	(0.006 3)
ln TRADE	0.652 1***	1.251 4***	1.322 6***	0.675 4***	0.951 2***
	(0.048 7)	(0.071 5)	(0.116 6)	(0.056 0)	(0.047 3)
ln FDI	−0.042 9*	−0.019 4	0.309 1***	0.023 2	−0.001 8
	(0.023 8)	(0.039 3)	(0.078 0)	(0.026 7)	(0.024 7)
ln GOV	0.121 5	−0.150 6	1.530 3***	0.249 5**	0.167 5
	(0.088 5)	(0.196 8)	(0.414 4)	(0.111 4)	(0.139 7)
ln RD	0.286 5***	0.053 6	0.289 4	0.079 1	−0.002 5
	(0.038 2)	(0.125 5)	(0.179 8)	(0.056 1)	(0.114 2)
ln MDEMAND	0.949 2***	4.944 1***	13.771 4***	1.902 5***	2.321 4***
	(0.277 9)	(1.148 3)	(3.578 8)	(0.656 1)	(0.658 7)
Constant	7.734 6***	23.112 7***	81.720 1***	11.930 9***	7.182 6***
	(1.517 5)	(5.419 5)	(19.657 1)	(3.285 7)	(2.645 4)
Time Effect	YES	YES	YES	YES	YES
Province Effect	YES	YES	YES	YES	YES
Observations	180	144	180	280	224
R-squared	0.838 8	0.862 8	0.777 0	0.521 4	0.877 4

注：括号中的数字为标准误；*、**、***分别表示在10%、5%和1%水平上显著。

表 3.8 中前三列为按区域划分的分样本回归，第1列是东部地区，第2列是中部地区，第3列是西部地区；后两列为按时段划分的分样本回归，第4

列是 2009 年前时段，第 5 列是 2009 年及以后时段，不同变量的系数以及显著性均有不同的变化，下面将详细阐述。

与全国范围不同的是，在东部地区，劳动力数量（ln LABOR）显著为正，资产投资（ln INVEST）显著为正，资源禀赋（ln RESOURCE）显著为负，外商直接投资（ln FDI）显著为负，政府支持力度（ln GOV）不显著；在中部地区，劳动力数量（ln LABOR）显著为正，外商直接投资（ln FDI）与政府支持力度（ln GOV）均不显著，其余解释变量回归结果与全国回归结果比较类似；在西部地区，劳动力数量（ln LABOR）显著为正，人力资本（ln HR）不显著，资源禀赋（ln RESOURCE）显著为正，外商直接投资（ln FDI）显著为正。整体来看，作为典型的传统比较优势，劳动力数量始终在我国出口产品发展方面起到促进作用，对外贸易规模也一直对出口产品结构有积极的正向影响作用，但是资产投资、资源禀赋、外商直接投资和政府支持力度这些传统比较优势并不能持续发挥有效地推动出口产品结构优化的作用，恰好印证了前文提出的命题 1，我国出口产品的比较优势正在发生变化。从我国各个地区经济和出口贸易发展状况来看，我国东部地区经济水平相对最高，其次为中部地区，西部地区更次之，因而我国东部地区的出口产品结构相较于中部和西部地区而言更加优化。从横向观察来看，如表 3.8 所示，出口产品结构越优化的地区，例如东部和中部地区，其人力资本的影响都比西部地区要显著，这意味着比较优势从劳动力数量转向劳动力质量是促进我国出口产品结构优化的大势所趋；同理，科学技术对出口产品结构的影响在东部区域表现的显著性最强，说明科学技术的进步有助于促进出口产品结构有效升级；国内市场规模对出口产品结构的影响在三个样本中表现均显著为正，可见它已经成为一种可以有效促进出口产品结构优化的有利因素，正是当前我国迫切需要寻找的新型比较优势。

从分时段回归结果来看，2009 年前时段回归结果与全时段回归结果不同的仅仅是人力资本（ln HR）不显著和资产投资（ln INVEST）显著为负，其余显著性以及影响程度和全时段回归结果大体一致；2009 年及以后时段回归结果与全时段回归结果不同的是，劳动力数量（ln LABOR）、人力资本（ln HR）和资产投资（ln INVEST）影响显著为正，外商直接投资（ln FDI）和政府支持力度（ln GOV）回归结果不显著。从时间的角度来看，我国出口贸易的比较优势确实在慢慢发生变化，以 FDI 和政府支持力度为代表的传统比较优势的影响力度越来越小，而以人力资本和国内市场规模为代表的影响因素逐渐崛起,有望成为新型比较优势。

3. 趋势回归分析

为了增强该研究的实用性,本章还对我国出口产品结构发展做了趋势分析,期望可以为我国实现贸易强国目标提供更加合理科学的启示和参考。本章利用面板分位数回归来观察随着产品结构不断优化各影响因素的变化情况,以便后文提出发展建议,回归结果见表3.9。

面板分位数回归可以估计被解释变量在限定解释变量下整体的条件分布,从表3.9的回归结果来看,各种比较优势对出口产品结构的影响程度,面板分位数回归的系数符号与固定效应模型分析有所差别,主要体现为:在面板分位数回归结果中人力资本($\ln HR$)影响显著为负,而固定效应回归结果中显著为正;面板分位数回归结果中资产投资($\ln INVEST$)影响显著为负,而固定效应回归结果中影响不显著;面板分位数回归结果中资源禀赋($\ln RESOURCE$)影响显著为正,而固定效应回归结果中影响不显著;面板分位数回归结果中外商直接投资($\ln FDI$)影响显著为正,而固定效应回归结果中不稳健;面板分位数回归结果中政府支持力度($\ln GOV$)影响显著为负,而固定效应回归结果中显著为正;面板分位数回归结果中国内市场规模($\ln MDEMAND$)影响显著为正,而固定效应回归结果中显著为负。出现差异的原因可能在于:原来的面板数据仅仅分析被解释变量的条件期望(即均值),而无法全面精准地描述解释变量对被解释变量的变化范围以及条件分布性状的影响,此外当原始数据存在尖峰或者厚尾分布的情况时,面板分位数回归也会呈现出与原面板回归结果不一致的现象。

综合面板分位数回归分析和固定效应回归分析,不难得知传统比较优势的影响程度随着出口产品结构的不断优化而发生变化,例如,劳动力数量影响效果先显著为负再显著为正,正向效应也是先加强后减弱,在50%分位点的影响系数最强,因此可以得出随着出口产品结构的优化,劳动力数量的影响程度先上升后下降的结论,在优化程度达到50%之后,我国应该减少对劳动力数量比较优势的重视程度;同理,资产投资、资源禀赋、外商直接投资、对外贸易规模以及政府支持力度等传统比较优势都不能做到持续为出口产品结构提供有力支持,而是随着优化程度的变化或减弱或增强或影响不显著,进一步印证命题1的准确性;而新型比较优势如国内市场规模对出口产品结构持续起到显著促进作用,证明命题3猜想成立,并随着分位点数的提高,促进作用逐渐下降,说明在出口产品结构优化的初期,我们应该着力扩大国内

表 3.9 出口产品结构影响因素的面板分位数回归结果

	(1) ln EXPY 10%	(2) ln EXPY 20%	(3) ln EXPY 30%	(4) ln EXPY 40%	(5) ln EXPY 50%	(6) ln EXPY 60%	(7) ln EXPY 70%	(8) ln EXPY 80%	(9) ln EXPY 90%
ln LABOR	−0.279 2*** (0.018 4)	0.254 3*** (0.005 2)	0.364 1*** (0.007 9)	0.571 9*** (0.014 0)	0.577 9*** (0.006 3)	0.512 4*** (0.000 7)	0.476 6*** (0.001 4)	0.413 5*** (0.001 5)	0.404 2*** (0.011 7)
ln HR	−0.603 9*** (0.108 9)	−2.081 6*** (0.024 8)	−2.230 1*** (0.016 6)	−2.210 7*** (0.078 7)	−1.969 1*** (0.016 0)	−2.585 5*** (0.005 1)	−2.602 4*** (0.006 4)	−2.046 1*** (0.005 7)	−1.773 8*** (0.035 8)
ln INVEST	−0.798 3*** (0.030 3)	−0.802 2*** (0.010 8)	−0.409 7*** (0.009 0)	−0.557 4*** (0.030 0)	−0.389 6*** (0.003 6)	−0.592 1*** (0.001 1)	−0.806 4*** (0.001 4)	−0.653 0*** (0.002 6)	−0.748 4*** (0.014 9)
ln RESOURCE	−0.008 2 (0.006 0)	0.019 0*** (0.000 5)	0.099 0*** (0.002 9)	0.018 3*** (0.002 5)	0.014 5*** (0.000 9)	0.020 2*** (0.000 2)	0.066 7*** (0.000 3)	0.050 9*** (0.000 2)	0.073 1*** (0.001 1)
ln TRADE	1.269 4*** (0.012 4)	1.264 7*** (0.001 5)	1.131 4*** (0.003 2)	1.138 1*** (0.005 3)	1.176 0*** (0.002 0)	1.221 2*** (0.000 5)	1.169 2*** (0.000 3)	1.230 3*** (0.000 4)	1.211 2*** (0.009 6)
ln FDI	0.134 8*** (0.005 5)	0.131 2*** (0.001 3)	0.155 5*** (0.003 9)	0.121 8*** (0.004 8)	0.142 3*** (0.001 2)	0.129 1*** (0.000 5)	0.123 0*** (0.000 3)	0.125 9*** (0.000 6)	0.126 4*** (0.003 1)
ln GOV	−1.468 2*** (0.031 6)	−1.334 1*** (0.012 4)	−1.402 1*** (0.008 2)	−1.333 9*** (0.020 1)	−1.294 1*** (0.004 4)	−0.892 2*** (0.002 7)	−0.541 2*** (0.001 8)	−0.717 5*** (0.001 7)	−0.544 1*** (0.009 1)
ln RD	−0.830 7*** (0.022 7)	−0.606 8*** (0.005 6)	−0.389 7*** (0.004 3)	−0.271 6*** (0.012 4)	−0.301 3*** (0.007 3)	−0.308 5*** (0.000 9)	−0.203 7*** (0.000 7)	−0.307 1*** (0.001 8)	−0.295 8*** (0.007 2)
ln MDEMAND	1.643 3*** (0.007 3)	1.400 1*** (0.008 1)	0.881 3*** (0.006 1)	0.779 3*** (0.009 3)	0.619 2*** (0.003 8)	0.704 7*** (0.000 9)	0.624 6*** (0.000 5)	0.679 8*** (0.001 7)	0.662 2*** (0.005 3)
Observations	504	504	504	504	504	504	504	504	504
Time Effect	YES	YES	YES	YES	YES	YES	YES	YES	YES
Province Effect	YES	YES	YES	YES	YES	YES	YES	YES	YES

注：括号中的数字为标准误；*、**、*** 分别表示在 10%、5% 和 1% 水平上显著。

市场规模的比较优势,有效提升出口产品技术复杂度,从而加快出口产品结构优化,提高我国国际贸易市场的竞争力;科学技术的影响作用表现为负数,这与命题 2 相悖,原因可能是从研发投入到落实在实际生产并对出口产生积极影响需要一定的时间,所以科学技术对出口产品结构优化的促进作用存在时间滞后性,但是从回归结果来看其系数的绝对值在不断减小,也就意味着,随着样本年限的延续,在未来的发展过程中科学技术有望成为新型比较优势。

4. 空间计量回归的稳健性分析

由于本章采用的是省际层面的数据,考虑到我国不同省份之间经济发展和本地出口市场规模存在差异、空间关联性以及相互依赖性,所以本章利用空间经济学计量方法对面板数据作进一步检验和分析,以便观察地区间的空间关联性和依赖程度,同时也能够更清晰地反映本土市场效应对出口产品结构优化的影响作用。

在对面板数据进行空间计量分析之前需要先分析出口产品技术复杂度($\ln EXPY$)是否存在空间自相关。空间自相关是指一些变量在同一个分布区内的观测数据之间存在相互依赖性,一般可以用全局莫兰指数 I(Global Moran's I)和 Geary 指数 C(Geary's C)来衡量。全局莫兰指数 I 一般取值在[-1,1]之间,大于 0 表明变量间存在正空间自相关,即观测值变化与其邻近观测值变化具有相同趋势;小于 0 表明变量间存在负空间自相关,即观测值变化与其邻近观测值变化具有相反趋势;等于 0 表明不存在空间自相关,即观测值的空间分布是随机的。Geary 指数 C 一般取值在[0,2]之间,大于 1 表明变量间存在负空间自相关,小于 1 表明变量间存在正空间自相关,等于 1 表明不存在空间自相关。

由表 3.10 可知,用出口产品技术复杂度来衡量出口产品结构,全局莫兰指数 I 均大于 0,并且在 1% 统计水平上显著,同时 Geary 指数 C 也均小于 1 且在 1% 统计水平上显著,这说明出口产品结构在空间分布上具有显著自相关,即各省份在出口产品结构上相互影响且存在相互关联性。

在明确各省份间出口产品结构存在相互关联性后,本章采用空间计量经济学方法对面板数据进行了回归分析(冯伟和李嘉佳,2018)。根据不同的空间依赖关系,空间计量经济学包括具有内生交互效应的空间自回归或滞后模型(SAR)、具有误差项交互效应的空间误差模型(SEM)、同时具有内生交互效应和误差项交互效应的空间交叉模型(SAC)以及同时具有内生交互效应和外生交互效应的空间杜宾模型(SDM)等。

表 3.10 基于近邻矩阵的 Moran's I 及 Geary's C 分布情况表

年份	Moran's I					Geary's C				
	I	E(I)	Sd(I)	Z	P-value*	C	E(C)	Sd(C)	Z	P-value*
1999	0.125	−0.037	0.037	4.389	0.000	0.833	1.000	0.046	−3.607	0.000
2002	0.129	−0.037	0.037	4.482	0.000	0.832	1.000	0.045	−3.748	0.000
2005	0.135	−0.037	0.037	4.630	0.000	0.834	1.000	0.044	−3.760	0.000
2008	0.138	−0.037	0.037	4.712	0.000	0.828	1.000	0.044	−3.892	0.001
2011	0.094	−0.037	0.037	3.542	0.000	0.865	1.000	0.045	−2.999	0.000
2014	0.092	−0.037	0.037	3.478	0.001	0.863	1.000	0.046	−2.996	0.003
2017	0.110	−0.037	0.037	3.963	0.000	0.834	1.000	0.046	−3.626	0.000

注：E(I)和 Sd(I)分别表示莫兰指数 I 的期望值和方差；Z 值为莫兰指数 I 的 Z 检验值，P 值为伴随概率，由蒙特卡罗模拟方法（Monte Carlo Simulation Method）999 次得到。限于篇幅，此处仅汇报基于近邻矩阵的统计结果。

表 3.11 基于邻近矩阵和地理矩阵的面板空间计量回归结果

	(1) ln EXPY SAR	(2) ln EXPY SDM	(3) ln EXPY SAC	(4) ln EXPY SEM	(5) ln EXPY SAR	(6) ln EXPY SDM	(7) ln EXPY SAC	(8) ln EXPY SEM
ln LABOR	0.151 6*	0.217 4**	0.066 1	0.174 8*	0.181 9**	0.228 9**	0.111 9	0.205 3**
	(1.86)	(2.10)	(0.77)	(1.88)	(2.05)	(2.34)	(1.17)	(2.03)
ln HR	1.781 0*	0.518 6	1.474 6	2.039 5*	1.854 8*	0.929 6	1.751 7*	2.106 3**
	(1.71)	(0.42)	(1.51)	(1.85)	(1.83)	(0.82)	(1.76)	(2.05)
ln INVEST	−0.034 6	−0.220 0*	−0.235 6	−0.030 0	−0.013 4	−0.086 6	−0.209 6	−0.040 8
	(−0.25)	(−1.81)	(−1.55)	(−0.20)	(−0.09)	(−0.60)	(−0.83)	(−0.25)
ln RESOURCE	0.038 7**	0.058 4**	0.035 2*	0.039 3*	0.037 9*	0.050 5**	0.028 9	0.039 4**
	(2.03)	(2.49)	(1.83)	(1.93)	(1.86)	(2.20)	(1.69)	(2.15)
ln TRADE	1.213 8***	1.083 7***	1.225 0***	1.212 0***	1.229 8***	1.174 6***	1.272 6***	1.244 3***
	(5.42)	(8.83)	(5.71)	(5.14)	(5.37)	(7.09)	(5.63)	(5.22)
ln FDI	0.134 1	0.176 7**	0.138 3*	0.144 0	0.135 7	0.113 6	0.147 6	0.157 0*
	(1.54)	(1.96)	(1.65)	(1.58)	(1.47)	(1.34)	(1.63)	(1.65)
ln GOV	0.726 8**	0.684 0**	0.715 9	0.694 7	0.721 9	0.640 0	0.695 1*	0.678 8
	(1.65)	(2.11)	(1.64)	(1.51)	(1.58)	(1.49)	(1.72)	(1.48)
ln RD	−0.035 2	−0.031 0	0.082 1	−0.001 7	−0.024 8	0.032 4	0.061 6	0.031 9
	(−0.17)	(−0.18)	(0.40)	(−0.01)	(−0.11)	(0.21)	(0.17)	(0.11)
ln MDEMAND	1.046 1*	0.073 4	4.752 4***	1.382 2**	0.952 1*	0.038 9	4.690 3**	1.371 0*
	(1.76)	(0.10)	(4.32)	(2.05)	(1.71)	(0.04)	(2.01)	(1.96)

续表

	(1) ln EXPY SAR	(2) ln EXPY SDM	(3) ln EXPY SAC	(4) ln EXPY SEM	(5) ln EXPY SAR	(6) ln EXPY SDM	(7) ln EXPY SAC	(8) ln EXPY SEM
Constant	6.212 8	−1.034 3		8.039 7*	6.281 6	3.754 3		8.192 8*
	(1.62)	(−0.06)		(1.91)	(1.58)	(0.59)		(1.70)
Time Effect	YES	YES	YES	YES	YES	YES	YES	YES
Spatial rho	0.620 5***	0.214 2	0.558 4***		0.184 8**	0.093 6	0.143 1	
	(8.31)	(1.43)	(5.41)		(2.62)	(0.87)	(0.71)	
lambda			0.314 1***	0.485 4***			0.018 7	0.135 1
			(3.46)	(5.80)			(0.05)	(0.96)
lgt_theta	−2.546 3***	−2.424 6***			−2.524 5***	−2.374 7***		
	(−7.22)	(−7.42)			(−6.94)	(−8.42)		
sigma2_e	0.096 0***	0.081 0**	0.091 2***	0.103 3**	0.104 1***	0.089 3***	0.099 5***	0.106 1**
	(2.69)	(3.14)	(2.87)	(2.56)	(2.68)	(2.95)	(2.83)	(2.63)
N	532	532	532	532	532	532	532	532

注：括号中的数字为标准误；*、**、***分别表示在10%、5%和1%水平上显著。

(1) 近邻(0—1)矩阵

空间近邻矩阵是指在定义不同省份的变量时,相邻的省份变量定义为1,否则为0,矩阵中所有对角线上的元素均为0。近邻矩阵主要反映了空间分布上省份间的毗邻关系对不同要素作用于出口产品结构优化的影响。基于SAR、SDM、SAC以及SEM四种方法的回归结果如表3.11中(1)、(2)、(3)和(4)列所示。从表中数据来看,传统比较优势并非全部对出口产品结构发挥积极促进作用,作为新型比较优势的人力资本和国内市场规模在大多数回归中表现出显著的正效应,与本章命题1和命题3相符,而科学技术由于存在时间滞后性在样本数据中表现为不显著,符合前文的假设和推理。

(2) 地理矩阵

本章除了考虑到各省份之间的近邻关系外,还考虑到不同省份间地理距离不同导致相互影响和省际联结效应不同的因素,因而对面板数据做了一个地理矩阵,即将两个省份地理距离的倒数作为矩阵元素并且对角线上元素依旧为0,再进行以上四种回归,得到结果如表3.11中第(5)、(6)、(7)和(8)列所示。从表中结果不难发现,基于地理矩阵回归的结果与基于近邻矩阵回归的结果大体一致,说明在考虑了空间关联性和空间依赖性之后,本章提出的命题假设依旧成立。

基于空间计量经济学方法对面板数据的回归结果一致表明,我国出口产品的比较优势正在发生变化,传统比较优势如劳动力数量、资产投资、资源禀赋、外商直接投资、对外贸易规模以及政府支持力度等不能对出口产品结构持续优化发挥强有力的积极促进作用,而体现劳动力素质的人力资本,以及国内市场规模在影响出口产品结构优化的机制中发挥日渐突出的促进作用,成为我国新型比较优势。科学技术虽然由于时间滞后性在现阶段不能对出口产品结构优化体现出促进作用,但同样有望成为新型比较优势。

3.5 本章小结

本章选取了中国近20年的发展数据,运用面板数据的固定效应模型以及面板分位数回归分析等方法对中国出口产品结构的影响因素进行了实证研究,研究发现:劳动力数量、对外贸易规模、外商直接投资(FDI)、人力资本和政府支持力度等对我国出口产品结构的优化有显著的促进作用,但是影响程度正在发生变化;资产投资和自然资源等在我国目前发展阶段对出口产品结构的优化影响程度相对较弱,说明我国比较优势正在演变;科学技术在我国目前发展阶段对出口产品结构的优化影响不显著甚至有时显著为负,主要因为技术开发与应用具有时间滞后性,但是从理论分析来看,在未来,科学技术对于促进我国出口产品结构优化是具有积极作用的;国内市场规模对我国出口产品结构的优化有显著的积极效应,而且这种推动作用的力度在出口产品结构得到优化的初期会表现得更加明显,是一种新型比较优势。

从以上分析来看,随着时间的推移,我国出口贸易所倚重的比较优势正在不断发生变化,最为凸显的是,以劳动力数量为代表的传统比较优势正在逐渐消失,而以国内市场规模为代表的新型比较优势正在崛起,同时科学技术也有望发展成为新型比较优势。其中的主要原因是宏观经济环境的变化以及生产要素的流动导致了原来促进我国出口的传统型比较优势已经不能再为我国国际贸易活动的展开和深入提供强有力的竞争力。如,尽管我国人口红利正在逐渐消失,劳动力的优势理应从数量型向质量型转变,但是由于我国仍属于发展中国家,虽然近些年在人力资本的培养上支付了一定的人力、财力和物力,但是对于现阶段的中国而言,过度注重人力资本的数量扩展,对人力资本的质量提升还没能起到应有的作用,因而这会对出口贸易产生一定的抑制作用。另外,虽然资产投资和自然资源在以往的研究中多被看作中国出口贸易的比较优势,但是从本章的研究结论来看并非如此,它们对中国出口产品结构的优化并没有显著影响,这其中的原因可能在于:在改革开放初期,中国经济发展面临百废待兴的局面,出口产品主要以初级加工产品为主,即直接利用自然资源和资产来进行制造,并没有嵌入较为复杂而又精细的生产过程,但是随着制作工艺和技术创新的不断提升,产品技术含量和附加值也在不断提高,因而不能再依赖于使用传统资产资源进行生产并将产品用于出口,这就使得资产投资和自然资源在现阶段并不能成为显著促进出口产品结构优化的主要优势和关键动力。

另外,从国内市场规模的回归结果来看,可以发现,国内市场规模是推进我国出口产品结构优化的新型比较优势。因为随着时间的推移,国内市场规模会对出口产品结构的优化持续发挥促进作用,根据市场范围假说和本土市场效应可知,国内市场规模的扩大可以引致经济聚集、企业竞争和技术创生等现象,从而有利于出口产品技术复杂度和产品附加值的提升,进而促使出口产品结构得到优化。同时,从对科学技术的回归结果来看,虽然科学技术的进步包括了自主研发和"干中学"等效应,理应会对出口产品结构的优化产生促进作用,但是通过本章的实证分析,发现现阶段科学技术并不能对我国出口产品结构优化产生促进作用,探其原因可能在于:我国科学技术体制尚不完备,存在着科研投入不足、资金使用效率不高、设备投入和使用率不高、科研项目供需错配、科研成果产业化率低等不足。因而对于仍然处于探索或成长阶段的企业而言,应当充分利用"干中学"效应和后发优势,先主动地引进和汲取外资企业的先进技术和管理经验等,做好"学徒工",探究其中原理之后再加以自主研发、改进和创新,争做"赶超者";另外,从实证检验结果来看,在未来,科学技术的进步最终也会成为促进出口产品结构优化升级的关键动力,可谓是"道路是曲折的,但前途是光明的",因而要继续加大对科学技术的投入力度,努力提升研发效率,积极推进自主创新,从而有效发挥"科技是第一生产力"的效益和价值。

第四章

中国出口产品结构的演变特征与影响因素

4.1 我国出口产品技术含量演变的统计分析

要探究中国出口产品技术含量的演变特征和影响因素,首先要明确产品技术含量演变的几种分析方法。传统的方法是先将出口产品按照一定的标准进行分类,然后运用统计分析方法获得一个定性的结论。然而,这种传统的方法只能够获得一个趋势性的结论,不能够定量地分析出口产品技术含量演变的具体特征。Michaely(1984)首先提出用贸易专业化指数来测量出口产品技术含量,从定量分析的角度探讨了出口产品技术含量测算。Hausmann 等(2007)在贸易专业化指数的基础上从定量角度提出出口产品复杂度指数这一概念并赋予贸易小国足够的权重,修正了 Michaely(1984)贸易专业化指数的一些缺陷。关志雄(2002)创造性地从产品附加值视角来衡量出口产品的技术含量,通过各个产品的国内附加值来测度产品技术含量,并运用出口产品附加值分布图来描述出口产品结构。然而,产品附加值的赋值方法并没有一个广泛而充分的理论基础,这种以产品附加值衡量产品技术含量的方法存在一定的争议。樊纲等(2006)在关志雄(2002)的理论基础上运用间接赋值原理计算产品技术含量,利用各个国家产品的显示比较优势指数和人均GDP来确定产品显示技术含量,与关志雄(2002)的产品附加值理论一样,间接赋值计算方法也没有足够的理论支撑。

根据以上分析,本章将从定量和定性两个角度综合探究我国出口产品技术含量的演变特征及过程。在定性分析方面,首先根据Lall(2000)所提出的产品分类理论,将SITC编码标准下的出口产品依据技术含量划分为初级产品(PP)、资源基础产品(RB)、低技术产品(LT)、中等技术产品(MT)和高技术产品(HT)等。然后,通过对中国加入世界贸易组织(WTO)后近15年的数据进行统计分析,探究中国出口产品技术含量演变的过程和特征,并找出我国对外贸易中存在的问题。在研究宏观层面演变过程的基础上,本章将着重分析我国不同技术含量的分类产品内部的演变过程和发展状况,从微观的角度探究我国不同技术含量的分类产品内部存在的特征和问题。

在定量研究方面,综合比较Michaely(1984)的贸易专业化指数、关志雄(2002)的产品附加值测算法和Hausmann等(2007)的出口产品复杂度指数法等的优缺点,并选取Hausmann等(2007)的出口产品复杂度指数作为定量分析我国出口产品技术含量演变的主要方法。

首先,我们参考Lall(2000)的分类方法对我国出口产品的技术含量做一简要而又直观的描述和判断。Lall(2000)对出口产品的分类及包括的主要产品如表4.1所示。

表4.1 出口产品分类及主要产品

分类	主要产品
初级产品(PP)	水果、肉、米、咖啡、茶叶、煤炭、木头、原油、天然气
资源基础产品(RB)	加工肉制品、水果制品、饮料、木制品、植物油、粗矿、石油产品、水泥
低技术产品(LT)	纺织物、服装、鞋子、皮革制品、旅游用品、陶器、简单金属零件、家具
中等技术产品(MT)	汽车及汽车零部件、摩托车及摩托车零部件、合成纤维、化学品和涂料、化肥、工业引擎、工业机械、泵、齿轮、船、手表
高技术产品(HT)	办公/数据处理、通信设备、电视、晶体管、涡轮机、发电设备、相机

注:资料来源于Lall(2000)。

根据上述分类情况,即可计算出我国出口产品技术含量演变的基本状况。如表4.2所示,我国自加入世界贸易组织之后对外出口得到快速发展,主要产品的出口额由2001年的2 268亿美元增加到2015年的18 398亿美元,年平均增长率约为16%。然而,从2011年开始,我国出口贸易的增速开始逐步放缓,并趋于平稳。从出口总量上来看,初级产品(PP)、资源基础产品(RB)、低技术产品(LT)、中等技术产品(MT)和高技术产品(HT)在出口总量上都有所增加,其中低技术产品(LT)、中等技术产品(MT)和高技术产品(HT)增长尤为显著。从出口比重上来看,初级产品(PP)的出口比重在逐渐降低,由2001年的6.75%下降到2015年的3.61%。资源基础产品(RB)占出口产品总额的比重相对稳定,一直维持在6.5%左右。低技术产品(LT)的比重从2001年开始呈现明显的下降趋势,这种趋势在中国加入世界贸易组织后的前五年最为明显,从2001年的42.52%下降到2005年的32.34%,其后一直维持在32%左右。中等技术产品(MT)占出口总额比重增长相对缓慢,从2001年的16.61%增加到2015年的20.18%,年平均增长0.26%。高技术产品(HT)出口方面出现了较大幅度的增长,占出口比重由2001年的28.02%增加到2015年的37.19%。与低技术产品(LT)相反,高技术产品(HT)占出口的比重在2001至2005年出现了较大幅度的增长,其后保持相对稳定,一直维持在38%左右。

表4.2 技术含量分类下我国各类出口产品所占比重的演变状况

单位:%

年份	PP	RB	LT	MT	HT
2001	6.75	6.10	42.52	16.61	28.02
2002	6.67	6.10	39.73	16.33	31.18
2003	5.97	5.61	36.22	17.09	35.10
2004	4.95	5.22	33.64	18.66	37.53
2005	4.65	5.66	32.34	18.92	38.43
2006	4.65	5.46	32.42	18.80	38.67
2007	4.01	5.52	32.51	19.66	38.30
2008	3.71	6.32	32.23	20.87	36.87
2009	3.77	7.27	30.09	20.21	38.66
2010	3.78	6.25	29.96	20.68	39.34
2011	3.94	6.76	31.24	21.08	36.98
2012	3.62	6.45	32.32	20.27	37.33
2013	3.48	7.33	32.39	19.14	37.66
2014	3.62	6.61	33.73	19.57	36.46
2015	3.61	6.36	32.66	20.18	37.19

数据来源:根据《中国统计年鉴》中的出口统计数据整理计算而得。

从整体来看,我国出口产品中技术含量较低的初级产品和低技术产品占出口总额的比重不断降低,出口产品对自然资源和劳动力资源的依赖程度不断下降。高技术产品发展迅速,占出口总额的比重明显提高。这表明我国出口产品技术含量在加入WTO后有了一定的提升,且这种提升在2001—2006年期间非常明显,在2006年之后开始明显放缓。值得注意的是,资源基础产品和中等技术含量产品占出口总额的比重在中国加入WTO后的15年内基本保持不变,这表明我国出口产品技术含量虽然有了一定的进步,但是这种进步并不均衡。资源基础产品和中等技术产品发展相对缓慢,其发展速度有待进一步提高。

4.1.1 资源基础产品内部演变

从资源基础产品内部看,如表4.3所示,RB_1类产品(农产品为主)占整个资源基础产品出口的比重较小且略有下降的趋势,从2001年的33.15%下降到了2015年的26.80%。在RB_1类的主要产品中,橡胶轮胎占RB_1类产品出口比重从2001年开始上升,到2012年达到峰值,比重为54.36%;但从2013年开始逐步回落,在2015年达到44.51%。食用产品和制剂占RB_1类出口产品的比重略有下滑,从2001年的14.17%下降到2015年的10.91%。蔬菜类产品占RB_1类产品的比重保持稳定,一直维持在20%左右。其他非主要产品方面,巧克力及相关产品、纺织面料和橡胶材料出口额不断提高,相对于2001年分别增加了38倍、20倍和19倍。RB_2类产品(以矿产等资源产品为主)一直在资源基础产品出口中占有相当大的比重,约占RB类产品出口额的72%。RB_2类主要出口产品中,沥青矿物质获得的石油及制剂出口额占RB_2类产品的比重一直相对稳定,保持在24%左右。有机无机化合物及杂环化合物的比重略有上升,从2001年的10.42%上升到2015年的16.04%。黏土建筑材料和耐火建筑材料占RB_2类出口产品的比重有了较大的提升,从2001年的3.92%上升到2015年的12.30%,上涨了约8个百分点。非主要产品方面,铁矿石、油脂和矿制品出口额增长迅速,其2015年出口额分别是2001年的93倍、44倍和23倍,而废旧钢铁材料、焦炭和半焦炭等产品出口额出现了大幅下滑。从整个资源基础产品结构来看,以农产品为主的RB_1类产品和以矿产资源为主的RB_2类产品所占比重一直维持着相对的稳定,其中资源基础产品的出口商品结构基本没有发生变化。

表 4.3 资源基础产品内部比重的演变状况　　　单位：%

产品	2001	2003	2005	2007	2009	2011	2013	2015
RB_1	33.15	28.71	26.13	26.66	26.49	27.19	26.56	26.80
橡胶轮胎	22.88	28.38	39.98	47.32	48.11	51.73	51.43	44.51
食用产品和制剂	14.17	14.10	11.44	9.88	10.76	8.97	9.62	10.91
蔬菜	22.86	24.80	21.75	20.83	19.40	19.06	18.49	20.34
RB_2	66.85	71.29	73.87	73.34	73.51	72.81	73.44	73.20
沥青矿物质获得的石油和制剂	22.06	24.63	22.66	21.07	26.69	25.81	26.81	21.38
有机无机化合物、杂环化合物	10.42	10.27	9.61	13.19	15.88	14.54	15.70	16.04
黏土建筑材料、耐火材料	3.92	5.99	6.93	7.23	8.88	8.21	11.14	12.30

数据来源：根据《中国统计年鉴》中的出口统计数据整理计算而得；此外，因篇幅所限，这里只显示奇数年份的数值，所有年份的数据留待备索。

4.1.2 低技术产品内部演变

低技术产品（LT）可以分为 LT_1 类产品（以纺织制品、服装、皮革制品和鞋类为主）和 LT_2 类产品（以玻璃制品和金属制品为主）。如表 4.4 所示，LT_1 类产品占整个低技术产品出口额的比重不断下降，由 2001 年的 60.13% 下降到了 2015 年的 44.76%。以玻璃制品和金属制品为主的 LT_2 类产品占低技术含量产品出口额的比重从 2001 年的 39.87% 增加到 2015 年的 55.24%。LT_2 类产品正在逐步取代以服装鞋帽为代表的 LT_1 类产品，成为我国主要的低技术含量出口产品。在 LT_1 类主要产品中，鞋类产品占 LT_1 类产品的比重相对稳定，一直保持在 16% 左右。而服装制品、纺织物在 LT_1 类产品中的比重不断缩小，由 2001 年的 19.28% 下降到 2015 年的 15.12%。其他产品方面，针织面料、蕾丝和特殊纺织产品的出口额增长迅速。相比于 2001 年，2015 年针织面料出口额增长了 14 倍，蕾丝面料出口额增长了 12 倍，特殊纺织产品出口额增长了 10 倍。皮革及皮革制品出口额则从 2001 年的 8.96 亿美元下降到 2015 年的 6.47 亿美元，下降了约 28%。随着 LT_2 类产品出口比重的增加，LT_2 类中的一些主要产品出口额也在迅速增加。家具及其零件、床上用品占 LT_2 类出口产品的比重略有上升，从 2001 年的 13.36% 上升到

2015年的16.92%。婴儿车、玩具、体育用品在LT_2类产品中的比重急剧下降,从2001年的26.25%下降到2015年的12.77%。其他LT_2类产品方面,金属材料出口额由2001年的1.26亿美元上升到2015年的110.85亿美元,上涨了87倍;铁路钢轨出口额从2001年的0.5亿美元增加到2015年的137.1亿美元,上涨了273倍;钢铁铸件出口额从2001年的3.26亿美元增加到2015年的189.08亿美元,上涨了57倍。从整体来看,低技术产品中纺织服装鞋帽类产品比重在不断下降,玻璃、钢铁等工业制品的比重在逐步增加。

表4.4 低技术产品内部比重的演变状况　　　　　单位:%

年份	LT_1	鞋类	服装制品、纺织物	LT_2	家具及其零件、床上用品	婴儿车、玩具、体育用品
2001	60.13	17.41	19.28	39.87	13.36	26.25
2002	56.64	16.41	18.20	43.36	14.35	27.12
2003	57.36	15.27	17.65	42.64	15.72	25.15
2004	54.38	14.91	17.85	45.62	16.01	20.75
2005	52.70	15.37	18.95	47.30	16.39	20.40
2006	51.71	14.16	21.28	48.29	15.74	18.31
2007	49.08	13.74	21.04	50.92	15.10	16.28
2008	46.27	14.66	19.49	53.73	14.69	16.12
2009	51.88	15.24	18.19	48.12	20.07	18.83
2010	50.42	15.38	17.18	49.58	19.15	15.45
2011	48.90	15.02	16.53	51.10	17.12	13.97
2012	45.32	16.03	15.39	54.68	17.93	12.14
2013	46.45	15.67	15.12	53.55	17.73	11.48
2014	44.06	16.65	15.41	55.94	15.57	10.78
2015	44.76	16.62	15.12	55.24	16.92	12.77

数据来源:根据《中国统计年鉴》中的出口统计数据整理计算而得。

4.1.3 中等技术产品内部演变

中等技术产品(MT)可以细分为三类:MT_1(以机动车为主)、MT_2(以合成纤维等化学产品为主)和MT_3(以机械产品为主)。如图4.1所示,MT_1类产品占中等技术含量产品出口额的比重经过2002年的下跌后逐步上升,并在2006年后始终保持相对稳定,约占中等技术产品出口总额的10%。然而,相比于2001年,MT_1类产品占中等技术产品出口总额的比重并没有明显的上升,一直徘徊在10%左右。MT_2类产品占中等技术产品出口总额的比重有下降趋势,从2001年的19.3%下降到2015年的14.29%。与MT_2类产品相反,MT_3类产品占中等技术产品出口总额的比重总体上呈上升趋势,从2001年的69.72%上升到2015年的74.54%。MT_3类产品在中等技术产品中占主导地位,MT_1类和MT_2类产品出口额占中等技术产品出口的比例非常小,而且没有上升的趋势。虽然MT_1类产品占整个中等技术含量产品的比例很小,但是其出口额增长却很迅速。2015年,MT_1类产品的出口额为572亿美元,是2001年的14倍。其中,机动汽车、卡车和摩托车等的出口额增加迅速,分别是2001年的114倍、49倍和20倍。MT_2类产品占整个中等技术产品的比重在逐步下降,主要产品出口额增长相比MT_1类产品也较为缓慢。在MT_2的主要产品中,2015年羧酸类产品出口额相比于2001年增加了9倍,化肥类产品出口额增加了28倍,拖车类产品出口额增加了4倍。MT_3类产品在中等技术含量产品中占有绝对比重,其主要产品中加热照明类设备出口额由2001年的0.9亿美元增加到2015年的49.4亿美元,上涨了54倍;汽车发动机类产品由2001年的1.36亿美元上升到2015年的33.77亿美元,上涨了24倍;特殊行业机械设备出口额由2001年的7.55亿美元上升到139.11亿美元,上涨了17倍。而纺织机械类产品、留声机类产品、家庭用设备和手表时钟类产品等的出口额增长相对缓慢,占MT_3类产品的比重也在逐步下降。

从整体来看,MT_1类产品出口额增长迅速,其中汽车、卡车等产品对外出口快速增长,但是由于MT_1类产品基数太小,其并未对中等技术含量产品的出口结构造成较大影响。MT_2类产品出口额增长相对缓慢,其占中等技术含量产品出口额的比重也有逐渐下降的趋势。MT_3类产品出口额的增长速度虽然小于MT_1类产品,但是凭借其较大的基数,依然在中等技术含量产品中占有绝对比重。

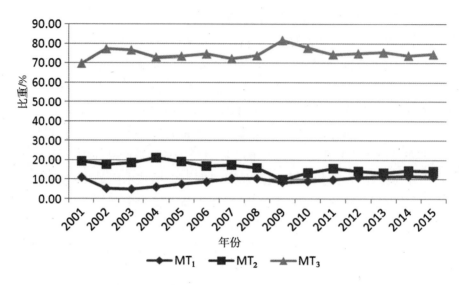

图 4.1 中等技术含量产品内部比重的演变状况

数据来源：根据《中国统计年鉴》中的出口统计数据整理计算而得。

4.1.4 高技术产品内部演变

高技术产品（HT）可以细分为 HT_1 类（以电子电气类产品为主）和 HT_2 类（其他产品）。从图 4.2 可以看出，HT_1 类产品和 HT_2 类产品占高技术含量产品的比重一直非常稳定，其中 HT_1 类产品约占高科技含量产品的 90%，而 HT_2 类产品只占到了 10% 左右。这说明在高技术产品出口方面，我国一直以电子电气类产品为主，而其他高技术产品的出口相对较少，如制药设备、涡轮发动机、航天器、精密测量仪器等，这也表明我国高技术产品出口结构的发展与优化并不平衡。

表 4.5 显示了 HT_1 类和 HT_2 类主要产品的出口变化情况。在 HT_1 类产品方面，通信设备出口额从 2001 年开始快速增长，其出口额从 2001 年的 154 亿美元增加到 2015 年的 2 450 亿美元，上涨了 15 倍，且保持高速增长势头。数据自动化处理设备出口额在 2001—2010 年快速增加，增长速度超过通信产品，但 2010 年后增长速度放缓，甚至出现了负增长。晶体管和电力机械出口额增长相对缓慢，但是增长速度较为稳定。晶体管产品出口额从 2001 年的 49 亿美元增加到 2015 年的 1 056 亿美元，电力机械产品出口额从 2001 年的 66 亿美元上升到 2015 年的 571 亿美元。

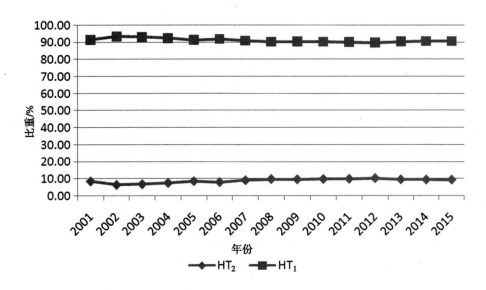

图 4.2　高技术产品内部比重的演变状况

数据来源：根据《中国统计年鉴》中的出口统计数据整理计算而得。

在 HT_2 类产品方面，光学仪器在 2001—2012 年均保持着较高的增长速度，其中在 2012 年达到了最高值 392.62 亿美元。然而，从 2013 年开始，光学产品出口额一直在下降，并有持续下降的趋势。测量控制设备出口额虽然比重较低且增长速度缓慢，但是一直保持着相对稳定的增长势头，从 2001 年的 10.48 亿美元上升到 2015 年的 145.31 亿美元。制药设备出口额增长相对缓慢，并在 2011 年以后出现停滞的现象，其占 HT_2 类商品的比重也在不断地减少。从整体上来看，我国高技术含量产品出口结构不平衡，主要依赖于电子电气类产品，其他高技术含量产品占高技术含量产品的比重相对较小，而且主要产品也都面临着增长速度放缓甚至是负增长的情况。

表 4.5　HT_1 类和 HT_2 类主要产品的出口额变化情况　　　单位：亿美元

年份	HT_1				HT_2		
	数据自动化处理设备	通信设备	晶体管	电力机械	光学仪器	测量控制设备	药用、制药设备
2001	130.94	154.09	49.32	65.71	7.82	10.48	16.74
2002	201.32	201.05	72.77	78.42	11.83	11.99	20.20
2003	410.17	277.72	104.01	101.10	34.30	16.56	25.16
2004	599.11	441.22	161.84	135.78	71.19	24.19	28.30

续表

年份	HT₁				HT₂		
	数据自动化处理设备	通信设备	晶体管	电力机械	光学仪器	测量控制设备	药用、制药设备
2005	762.99	621.93	204.13	165.98	117.54	30.56	32.80
2006	930.17	849.66	292.09	210.40	141.63	40.37	39.04
2007	1 122.44	1 027.89	356.72	271.75	210.67	56.30	51.73
2008	1 227.28	1 165.78	434.86	329.95	239.67	69.51	69.62
2009	1 118.91	1 078.52	403.28	278.11	206.73	62.77	74.17
2010	1 488.03	1 334.37	629.23	380.75	282.91	85.36	91.93
2011	1 601.22	1 621.71	695.65	467.58	321.51	101.36	94.09
2012	1 693.69	1 828.82	823.36	466.23	392.62	120.24	90.99
2013	1 665.90	2 044.59	1 170.46	526.50	391.32	125.23	93.36
2014	1 675.42	2 276.92	934.12	547.27	352.66	144.17	101.90
2015	1 403.46	2 450.36	1 055.94	570.98	345.31	145.31	100.59

数据来源：根据《中国统计年鉴》中的出口统计数据整理计算而得。

综合来看，我国出口产品中初级产品的比重在逐渐降低，这意味着我国对初级产品出口的依赖减少，对其他含有更高技术含量产品出口的依赖增加。资源基础产品占总出口的比重一直保持相对稳定，以农产品为主的 RB_1 类产品和以矿产为主的 RB_2 类产品占资源基础型产品的出口比重也比较稳定，因而资源基础型产品的出口结构和技术含量并没有大的变化。虽然一些资源基础型产品，如巧克力及相关产品、纺织面料、橡胶材料、铁矿石等产品出口额有较快增长，但是由于基数较小，并未对资源基础产品的出口结构产生较大影响。

低技术产品占总出口产品的比重从 2001 年开始迅速下降，并在 2006 年后保持相对稳定。在低技术产品中，纺织服装鞋帽类产品的比重不断下降，而玻璃、钢铁等工业制品的比重正在逐步上升，其技术含量也在不断增加。

对中等技术含量产品来说，在样本期内，其发展相对缓慢，占总出口额的比重保持相对稳定。其中，以机动车类产品为主的 MT_1 类产品占中等技术含量产品的比重一直维持在 10% 左右，而以合成纤维等化学产品为主的 MT_2 类产品所占比重略有下降。与 MT_2 类产品相反，MT_3 类产品占中等技术含量的比重有所上升，但是上升幅度并不明显。整体上来讲，中等技术产品发展相对缓慢，出口结构一直维持在 2001 年的水平。

对高技术产品而言，其从 2001 年开始快速增长，并在 2006 年后保持相对稳定。电子电气类产品在高技术含量产品中占有绝对比重，其中发展最为迅速的是通信类产品，而其他产品发展则相对缓慢。这表明我国高技术含量产品的出口严重依赖于电子电气类产品，整体发展并不均衡。因而，综合来看，我国出口产品技术含量在 2001—2015 年虽然有一定程度的提高，但是提高的幅度并不是很大，尤其在最近十年，发展相对较缓。

4.2 我国出口产品技术含量演变的定量分析

4.2.1 出口产品技术含量的测度方法

对产品技术含量的定量研究，最早起源于 Michaely(1984)所提出的贸易专业化指数，其认为一个国家的技术水平越高，意味着该国所生产的产品的技术含量越高，而高技术水平表征着高劳动生产率。根据李嘉图模型可知，一个国家的工资水平由该国的绝对优势决定，即高劳动生产率的国家对应着高工资水平，低劳动生产率国家对应着低工资水平。因而，Michaely(1984)假设某种出口产品的技术含量与该国的收入水平高度相关，并把收入水平作为主要依据，构建了产品技术含量的测算方法。Michaely(1984)认为某一产品的技术含量等于所有出口该产品的国家人均收入的加权平均值，其权重为各国出口该产品总额占所有国家该产品出口额的比重，加权平均值越高，则该产品所对应的技术含量越高。这种以收入水平代替生产要素投入计算产品技术含量的方法，免去了计算过程中众多生产要素的量化，减少了获取样本和处理数据的难度，使产品技术含量的定量测量成为可能。然而，以各个国家某种产品出口总额占所有国家该产品出口总额的比重为权重的方法并没有考虑到一些贸易小国的利益及对其影响。

Hausmann 等(2007)在 Michaely(1984)贸易专业化指数的基础上提出了产品复杂度指数的概念，其将贸易专业化指数计算过程中各个国家的绝对权重变为相对权重，着重考虑到了贸易小国的影响并赋予了其相应的权重。因此，本章将采用 Hausmann 等(2007)的产品复杂度指数来定量测量中国出口产品技术含量，并选取以 OECD 为代表的发达国家和以金砖国家为代表的发展中国家的相关数据进行综合比较，以进一步明晰我国出口产品技术含量的演变过程和内在特征。

在指标构件上,产品复杂度指数的构造方法与贸易专业化指数构造方法相似。Hausmann 等(2007)以某个产品所有出口国人均 GDP 的加权平均数来表示该产品的技术含量,权重反映了各个国家在该产品上的显示比较优势。对于每一种出口产品,运用这种计算方法都会生成相应的产品技术含量(PRODY)。通过计算一个国家所有出口产品的技术含量(PRODY)的加权平均数,我们就可以测度出一个国家出口产品复杂度指数(EXPY),这里的权重与计算技术含量(PRODY)时的权重不同,其表示的是各个国家某种产品出口额与该国出口总额的比重。因而,要想测算出一个国家的出口产品复杂度指数(EXPY),必须先测算出各个国家在每种出口产品上的显示比较优势和每一种产品的技术含量(PRODY)。我们用 j 表示国家,用 k 表示出口产品,则 j 国的总出口额为 $X_j = \sum x_{jk}$;用 Y_j 表示国家 j 的人均 GDP,则产品 K 的技术含量为

$$PRODY_k = \sum_j \frac{(x_{jk}/X_j)}{\sum_j (x_{jk}/X_j)} Y_j \tag{4.1}$$

其中:$\frac{(x_{jk}/X_j)}{\sum_j (x_{jk}/X_j)}$ 表示 j 国产品 k 的显示性比较优势,权重分子 x_{jk}/X_j 表示产品 k 的出口额占该国出口总额的比重,权重分母 $\sum_j (x_{jk}/X_j)$ 则是指世界各国出口产品 k 的总额占所有出口国产品 k 出口总额的比重。

基于此,一个国家的出口产品复杂度指数(EXPY)可以表示为

$$EXPY_i = \sum_l \left(\frac{x_{il}}{X_i}\right) PRODY_l \tag{4.2}$$

其中:$\frac{x_{il}}{X_i}$ 表示 i 国产品 l 的出口额占该国出口总额的比重。一般而言,一国的 EXPY 越高,表示该国的出口产品的技术含量越高,即出口产品的复杂度越高。

4.2.2 相关数据说明

为了真实地反映一国的经济发展水平和劳动生产率,我们选用经购买力平价修正过的人均 GDP 来测量产品技术含量 PRODY。产品按照 HS 编码的分类标准进行分类。本章选取了世界上 170 个国家的出口数据为样本,把产品种类细分到 HS 编码的 6 分位数,人均 GDP 采用 2010 年 PPP 不变价格,以国际美元来衡量。计算过程中所使用的数据主要来源于《国际统计年

鉴》、世界银行 WDI 数据库和联合国 UN Comtrade 数据库。

4.2.3 出口复杂度指数的跨国比较与分析

表 4.6 显示的是 2015 年 HS 编码下 PRODY 值最小和最大的产品各 5 种。从表中可以看到,PRODY 值最小的产品主要集中于初级产品以及资源基础型产品,其具有的技术含量普遍较低,而 PRODY 较高的值则主要集中在生物化学制品、风力发电设备和一些高科技产品上。一个国家每一种出口产品的 PRODY 值与该产品占该国出口总额的比重共同决定了这个国家出口产品的技术含量。

表 4.6　HS 编码下产品 PRODY 的最大值与最小值(以 2015 年为例)

	产品 HS 编码	产品名称	PRODY
最小值	010120	驴、骡子	478.18
	080131	鲜或干的未去壳腰果	684.77
	430130	羔羊的整张生毛皮	693.13
	151519	精制的亚麻油及分离物	705.45
	090700	丁香	776.66
最大值	390190	乙烯及乙烯聚合物	51 615.55
	902140	助听器(不包括零件附加件)	52 751.63
	711039	板、片状铑及半制成铑	55 340.54
	293791	胰岛素	56 516.24
	850231	风力发电设备	57 317.11

资料来源：根据联合国 UN Comtrade 数据库中的相关数据整理而得。

为了综合反映我国出口产品技术含量的变化情况,特别是相对于发达国家和一些重要的发展中国家而言,我国出口产品技术含量的主要特征和发展不足,本章选取了代表发达国家的 OECD 国家(剔除智利、墨西哥和土耳其等 3 个非发达国家)和代表发展中国家的 BRICS 国家(除中国外)作为参考对象(benchmark)。通过与发达国家和发展程度相似的发展中国家的对比,可以进一步明确我国现阶段出口产品技术含量的演变特征以及与其他国家相比我国的主要优势和差距,以此综合评估我国在世界贸易中的地位和发展方向。

表 4.7 所示为主要 OECD 国家 EXPY 的变化情况,我们可以发现,从整体上来说,OECD 国家 EXPY 均值在不断增加,即从 2001 年的 17 310.52 增

加到 2015 年的 21 033.45。与此同时，OECD 国家之间的 EXPY 差距从 2001 年开始不断扩大后，在 2008 年开始缩小并趋于平稳，但是从整体上来说，发达国家之间的出口产品技术含量的差距仍有扩大的趋势。

表 4.7 主要 OECD 国家 EXPY 的变化情况

年份	观测个数	均值	标准差	最大值	最小值
2001	31	17 310.52	3 321.71	26 702.86	11 696.45
2002	31	17 531.36	3 378.29	27 302.39	11 913.02
2003	31	17 898.94	3 412.22	27 857.37	12 299.48
2004	31	18 553.00	3 518.16	28 981.43	12 868.88
2005	31	19 085.34	3 613.00	29 887.11	13 332.86
2006	31	19 770.27	3 707.85	30 875.65	13 947.51
2007	31	20 330.78	3 744.41	31 439.38	14 475.68
2008	31	20 285.37	3 592.99	30 430.71	14 461.63
2009	31	19 339.17	3 392.33	28 927.34	13 651.45
2010	31	21 237.95	3 759.52	31 320.41	14 616.78
2011	31	20 067.62	3 496.11	29 731.95	14 268.15
2012	31	20 226.52	3 478.76	29 747.72	14 514.84
2013	31	20 408.28	3 486.51	30 007.84	14 705.39
2014	31	20 409.71	3 584.40	30 786.47	14 748.37
2015	31	21 033.45	4 135.03	34 915.56	14 952.27

资料来源：根据联合国 UN Comtrade 有关数据整理而得。

表 4.8 所示为金砖国家（除中国外）的 EXPY 变化情况。金砖国家 EXPY 平均值从 2001 年的 12 401.86 上升到 2015 年的 15 252.06，上涨了约 22.98%。从整体上来看，金砖国家之间的差距也有逐步扩大的趋势，样本国家的标准差从 2001 年的 993.54 上升到了 2015 年的 1 308.79。

表 4.8 金砖国家 EXPY 变化趋势

年份	观测个数	均值	标准差	最大值	最小值
2001	4	12 401.86	993.54	13 243.62	11 006.68
2002	4	12 542.30	999.46	13 331.42	11 132.18
2003	4	12 855.36	1 002.17	13 624.52	11 439.86
2004	4	13 385.20	1 002.81	14 097.24	11 967.01
2005	4	13 778.83	1 037.90	14 566.18	12 312.36
2006	4	14 321.57	1 080.91	15 167.47	12 795.94

续表

年份	观测个数	均值	标准差	最大值	最小值
2007	4	14 760.71	1 110.12	15 656.75	13 196.27
2008	4	14 830.04	1 072.35	15 678.78	13 317.27
2009	4	14 184.96	1 044.86	15 051.78	12 715.18
2010	4	15 592.26	1 512.43	16 842.78	13 464.22
2011	4	14 841.02	1 243.41	16 051.42	13 131.14
2012	4	15 054.58	1 198.45	16 301.65	13 437.04
2013	4	15 231.40	1 265.21	16 598.23	13 548.00
2014	4	14 773.54	1 371.36	16 638.21	13 379.47
2015	4	15 252.06	1 308.79	16 866.30	13 660.69

资料来源：根据联合国 UN Comtrade 有关数据整理而得。

图 4.3 所示为主要 OECD 国家、BRICS 国家（除中国外）和中国从 2001 年至 2015 年的出口产品复杂度变化趋势。从中可以看出，虽然同为发展中国家，中国的出口产品复杂度一直高于其他 BRICS 国家。两者之间的差距在 2010 年之前一直保持相对稳定的状态，但是从 2011 年开始，两者之间的差距逐步扩大。虽然中国出口产品复杂度指数经历了 2008 年和 2009 年的下降，但是其整体的增长速度和趋势并没有改变，而其他 BRICS 国家在 2011 年后出口产品复杂度的增长速度开始逐步放缓。从图 4.3 中可以看出，中国与 OECD 国家之间的出口复杂度差距正在不断缩小，但是变化的过程比较缓慢。因而，从整体上来讲，中国出口产品复杂度一直在提高，出口产品结构也在不断改善，且相对于发展中国家来说，中国出口产品复杂度进步较为明显，但是相对于发达国家而言，我国出口产品复杂度虽然有所进步和提升，但是依然有很大的改进和拓展空间。

值得注意的是，从图 4.3 中可以看到，无论 OECD 国家还是 BRICS 国家，它们的出口产品复杂度（EXPY）都在 2009 年出现了下降，这与出口产品复杂度（EXPY）的计算原理有很大关系。EXPY 值是由 PRODY 值加权得出，而 PRODY 值由显示性比较优势与各国人均 GDP 相乘再加权得到。2008 年爆发了全球性的金融危机，导致全世界很多国家在 2009 年出现了人均 GDP 的下降，因而出口产品复杂度（EXPY）在 2009 年出现了全球性的下降。

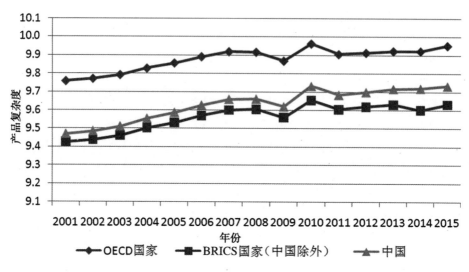

图 4.3　OECD 国家、BRICS 国家(中国除外)和中国出口复杂度的变化趋势

资料来源：根据联合国 UN Comtrade 有关数据整理而得。

4.3　我国出口产品技术含量的演变特征及存在问题

通过对我国出口产品技术含量的定性和定量分析，可以发现我国出口产品的技术含量虽然有一定的提升，但是依然有很大的进步空间。一是，初级产品占出口产品的比重在不断下降，并逐渐趋于稳定；从初级产品内部看，农产品和矿产等资源产品的比重一直保持稳定。二是，低技术含量产品比重大幅下降，纺织服装鞋帽所占比例逐步下降，而玻璃和钢铁制品的比重不断上升。三是，中等技术含量产品发展较为缓慢，一直以机械产品为主，机动车、合成纤维等化学产品占的比重较少。四是，高技术含量产品发展迅速，占出口产品的比重不断上升，并在 2006 年后维持相对稳定；其中，电子电气类产品在高技术含量产品中占有绝对优势，其他高技术产品发展相对缓慢。

另外，与以 OECD 为代表的发达国家相比，我国出口产品技术含量有了一定的进步，同发达国家的差距也在逐步缩小，但是赶上甚至超过发达国家，依然还有一段很长的路要走。同相似的发展中国家相比，我国出口产品技术含量进步较为明显，且两者之间的差距正在逐步扩大，这说明我国出口产品技术含量正在不断的跃迁中，对其他发展中国家有重要的启示和借鉴意义。

通过以上分析，我们不难发现，中国出口产品技术含量的演变存在以下特征和不足：第一，我国出口产品技术含量在 2001—2006 年进步明显，2006 年以后发展相对缓慢，其中可能的原因是我国出口产品技术含量的提升和进步已经到了一个瓶颈期，现有的技术条件和科技水平已无法实现出口产品技术含量的更快提升。对此，我们需要为出口产品技术含量的提升寻找到新的推动力量或要加强对已有条件的充分利用和创新，这样才能突破发展的瓶颈，实现出口产品技术含量质的飞跃。第二，我国出口产品技术含量虽然有一定的提升，但是我国依然处于全球价值链分工的底端，未来还有很大的提升空间。第三，我国中等技术含量产品的发展较为缓慢，且中等技术含量产品内部发展并不均衡，这是需要加以关注和改进的。第四，我国高技术含量产品的迅速发展主要得益于电子电气类产品，其他高技术含量产品发展则相对滞缓，具有一定的结构不平衡性。

4.4　出口产品技术含量影响因素的实证研究

通过前面章节对中国出口产品技术含量的定性和定量研究，我们发现中国出口产品技术含量虽然有提升，但是同发达国家相比依然处于国际分工的低端，仍然有很大的进步空间，而且不同技术层次的产品内部发展不均衡，在中等技术含量产品中机械产品占有绝大多数份额，而高技术含量产品中电子电气类产品占有绝对优势。那么，如何从真正意义上提升我国出口产品技术含量进而优化我国出口结构是我国目前亟待解决的问题。本部分将通过实证分析影响我国出口产品技术含量的主要因素，并对这些因素的影响机制进行分析。

4.4.1　变量选择和数据说明

本章所使用的出口产品技术含量是基于 Hausmann 等(2007)所提出的出口产品复杂度指数计算得出，数据年份为 2001—2015 年。

变量选择对于研究出口产品技术含量影响因素至关重要。结合理论和前人的研究经验，本章选取人均 GDP(PGDP)、人力资本(HU_CAP)、外商直接投资(FDI)、研发投入(R&D)和国家规模(N_SIZE)等五个主要因素作为变量来研究它们对中国出口产品技术含量的影响。

无论从理论上还是实际上来说，人均 GDP 对于出口产品技术含量的影响都是显而易见的。从理论上来讲，因变量 EXPY 是通过人均 GDP 推导而来的。Hausmann等(2007)运用人均GDP与显示性比较优势计算出产品的PRODY指数,再通过PRODY指数进行加权计算得到产品复杂度指数EXPY。因而,人均GDP必然与出口产品技术含量有紧密的联系。为了消除这种理论上的联系,Hausmann等(2007)在计算出口产品的PRODY指数时将该国所占出口部分去掉并再次对人均GDP和EXPY进行回归。剔除模型构建时两种变量的固有联系后,回归结果表明这两个变量之间依然存在着相关性。这表明除去理论上的固有相关性,人均GDP依然会对出口产品技术含量产生影响。从实际情况来看,较高的人均GDP对应着较高的工资水平和较高的劳动生产率。劳动生产率高的国家主要以发达国家为主。经过大量的研究和观察,我们可以发现发达国家不仅在出口产品中占有大量的份额,而且它们所出口的产品也具有更高的技术含量和更为复杂的生产过程。因而,人均GDP对出口产品技术含量的影响是不可忽视的。对此,本章选择2001—2015年我国的人均GDP作为影响变量,并以2010年为基期用PPP进行修正,数据来源于《国际统计年鉴》。

人力资本是指劳动者因所受到有关的教育、培训、保健、迁移、实践经验等方面的投资而获得的知识和技能的积累。人力资本对出口产品技术含量的影响主要体现在两个方面:劳动生产率提高和技术进步。一国人力资本彰显了一国劳动者的素质和劳动水平,且通常来说,人力资本高的国家拥有更多的科技人才和高素质劳动者,其劳动生产效率和科技进步水平也会高于其他国家。更有研究表明,人力资本对于不同技术含量的产品有着不同的影响。其中,人力资本对低技术含量的产品影响更加明显,而对中等技术含量产品和高技术含量产品影响则相对较小。究其原因可能是低技术产品对于人力资本更加敏感,人力资本的小幅提升都会引起低技术产品极大的改变;而对于高技术产品和中等技术产品来说,人力资本已经不是决定其生产水平的核心因素,物质资本在其中也会同样具有十分重要的作用。然而,不论如何,可以明确的是,人力资本确实对出口产品的技术含量存在着一定的影响。在现有文献中,常用的人力资本测度方法有两个:一是以中等教育入学率来衡量,二是以平均受教育年限来衡量。考虑到数据的可得性,本章选取中等教育入学率来衡量人力资本水平,数据来源于联合国Human Development Index (HDI)数据库。

外商直接投资对一国经济和科技发展都有着明显的推动作用,尤其在发展中国家,FDI对其经济的影响更加明显。与当地企业相比,跨国公司需要面对很多的不利因素和障碍,比如文化、制度、法律、语言等方面的差异,对当地市场缺乏了解和认知等。面对如此多的不利条件,跨国公司仍然选择对外直接投资的根本原因就是自身拥有当地企业无法比拟的优势,这些优势可能包括资本、技术、管理经验和销售网络等。因而,在投资的过程中,外商直接投资会为东道国带来一系列东道国自身所不具备的优势生产要素,而这些要素有利于推进一国的经济发展、技术进步和产业结构升级等。根据要素禀赋理论,外商直接投资为东道国带来了资本、技术、先进的管理经验等资源和要素,这些要素将促使东道国出口更多资本密集型产品和技术密集型产品。因而,一国的出口产品技术含量会随着 FDI 的大量涌入而发生变化。从技术溢出的角度来讲,跨国公司为东道国带来了先进的生产技术,当地的企业可以通过学习、模仿和创新先进技术以提升自身生产能力。在与跨国公司的学习交流中,本土企业的技术水平和竞争力得到不断的提升。本章所采用的外商直接投资用 FDI 流量来计算,数据来源于世界银行数据库(World Bank Database)。

对研发支出(Research 和 Development Expenditure)的研究也是探讨出口产品技术含量影响因素的重要内容。研发支出是指在研究开发过程中所使用的有关资产的折旧、消耗的原材料、直接参与开发的人员的工资及福利费、开发过程中所发生的租金及借款费用等。从国家角度来看,研究与开发(R&D)活动的规模显示了一个国家对科学研究与科技发展的投入程度,是一国科技实力和核心竞争力的重要表征。大量的研发支出可以推动一国科学技术水平的快速发展,对于加快技术、产品的升级换代,优化产业结构,完善经济增长模式,推动技术创新,加快新技术的扩散速度,从而提升整个国家内部各个产业的产品质量与竞争力以及提高国家经济整体实力等均是有益的。从企业角度来看,研发支出对提升企业的核心竞争力具有重要的作用。研发支出可以推动企业的技术创新,使得企业可以掌握一定的新技术或者开发出新的产品,从而使企业获得相应的超额利润,提升企业发展层级。本章选取 2001—2015 年我国研发支出数据作为测度研发水平的变量,数据来源于世界银行数据库。

国家规模在出口产品技术含量影响因素的研究中鲜有涉及,按照现有文献来理解,国家规模主要包括土地、人口和经济规模等三个方面。欧阳峣和李坚飞(2015)基于国家规模影响经济增长优势的理论,构建了国家经济增长优势的评价指标,并选取 38 个国家的数据对该理论进行了实证检验,发现大国经济增长优势与其他国家相比存在着明显的不同,即大国经济增长优势在于大国依托其自身规模形成的综合优势,包括由技术落后所引起的后发优势、由资源要素禀赋所引起的比较优势以及由技术能力、市场能力等综合形成的内在优势等。由此可见,一国国家规模对经济增长起到了积极的推动作用。其中,扩大经济规模可以使一国产业发展达到规模经济,并使各个产业之间的竞争更加激烈。通过规模经济和相互竞争的作用,可以推动一国产业结构的转型升级。由于近十几年来我国在土地和人口规模方面基本保持稳定,而经济规模方面发生了较大的变化,所以本章选择经济规模作为国家规模的代理变量,并用剔除通货膨胀影响的国家 GDP 来衡量,即采用 2010 年不变价格以国际美元来测度,数据来源于世界银行数据库。

实证分析中所用到的各关键变量的统计性描述见表 4.9。从表中可以看出,由于各变量没有取对数值,因而其标准差均较大。

表 4.9 各关键变量的统计性描述

变量	均值	标准差	中值	最大值	最小值
EXPY	15 275.80	1 349.63	15 656.75	16 886.34	12 955.28
PGDP	3 942.72	1 533.23	3 805.03	6 497.48	1 905.61
R&D	889.29	548.29	734.53	1 874.20	229.13
FDI	883.79	276.39	918.04	1 262.67	496.72
HU_CAP	0.77	0.13	0.77	0.96	0.61
N_SIZE	52 618.77	21 569.57	50 403.47	89 094.78	24 236.51

4.4.2 模型设定和实证检验

综合以上分析和研究,首先对实证模型做基本的设定,具体如下所示:

$$EXPY_t = \beta_1 PGDP_t + \beta_2 FDI_t + \beta_3 N\_SIZE_t + \gamma_1 HU\_CAP_t + \gamma_2 R\&D_t + \varepsilon_t \tag{4.3}$$

其中:$EXPY_t$ 是中国 t 年的出口产品复杂度指数;$PGDP_t$ 是中国 t 年经 PPP 修正过的人均 GDP;N_SIZE_t 表示国家规模,用中国 t 年的 GDP 总量衡量;FDI_t 用中国 t 年所吸引的外商直接投资的流量数来表示;HU_CAP_t 是中国 t 年的人力资本水平,用中等教育入学率来表示;$R\&D_t$ 表示中国 t 年的研发支出。

考虑到各个变量之间存在着巨大的数量级差异,会导致回归结果的异方差,因而,在实际的回归分析过程中我们对被解释变量出口产品技术含量($EXPY_t$)、解释变量人均 GDP($PGDP_t$)、外商直接投资(FDI_t)、国家规模(N_SIZE_t)和研发支出($R\&D_t$)等数据取了自然对数。

因而,模型的最终设定形式如下所示:

$$\ln EXPY_t = \beta_1 \ln PGDP_t + \beta_2 \ln FDI_t + \beta_3 \ln N\_SIZE_t + \gamma_1 HU\_CAP_t + \gamma_2 \ln R\&D_t + \varepsilon_t \quad (4.4)$$

1. 单位根及协整检验

为避免"伪回归"问题的出现,真实反映自变量与因变量之间的内在关系,在回归前要对各变量进行单位根检验。检验结果如表 4.10 所示。

表 4.10 变量单位根检验结果

序号	变量	ADF 检验值	1%临界值	5%临界值	10%临界值	P 值	平稳性
1	$\ln EXPY$	−2.7030	−4.1220	−3.1449	−2.7138	0.1017	不平稳
2	$\ln PGDP$	−2.3367	−4.0044	−3.0989	−2.6904	0.1749	不平稳
3	$\ln FDI$	−1.1241	−4.0044	−3.0989	−2.6904	0.6745	不平稳
4	$\ln N\_SIZE$	−2.4813	−4.0044	−3.0989	−2.6904	0.1400	不平稳
5	HU_CAP	−3.7673	−4.2001	−3.1754	−2.7290	0.0197	平稳
6	$\ln R\&D$	−3.4099	−4.0044	−3.0989	−2.6904	0.0290	平稳
7	$D(\ln EXPY)$	−5.8329	−4.0579	−3.1199	−2.7011	0.0005	平稳
8	$D(\ln PGDP)$	−2.2398	−4.9923	−3.8753	−3.3883	0.4297	不平稳
9	$D(\ln FDI)$	−4.3039	−4.0579	−3.1199	−2.7011	0.0066	平稳
10	$D(\ln N\_SIZE)$	−0.5688	−2.7550	−1.9710	−1.6037	0.4512	不平稳
11	$D(HU\_CAP)$	−2.5097	−2.8167	−1.9823	−1.6011	0.0181	平稳
12	$D(\ln R\&D)$	−3.6701	−4.8864	−3.8290	−3.3630	0.0635	平稳
13	$D(\ln EXPY,2)$	−5.6400	−2.7922	−1.9777	−1.6021	0.0001	平稳
14	$D(\ln PGDP,2)$	−3.4708	−2.7719	−1.9740	−1.6029	0.0024	平稳
15	$D(\ln FDI,2)$	−4.8710	−4.2001	−3.1754	−2.7290	0.0037	平稳
16	$D(\ln N\_SIZE,2)$	−3.4675	−2.7719	−1.9740	−1.6029	0.0024	平稳
17	$D(HU\_CAP,2)$	−5.1110	−2.7719	−1.9740	−1.6029	0.0001	平稳
18	$D(\ln R\&D,2)$	−4.7941	−4.2001	−3.1754	−2.7290	0.0041	平稳

注:$D(var)$为变量的一阶差分形式,$D(var,2)$为变量的二阶差分形式。

从表 4.10 中可知,变量 $\ln EXPY$、$\ln PGDP$、$\ln FDI$ 和 $\ln N\_SIZE$ 等的原阶并不平稳,而 HU_CAP 和 $\ln R\&D$ 均是原阶平稳数据。经过一阶差

分后,ln PGDP 和 ln N_SIZE 仍然不平稳,其余变量数据变得平稳。在经过二阶差分之后,各变量数据都变得平稳,即 ln EXPY、ln PGDP、ln FDI、ln N_SIZE、HU_CAP 和 ln R&D 都是二阶单整,满足协整检验条件。

对不平稳的序列进行回归容易导致虚假回归问题,因而,为避免虚假回归,要对序列进行协整检验。协整检验的目的是检验变量之间是否存在长期稳定的线性关系,从而判断所构建的模型是否存在意义。通过上述对各变量的单位根检验,我们可以知道各变量均是二阶单整序列,满足协整检验的条件。基于此,本章采用 Johansen 协整检验,其检验结果如表 4.11 所示。从中可以看到,在5%的置信水平下各变量之间至少存在 5 个协整关系,这说明被解释变量和解释变量之间存在着长期均衡关系。这样能确保基于上述所构建的回归方程的实证结果具有实际的统计意义,并不会存在虚假回归问题。因此,我们可以对上述的回归模型进行实证检验,以确定各个解释变量与被解释变量之间的内在关系。

表 4.11 协整检验结果

Johansen tests for cointegration					
Trend: constant Sample: 2002—2015				Number of obs = 14 Lags = 1	
maximum rank	parms	LL	eigenvalue	trace statistic	5% critical value
0	6	239.625 8		204.724 2	94.15
1	17	273.259 8	0.991 8	137.456 1	68.52
2	26	302.798 2	0.943 2	78.379 3	47.21
3	33	322.878 1	0.943 2	38.219 6	29.68
4	38	333.412 8	0.777 9	17.150 3	15.41
5	41	340.425 1	0.632 8	3.125 5*	3.76
6	42	341.987 9	0.200 1		

2. 实证结果的分析和说明

本章采用最小二乘法(OLS)对影响出口产品技术含量的因素进行实证分析,估计结果如表 4.12 所示。从中可以看出,回归方程的总体拟合优度值(R-Squared)在 0.96 以上,说明模型的设定得到了很好的拟合。下面对各变量的回归结果加以分别阐释和说明。

表 4.12　出口产品技术含量影响因素分析的估计结果

Variable	Coefficient	Std. Error	t-Statistic	Prob.
ln PGDP	19.960 3	6.084 0	3.280 8	0.011 2
ln FDI	0.061 8	0.113 5	0.544 8	0.600 7
ln R&D	0.823 9	0.248 8	3.311 6	0.010 7
ln N_SIZE	−19.709 6	5.945 3	−3.315 1	0.010 6
HU_CAP	−1.176 8	0.282 1	−4.171 3	0.003 1
Constant	53.094 6	14.120 8	3.760 0	0.005 5
R-squared Adjusted	0.969 6	Mean dependent var		9.641 8
R-squared	0.950 6	S.D. dependent var		0.081 8
S.E. of regression	0.018 2	Akaike info criterion		−4.879 7
Sum squared resid	0.002 6	Schwarz criterion		−4.605 9
Log likelihood	40.158 2	Hannan-Quinn criter		−4.905 1
F-statistic	51.080 8	Durbin-Watson stat		2.214 4
Prob(F-statistic)	0.000 0			

对人均 GDP 来说，回归结果表明人均 GDP 的参数估计值为正且在 5% 的统计显著性水平上显著。这也与上述的预期分析是相吻合的，即人均 GDP 与出口产品复杂度正相关。这说明一国经济发展水平对提高出口产品技术含量有明显的推动作用。

对外商直接投资(FDI)来说，回归结果表明 FDI 对出口产品技术含量并没有显著的影响，这与我们预期的结果有所不同。王明益和毕红毅(2015)对 2002—2013 年欧盟对华直接投资活动进行跟踪，并运用这期间欧盟对华直接投资和我国出口产品结构进行实证研究，发现外商直接投资(FDI)对我国出口产品结构升级的作用呈现出 N 型关系，即 FDI 会先促进出口产品结构升级，之后这种作用则会呈现出减弱态势，但是这种趋势不会持续很久，后期会再次呈现促进作用。这意味着当 FDI 大规模进入东道国时会在初期通过技术溢出效应和生产要素优化整合等方式极大地推动东道国出口产品结构的改善和升级。然而，FDI 对出口产品升级的贡献率也符合边际报酬递减规律，即在进入中国一段时间之后，FDI 对我国出口产品结构升级的贡献率会越来越低，且会逐渐呈现出不显著的趋势；之后，在经过相当长的一段不显著影响期后，FDI 又会开始显著地推动我国出口产品结构的优化和升级，但是相较而言,其影响程度已经小于最开始的阶段。从长期发展的角度来看,王明益和毕红毅(2015)认为外商直接投资对于我国出口产品技术含量提升的影响程度将会越来越弱。从我国引资的现实情形来看,目前外资大量进入我国已有相当长的一段时间,基于上述文献判断,中国正处于外商直接投资影响的不显著时期。这也可以很好地解释了为什么外商直接投资对我国的出口产品技术含量的提升没有显著的影响,但是我们也预期,未来外商直接投资对中国出口产品技术含量的提升会呈现出显著态势,虽然其作用效果会有所减弱。

对科研支出来说,回归结果表明其对出口产品技术含量的影响为正,且通过了5%的统计显著性水平检验。这表明科研投入的增加会显著地提升一国出口产品技术含量。因此,加强科研支出的投入力度、推动科技进步是提升出口产品技术含量的重要途径。王明益和毕红毅(2015)分析了FDI和科技进步两种不同要素对出口产品结构的影响机理,发现从长期来看,FDI对我国出口产品技术含量的推动作用会越来越弱,而科技进步对出口产品技术含量的促进作用会越来越显著。这说明增加科研支出、提升科技水平,对推动出口产品技术含量的提升具有更为积极和显著的作用。

国家规模对出口产品技术含量的影响为负,但在1%的显著性水平上显著。这个结果与我们的理论分析相反。一个可能的解释是国家规模对于出口产品的影响存在两面性,这种两面性类似于Alesina和Spolaore(2005)在研究国家规模与经济增长的关系时所发现的那样,即国家规模在国际贸易中会给一国带来优势,但是随着国际经济一体化趋势的不断加强,大国优势将会逐渐消失,并且出于对自身利益的保护,该国会设置更多的贸易壁垒,从而对经济产生负面影响。从我国的实际情况来看,目前,我国GDP总量位列世界第二,拥有较大的国家规模。然而,我国GDP的快速增长离不开自然资源和人口资源的强大支撑,我国广阔的国土面积和大量的人口为我国经济发展提供了丰富的自然资源和人力资源,也为GDP的快速增长提供了重要的保证。尽管如此,丰富的资源同样具有两面性,即其也会给提升出口产品技术含量带来负面影响。因为根据要素禀赋理论,我国更倾向于出口资源型产品和劳动密集型产品,而非技术密集型和资本密集型产品,这极有可能会阻碍我国出口产品技术含量的提升。因而,这也很可能是国家规模对出口产品技术含量具有负向作用的原因所在。

对人力资本来说,回归结果表明人力资本对出口产品复杂度的影响为负,且在5％的统计显著性水平上显著。这意味着在中国人力资本对出口产品复杂度有负向作用,人力资本的提升不仅不会提高出口产品的技术含量,反而会使出口产品技术含量降低。Hausmann等(2007)通过研究认为人力资本对于出口产品技术含量较高和较低的国家都有正向作用,对出口产品技术含量较中等的国家有反向作用。中国当前的人力资本水平对出口产品复杂度的反向作用基本验证了Hausmann等(2007)的结论。从上文的测算结果可知,作为发展中国家,中国的出口产品复杂度虽然要高于其他主要的发展中国家,但是低于以OECD为代表的发达国家。中国现在所处的发展阶段决定了人力资本对于出口产品技术含量有负向的影响,但是从长期来看,人力资本对于出口产品复杂度还是会有正向的影响的。还有一种可能的解释是,从短期来看对人力资本的投入会挤出对其他方面的投入,而人力资本要转化为实际生产力要经过相当长的一段时间。这意味着人力资本对于出口产品复杂度的影响具有滞后性。本章所选取的数据只有15年,因而从回归结果来看,人力资本对于出口产品复杂度的提高存在着反向作用是具有可能性的。实际上,如果利用样本期更长的数据来进行实证分析,如30年,我们很可能会发现人力资本对于出口产品复杂度的影响是正向的。

4.5 本章小结

本章通过多维度的测量方法对我国出口产品技术含量的演变特征做了较为全面而又深入的分析,发现我国出口产品技术含量虽然有了很大幅度的提升,但是和发达国家相比,依然存在着较大的差距和很大的改进空间,而且不同技术含量的分类产品内部发展并不均衡,因而我国的出口产品结构需要进一步的改进和优化。总体而言,我国出口产品的技术含量在2001—2006年进步明显,但是在2006年以后,出口产品技术含量的提升相对缓慢,进入了瓶颈期。

基于此,本章选取了中国15年的经济发展数据,运用计量方法实证分析了影响中国出口产品技术含量的主要因素,研究发现:人均GDP对中国出口产品技术含量的提升具有显著的促进效应;外商直接投资(FDI)在中国目前的发展阶段对出口产品技术含量的提升并没有显著的影响;科研支出(R&D)不仅能够显著地推动中国出口产品技术含量的进步,而且随着时间的推移,这种推动作用会更加持久和显著;人力资本对于中国这种出口产品技术含量相对较高的发展中国家具有一定的抑制作用；国家规模对中国出口产品技术含量的提升也存在着阻滞效应。

基于相关理论和发展情形，我们进一步阐释了这些影响因素所产生的内在原因。一是，作为衡量一个国家经济发展水平的重要指标，人均 GDP 对提升出口产品技术含量具有明显的促进作用。这意味着高经济发展水平国家对应高出口技术含量，高经济发展水平能够促进一国出口产品技术含量的提升。二是，从目前我国吸引外商直接投资所处的阶段来看，FDI 对我国出口产品技术含量的影响在不断减弱并且这种影响逐渐趋于不显著。然而，从长期来看，FDI 对我国出口产品技术含量的影响会遵循 N 型的演化关系，即影响力从先积极到逐渐减弱再到积极，也即在度过减弱过程之后，FDI 依然会对我国出口产品技术含量的提升有显著的促进作用，虽然这种促进作用相较于 FDI 初期的促进作用会有所减弱和降低。三是，从目前来看，人力资本对中国出口产品技术含量的提升有明显的抑制作用，但是随着中国出口产品技术含量以及人力资本质量的不断提升，人力资本最终对出口产品技术含量的作用也是积极和正向的。四是，从理论上来说，国家规模对一国出口产品技术含量有促进作用，但是从实证结果来看，国家规模反而对出口产品技术含量具有阻滞作用。究其原因，可能在于国家规模对出口产品技术含量的影响存在两面性。即，一方面，大的国家规模可以形成规模效应，进而促进行业内部竞争，推动行业发展和产品进步；另一方面，我国拥有丰富的自然资源和人力资源，它们对以 GDP 总量来衡量的国家规模有着重要的推动作用。然而，丰富的资源使得我国在对外贸易中会出现路径依赖（Path Dependence）的现象，更倾向于出口资源型产品和劳动密集型产品，从而阻碍了出口产品技术含量的提升，出现了传统要素挤出先进生产力或潜在比较优势的状况。这是值得在今后的对外贸易以及出口结构中进一步加以研究、改进和优化的。

第五章

国内市场规模作用于出口产品结构优化的产业基础

5.1 我国产业发展面临的主要困境

产业升级是推进我国供给侧结构性改革的重要内容,尤其是在当前面临产能过剩、成本高企、结构失衡等的现实状况下,加快产业升级对我国主动适应新常态、积极引领新常态具有更加重要的意义。纵观我国产业升级的推进历程,我国可以利用后发国家的诸多优势来提升产业升级。如,一方面可以利用丰裕且廉价的劳动力或其他自然资源,通过发展劳动或资源密集型的行业来推动产业规模和收益的扩大,这就是所谓的人口红利或要素禀赋优势;另一方面可以利用与发达国家所存在的巨大的技术落差这一基本事实,通过实施技术赶超与跨越式发展战略来提升产业发展的技术含量和质量阶梯,这就是所谓的后发优势和追赶效应。

然而,伴随着经济发展的进一步深化,我国既有的经济增长优势正面临着诸多挑战。如,人口红利因人口增长进入刘易斯拐点和用工成本的不断上涨而渐趋消逝,资源禀赋优势因资源开采过度和环境污染治理约束力度的不断加强而逐渐丧失,技术后发优势也因世界经济的不确定性影响导致诸多发达国家纷纷采取再工业化和振兴国内经济的发展战略而日渐消退,等等。一个显著的例证是,2014年我国16～59岁可劳动人口占全部总人口的比重约为67%,2010年以来该比重已连续五年出现下降;另外,近些年来,环境和气候变化也日益得到社会各界的广泛关注,这主要在于传统的经济发展方式导致环境承载力逼近极限,水、土地、大气等资源出现不断退化的现象,主要矿产和能源的对外依存度也持续上升,据统计,目前我国石油和铁矿石需要对外进口的比重高达50%以上;另外,世界经济总体上处于国际金融危机之后的深度调整期,复苏前景不明朗,如美国经济增长率近些年在3%左右徘徊,欧元经济区一直低于2%,日本经济深陷通货紧缩的泥潭等(张占斌,2016)。因而,如何为产业升级找寻到新的驱动力,持续性地推进产业升级,是我国加快推进供给侧结构性改革的重要突破口和关键立足点。

我国所蕴藏的不断扩大的市场规模可以为我国产业转型升级提供有效的实现路径和发展道路(徐康宁和冯伟,2010;冯伟等,2014)。这不仅在于近些年我国各行各业的市场规模正在不断壮大和勃兴,如据统计,2015年我国物联网产业规模达7 500亿元,电子商务市场规模也达到16.2万亿元等,同时据测算,未来几年,中国工业4.0市场空间将达到4.45万亿元,3C电子产品、锂电、机械、轻工制造、食品制造等智能化改造市场规模也将达到8 000亿元[1]。相较于传统的以消耗劳动力、利用资源禀赋和引进技术等为主的提升产业升级的推进路径,市场规模不仅会伴随着我国国内市场需求范围的不断扩大而增强,具有成长性和可持续性,而且也不会受国际复杂因素的过多影响而呈现出脆弱性和波动性,具有内生性和稳健性。同时,我国经过改革开放四十多年发展所积累起来的市场规模,是其他单一国家或地区所无法比拟的,利用好这一市场规模优势对于我国引进先进技术、参与设定产品和技术标准以及在生产和创新中实现显著的规模经济和产业发展的内生增长都具有非常重要的意义和作用(刘遵义,2011)。

本章正是基于此背景,着重从需求侧的视角来探究供给侧结构性改革的可能性和可行性,试图回答本土市场规模能否成为我国产业升级的有效路径,以及如果可以的话,本土市场规模将通过何种作用渠道才能有效地加快并推进产业升级等关键问题。

本章接下来的结构安排如下所示:第二部分是国内市场规模的新视角,对现有相关文献进行述评,以凸显本章基于国内市场规模来研究产业升级的

---

[1] 以上数据主要引自中国咨讯行、中商情报网等。

创新之处和边际贡献;第三部分是机制说明,对本土市场规模作用于产业升级的机制进行剖析和说明,以厘清这两者之间的内在关系,并基于此提出相应的理论假说;第四部分是回归方程和变量说明,主要是基于第三部分的理论假说,构建回归方程,并对所用变量进行测度和说明;第五部分是实证分析,采用多种计量分析方法,对理论假说进行检验;最后是主要结论和对策建议,对本章进行总结,并给出相应的对策建议。

5.2 国内市场规模的新分析视角

如何推进并实现产业升级一直是学术界十分关注的热点问题,尤其是在实施供给侧结构性改革的大战略下,加快产业升级更是成为全社会关注的焦点话题。综观现有文献,主要是从以下几个方面来研究产业升级的:

首先是产业升级的路径选择,学者们主要剖析了产业升级的发展特征和实现路径。如,Ozawa(2007)研究了战后日本的产业发展方式,认为日本产业升级存在着雁阵型(Flying Geese)模式。张其仔和李颢(2013)对中国产业升级的机会进行了甄别,认为中国产业升级的能力是有限的,要实现产业结构调整和产业升级就应充分发挥中国产业多样化的优势。黄先海和诸竹君(2015)认为当前我国产业升级面临着三大难题,并基于此提出了四大破解路径,即"以发挥后发国优势为特色的蛙跳型科技创新路径、以新兴产业占优为突破口的多元复合型产业发展路径、以前沿边际产业干预为着力点的功能性产业政策推进路径、以大国大市场为基础的需求拉动型升级路径"。邓向荣和曹红(2016)认为中国50余年(1962—2014年)的产业升级具有适度偏离比较优势的特征,并指出建立产业进入退出机制,推进产业关键技术与共性技术研发,是中国产业实现转型升级的必然选择。

其次是产业升级与技术创新,学者们主要研究了产业升级与技术创新之间的作用关系。如,Saxenian和Hsu(2001)分析了美国硅谷和中国台湾的新竹之间的产业关联现象,认为这两个地区之间日益紧密的技术社群(Technical Communities)是推进其产业升级与发展的关键所在。徐康宁和冯伟(2010)在比较引进创新、自主创新和合作创新等三种创新方式的基础上,指出以本土市场规模内生化为特征的合作创新是实现我国产业升级的第三条道路。Azadegan和Wagner(2011)研究认为在产业升级过程中,企业会进行开发性创新(Exploitative Innovations)和探索性创新(Explorative Innovations)等两种创新方式。付宏等(2013)通过研究认为创新投入会对产业结构高级化进程产生显著的积极作用,具体而言,创新可以通过控制研发经费和研发人员等的投入以及产业生产是否达到生产可能性边界来影响产业结构高级化进程。吴丰华和刘瑞明(2013)则研究了产业升级对自主创新的影响,认为产业升级可以通过微观需求拉动效应、中观地区协同效应、宏观国际贸易效应等带动企业、地区和国家三个层面的自主创新,类似的研究还有李伟庆和聂献忠(2015)等。

再次是产业升级和全球化,学者们主要偏重于研究全球化对于产业升级的影响。如,Ernst(1998)以韩国电子产业为例,研究了追赶危机与产业升级之间的内在关系,指出过度依赖国际金融货币市场会导致产业升级脆弱化。Gereffi(2009)对比了墨西哥和中国在产业升级方面的不同之处,认为中国经济发展能够超越墨西哥主要在于中国实施了独特的能获得规模经济和嵌入全球价值链的产业组织方式。Sturgeon和Gereffi(2009)则利用更为新近的数据,重新测度了全球价值链中的产业升级、国际贸易以及外包等演变状况。我国学者也基于国际化视角研究了全球化影响下中国产业升级的内在特征。如,王海杰和李延朋(2013)基于全球价值链中企业内外产权变化的视角,研究认为产业升级是以企业产权外部强度提升为基础的多元权力主体的动态博弈过程。盛斌和陈帅(2015)认为全球价值链改变了贸易政策进而会对传统的产业升级方式产生影响,并指出当前我国产业或部门间升级已经逐步转变为在全球价值链背景下的工艺、产品、功能和价值链等多种形态的升级。周茂等(2016)研究了贸易自由化对产业升级的影响及机制,认为贸易自由化可以通过进口竞争效应促进产业结构优化和产业升级。

综上所述,学者们对产业升级进行了多层面多视角的研究与分析。然而,令人遗憾的是,现有文献在探讨产业升级动力机制时,鲜有从国内市场规模或本土市场规模视角给出经验检验和实证分析的。虽然徐康宁和冯伟(2010)、张国胜(2011)、Acemoglu和Linn(2004)以及Desmet和Parente(2010)等指出了可以从本土市场规模的视角来研究产业升级,但是这些文献偏重于使用案例说明、进行定性描述或建立理论模型等方式来阐释这两者之间的作用关系,并没有给出实证性检验和分析,可以说是理论研究较为丰富,但实证研究相对匮乏。这就给本书提供了一个很好的研究切入点和创造边际贡献的契机。

本章在理清国内或本土市场规模作用于产业升级的内在机制的基础之

上,利用中国省级层面的发展数据,采用多种计量分析方法,稳健地得出了本土市场规模对于产业升级具有显著促进作用的结论,同时本章还探讨了本土市场规模作用于产业升级的内外两个主要途径。本章的研究结论不仅能充实并丰富现有文献关于产业升级的学术研究,而且对于我国当前所开展的供给侧结构性改革也将具有重要的现实意义和政策启示。

5.3 机制解析与理论假说

诚如上文所指出的,影响产业升级有很多因素,然而总的来看,可以从供需两个维度来分析。供给层面主要包括人力资本、研发投入、技术创新和制度优化等,而需求层面则主要是指市场需求。相较于供给驱动动力的直接性和多元性,由需求引致的驱动动力更具引导性和持久性。

首先,由市场需求所形成的市场规模会诱发技术创新,为产业升级提供内源性的直接动力。一地区不断成长的市场规模,即本土市场规模,是逐利性的企业竞相争夺的目标。在垄断竞争的市场上,企业为了扩大市场份额,不仅会采取常用的压低成本、投放广告、多维促销等方式,而且更为根本性的是进行技术创新。企业会紧紧围绕市场需求这一基点,在需求导向性的作用下,将人力、物力和财力投入到产品的研发设计生产中;同时,也为了能在竞争中脱颖而出,成为行业翘楚,甚或是为了满足不被市场淘汰的"小目标",很多企业会将更多的精力投放到开发新技术和研制新产品中,以此形成不可被替代的核心竞争力[1]。这种为了不被市场淘汰而竞相采取的并以满足市场需求为导向的技术创新行为会在无形中提升产业创新能力(冯伟等,2014;刘和东,2013),进而在创造性毁灭(Creative Destruction)的作用下推进产业升

---

[1] 有学者指出,"市场规模大,需求旺盛,这种情况下企业的产品可能很容易销售,这样创新的动力反而会不足"。诚然,一行业的市场规模大,会使得该行业的企业把其部分精力投放在生产满足消费的产品生产上。然而,一行业的市场规模大,也意味着该行业会吸引诸多同类企业的进入,在"都想分得一杯羹"的利益驱动下,会导致该行业的竞争不断加剧。在此情形下,为了稳固市场地位,在位企业不得不加大研发投入力度,希冀通过技术创新来提升自身产品的新奇性和竞争力,这在无形中推进了产业升级的步伐。此外,即使该企业处于垄断地位,并不需要为有潜在进入者进入该市场而担忧,但是在面对动态化或善变性的市场需求的作用下,如果在位企业不及时进行产品更新迭代或商业模式创新,就很容易会被市场淘汰。因而,从企业竞争和产品演变等视角来考量市场规模对产业发展的作用,我们就会发现企业的技术创新和产业的转型升级会在市场规模的引导或引致作用下自发或倒逼进行。

级(徐康宁和冯伟,2010)。这也正如何帆和朱鹤(2017)所指出的"中国拥有一个庞大的国内市场,足以催生大量的新技术和新业态的出现和普及,高铁和网购市场就是最好的例子"。何帆和朱鹤(2017)也同时指出,"在未来经济转型的过程中,中国经济增长的动力将更多地依靠国内市场,那些能够瞄准国内市场、准确抓住国内需求的创业项目会有非常好的市场前景"。

其次,本土市场规模不仅会引致国内企业的集聚,而且也会吸引外商直接投资,以此为产业升级提供外源性的间接动力。作为逐利性的外商直接投资,其在全球布局投资和网络分工,不仅仅会看重一地区廉价的劳动力或自然禀赋,也会在意该地区的发展潜能和市场支撑,而且后者能为外商直接投资提供更为持久的投资动力。因为伴随着经济的不断发展,在劳动力工资刚性增长和自然资源渐趋枯竭的发展趋势与约束下,具有规模报酬递增性的市场规模能为保持引资持续性提供新的动力源泉(冯伟等,2011)。同时,相较于本土企业,外商直接投资企业往往具有更先进的技术创新优势和管理经验,其不仅会给本土企业发展带来一定的知识溢出和技术外溢(李杏和Chan,2009),即通过合资合作等方式增强本土企业的学习、模仿和创造能力[1],而且也会倒逼本土企业进行技术创新,即当外资企业不断涌入国内市场,挤占本土企业的国内市场份额或生存空间时,本土企业唯有通过技术创新才能稳住并巩固自身的市场地位,赢得与外资企业相抗衡的资格和机会。因而,在外商直接投资的溢出效应和倒逼作用的影响下,不断扩增的本土市场规模也会对产业升级形成有效的推进作用。在这方面,华为公司就是鲜明的一例。华为公司从追随型创新到连续型创新再到颠覆型创新,其赶超之路是在竞争对手尤其是在爱立信、思科、三星和苹果等公司的倒逼激励下,通过紧抓市场需求动态和紧跟国际研发前沿技术,并在此基础上不断进行整合、变革与再创新,进而实现产品的升级换代,巩固提升自己的市场地位。

上述本土市场规模作用于产业升级的内在机制,为我国推进产业升级提供了一种新的思路和方式(具体见图 5.1),尤其是在我国经济发展进入新常态的现实背景下,在推进供给侧结构性改革成为当下经济发展保持平稳性和可持续性的重要抓手和突破口的战略指导下,如何更为有效和持久地引导并加快产业升级,是一个非常重要的议题。基于此,本章提出一个可供后续实

---

[1] 我国 20 世纪 80 年代在汽车行业所实行的"以市场换技术"战略就是这方面的重要体现。

证分析的理论假说,即:不断扩增的本土市场规模是加快推进产业升级的有效动力,具体可以通过技术创新和外商直接投资两个渠道来协同推进产业升级。

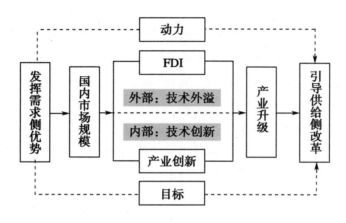

图5.1　本土市场规模作用于产业创新的机制说明图

5.4　构建回归方程与测度相关变量

根据上述作用机制,我们可以构建如下用于实证检验的基本回归方程:

$$\lg UPGRADE_{it} = c + \alpha \lg HMS_{it} + \beta CONTROL_{it} + \mu_i + \varepsilon_{it} \quad (5.1)$$

其中:$UPGRADE_{it}$为各省区市的产业升级状况;HMS_{it}为各省区市的本土市场规模;$CONTROL_{it}$为控制变量;μ_i为各省区市的个体特征;ε_{it}为误差项;i为各省区市;t为时间。为消除异方差性,使检验数据更为平稳,所有变量都经过自然对数处理。

根据上述回归方程(5.1),我们对方程中的各变量予以测度和说明。

首先是被解释变量产业升级($UPGRADE$)。遵循现有文献的普遍做法,我们一方面用各省区市的工业增加值与省区市的GDP的比值来表示产业升级,即$UPGRADE_1$;另一方面也借鉴周昌林和魏建良(2007)测度产业升级的方法,运用各省区市一、二、三产业产值占GDP的比重与各省区市一、二、三产业水平值的乘积之和来表示,其中一、二、三产业的水平值分别用各产业的劳动生产率,即用一、二、三产业增加值除以各产业就业人数来表示,并为避免产业内因高低生产率的极值分布所引致的测度偏差,在实际测度中对劳动生产率做开方处理,测算公式为

$$UPGRADE_2 = \sum_{i=1}^{3} \sqrt{L_i} \times P_i, i=1,2,3 \qquad (5.2)$$

其中：L_i 为一、二、三产业的劳动生产率；P_i 为一、二、三产业增加值占 GDP 的比重。

其次是核心解释变量本土市场规模（HMS）。现有文献中测度一地区市场规模的方法有多种，如有以 GDP 或者商品零售额来表示的，但这些方法均没有考虑到地区之间的交互影响。对此，我们参考 Harris（1954）的做法，在扣除"可调整的地理单位问题"的基础上，不仅考虑来自本地区的市场规模，而且还考虑其他地区对本地区市场规模的影响。即，某一地区所具有的潜在市场容量（Market Capacity）或市场规模（Market Scale）是一个空间加权平均值，该指标与本地区及其他地区的总收入呈正比，而与其他地区到该地区的距离呈反比（Harris，1954）。具体测度公式如下所示：

$$HMS_{it} = \sum_{j \neq i}^{n} (Y_{it}/D_{ii} + Y_{jt}/D_{ij}) \qquad (5.3)$$

其中：Y_{jt} 为 t 时期 j 省区市的按照支出法统计并扣除货物和服务净出口后的地区实际生产总值，即主要考虑本地区的市场需求；D_{ij} 为 i 和 j 两省区市省会城市之间的距离；D_{ii} 为 i 省区市的内部距离，即 $D_{ii} = \frac{2\sqrt{S_i/\pi}}{3}$，$S_i$ 为第 i 省的陆地面积。距离和陆地面积都是通过 Google 电子地图获得。

再次是相关控制变量。为了确保回归结果能够最大限度地揭示出本土市场规模作用于产业升级的内在关系，本章根据前文分析和借鉴相关文献（吴丰华和刘瑞明，2013；李伟庆和聂献忠，2015）的做法，引入能够影响产业升级的相关变量，并对此在回归中予以控制。

技术创新水平（$INNO$）。用各省区市的国内专利授权数来表示，这在多数文献中得到了使用（Aghion et al. ,2019）。由于产业升级最直观的表现就是产业发展的技术层级演进，因而产业升级离不开技术创新的支撑。对此，为明晰本土市场规模对产业升级的作用关系，有必要对此变量加以控制。

对外开放度（$OPEN$）。用各省区市进出口贸易总额与该地区的 GDP 比值来测度。由于对外开放不仅能加强我国与其他地区的贸易联系，而且还能获得相应的技术外溢，影响产业升级，因而引入此变量，主要为了控制本土市场规模作用于产业升级过程中对外开放度的影响。

基建投资（$LINF$）。用各省区市固定资产投资总额与该地区的 GDP 比值来表示。由于我国各省区市的固定资产投资主要用于基础建设、更新改造和房地产开发投资等的支出,因而该变量可以测度一地区的基建投资状况。引入该变量主要是为了控制回归过程中基础设施建设对于产业升级的影响。

政府参与(GOV)。用各省区市财政收入占该地区的GDP比重来表示。由于产业升级过程中离不开政府的有效参与和支持,因而引入该变量主要是为了控制本土市场规模作用于产业升级的政府参与因素。

外商直接投资(FDI)。用各省区市经汇率换算后的外商直接投资额占该地区GDP的比重来测度。由于外商直接投资对我国产业升级也具有一定的技术外溢或是发展倒逼效应,因而有必要在本土市场规模作用于产业升级的过程中控制该变量的影响。

人力资本(HR)。用加权受教育年限法来测度,即先统计各省区市现有的6岁以上人口的抽样数据或普查数据及其教育层次,然后根据各教育层次的受教育年限(扫盲班1年、小学6年、初中9年、高中12年、大学及以上16年),加权求和算出各省区市的人力资本。由于人力资本是影响产业升级的重要因素,因而有必要在分析本土市场规模对产业升级的作用时加以控制。

研发投入(RD)。用各省区市研究与试验发展经费支出占该地区GDP的比重来测度。由于产业升级本身是一个技术研发与创新的过程,需要资金的投入和支持,因而通过引入该变量主要是为了控制本土市场规模作用于产业升级的经费投入水平的影响。

上述各变量的数据主要来源于历年《中国统计年鉴》《中国科技统计年鉴》和各省区市历年的统计年鉴及统计公报。为了全面反映我国各省区市的发展状况,我们搜寻并整理了我国31个省区市1998—2015年的数据。具体的变量说明见表5.1。

表5.1 变量的统计性质说明

变量名称	变量符号	样本数	均值	标准差	最小值	最大值
产业升级1	lg $UPGRADE_1$	558	−0.819 5	0.214 5	−1.622 8	−0.526 9
产业升级2	lg $UPGRADE_2$	558	0.792 5	0.381 0	−0.122 9	1.718 2
本土市场规模	lg HMS	558	7.140 1	1.305 1	3.299 5	10.299 5
技术创新水平	lg $INNO$	558	8.255 8	1.802 1	1.945 9	12.506 0
对外开放度	lg $OPEN$	558	−1.762 7	1.026 1	−5.764 2	0.543 6
基建投资	lg INF	558	−0.669 2	0.398 5	−1.457 0	0.283 9

续表

变量名称	变量符号	样本数	均值	标准差	最小值	最大值
政府参与	lg GOV	558	−2.512 0	0.326 6	−3.238 9	−1.515 5
外商直接投资	lg FDI	558	−4.102 9	1.122 9	−11.172 5	−1.886 1
人力资本	lg HR	558	2.087 8	0.174 9	1.081 8	2.513 0
研发投入	lg RD	558	−4.771 8	0.775 2	−7.115 8	−2.811 1

5.5 实证分析国内市场规模对产业升级的作用特征

5.5.1 国内市场规模作用于产业升级的基本判断

由于本章是运用两个维度来测度产业升级的,对此我们首先使用各省区市的工业增加值与该省区市的 GDP 的比值来测度产业升级,即 lg $UPGRADE_1$。又因为本章使用的是省级层面的面板数据,为剔除各省区市个体效应的影响,本章采用面板数据的固定效应模型(FE)进行回归,同时我们基于甄别采用固定效应还是随机效应的 Hausman 检验,也得出应使用固定效应模型进行回归的结论,所得结果见表 5.2 的(1)所示。从中可以看出,尽管本土市场规模的系数为正,符合我们的预期,但是不显著。考虑到本土市场规模和产业升级之间可能存在着互为因果的内在关系,即本土市场规模影响产业升级,反过来产业升级也会对一地区市场规模的扩大产生影响,而这种双向因果关系会导致模型估计的内生性问题,影响估计的精确性。对此,我们采用工具变量法(IV)和广义矩估计法(GMM)来克服上述问题。

在运用固定效应模型的工具变量法(FE-IV)时,需要为产生内生性问题的变量,即本土市场规模(lg HMS)寻找到合适的工具变量。通常而言,一个合适的工具变量需要满足与模型中产生内生性的随机解释变量高度相关,而与随机误差项不相关的条件。幸运的是,在面板数据环境下,对于工具变量的选择存在着很好的候选,即产生内生性的解释变量的滞后值(邵军和徐康宁,2011)。因为一般来说,前期的本土市场规模会对当期的本土市场规模产生一定的循环累积作用,而当期的产业升级状况难以对前期的本土市场规模产生作用。基于此,我们采用滞后一期的本土市场规模(l.lg HMS)作为工具变量进行回归,所得结果见表 5.2 的(2)。从中可以看出,在满足工具变量选取有效性的前提下,本土市场规模(lg HMS)依然显著为正,符合我们的理论预期。

同样,我们采用广义矩估计法(GMM)再次进行回归。基于广义矩估计法的动态面板估计模型(DPD)相较于工具变量法(IV)的一大优势,在于其不用为产生内生性的解释变量难以寻找到合适的工具变量而犯愁,其会在模型估计过程中自动生成,同时该方法还考虑了因变量的滞后作用,能更好地体现出因变量内在的互动影响。通常来说,现有的关于动态面板估计模型有两种估计方法:一是差分广义矩估计法,即 Diff-GMM;二是系统广义矩估计法,即 Sys-GMM。在使用这两种方法时均要通过两种检验,即扰动项无自相关检验[AR(2)检验]和工具变量的过度识别检验(Sargan 检验)。

基于此,我们分别使用这两种方法进行回归,所得结果见表 5.2 的(3)和(4)。从中可以看出,这两种回归方法均通过了扰动项无自相关检验和工具变量的过度识别检验,符合动态面板估计模型(DPD)的使用要求,同时我们所关注的核心解释变量本土市场规模(lg HMS)的回归结果也基本符合预期,这也印证了前文所给出的理论假说,即提升本土市场规模有利于加快产业升级。

表 5.2 基本回归与克服内生性回归的结果

	lg $UPGRADE_1$			lg $UPGRADE_2$		
	(1) FE	(2) FE-IV	(3) Diff-GMM	(4) Sys-GMM	(5) FE	(6) FE-IV
lg HMS	0.076 4	0.061 1**	0.018 2**	0.009 1	0.415 4***	0.421 7***
	(1.19)	(2.78)	(2.73)	(1.25)	(10.01)	(25.1)
lg $INNO$	−0.069 4**	−0.059 6***	−0.006 2*	−0.012 5**	−0.030 1	−0.029 0***
	(−2.40)	(−4.88)	(−1.70)	(−3.17)	(−1.16)	(−3.11)
lg $OPEN$	0.048 5*	0.053 0***	0.036 3***	0.041 9***	0.003 0	−0.001 3
	(2.02)	(4.56)	(7.07)	(7.01)	(0.12)	(−0.14)
lg INF	0.167 3**	0.165 3***	0.000 9	0.053 6***	0.132 3**	0.128 7***
	(2.12)	(7.51)	(0.10)	(5.22)	(3.54)	(7.65)
lg GOV	−0.051 4	−0.029 9	−0.131 4***	−0.130 7***	−0.080 6	−0.076 5**
	(−0.64)	(−0.75)	(−8.36)	(−7.88)	(−1.13)	(−2.51)
lg FDI	0.032 9**	0.033 7***	0.006 7***	−0.001 3	−0.001 3	0.001 3
	(2.45)	(4.45)	(6.02)	(−1.46)	(−0.09)	(0.22)

续表

	lg UPGRADE₁			lg UPGRADE₂		
	(1) FE	(2) FE-IV	(3) Diff-GMM	(4) Sys-GMM	(5) FE	(6) FE-IV
lg HR	0.2258	0.1797	−0.0021	0.0096	0.1853	−0.0187
	(1.29)	(1.58)	(−0.05)	(0.23)	(1.11)	(−1.32)
lg RD	−0.0107	−0.0156	0.0054	−0.0147**	−0.0029	0.1197
	(−0.30)	(−0.84)	(1.15)	(−2.09)	(−0.10)	(1.37)
l. lg YOGRADE₁			1.0549***	1.0513***		
			(42.60)	(47.77)		
A-R²	0.4045	0.3830	—	—	0.9611	0.9601
Sargan			0.9600	1.0000		
AR(1)			0.0278	0.0256		
AR(2)			0.3073	0.3065		
Observations	558	527	496	527	558	527

注：括号中的数字为 t 统计量；*、**、*** 分别表示在10％、5％和1％水平上显著。为节省篇幅，并没有汇报常数项的回归结果。

为进一步检验上述本土市场规模作用于产业升级结果的稳健性，我们使用周昌林和魏建良（2007）所提出的测度产业升级的方法而形成的指标，即 lg UPGRADE₂，基于上述所使用的 FE、FE-IV 和 GMM 三种方法重新进行回归，所得结果见表5.2的（5）和（6）以及表5.3的（1）和（2）。从中可以看出，所得结果与使用 lg UPGRADE₁ 的结果一致，这再一次验证了本章所提出的基本假说，即增强本土市场规模有利于产业结构的转型和升级。

从各控制变量的回归结果来看，多个变量的回归结果，如对外开放度（lg OPEN）、基建投资（lg INF）、外商直接投资（lg FDI）以及人力资本（lg HR）等，均与预期相一致，都能在推进产业升级的过程中发挥促进作用。同时，在动态面板估计模型中，产业升级的滞后项（l. lg UPGRADE）也均显著为正，说明产业升级具有正向的循环累积效应。另外，还有一些变量，如技术创新水平（lg INNO）、政府参与程度（lg GOV）和研发投入力度（lg RD）等，所得结果均与预期不一致。这可能在于当前我国的技术创新水平并不高，严格意义上的技术创新，即以自创性技术创新为主的技术进步的不足是限制我国产业技术进步的一个突出问题，这突出表现在我国大多数制造企业是劳动密集型的，人均劳动生产率低，设备利用率低，低水平生产能力过剩，而且主要集中在低附加值产品行业中。此外,我国的研究和开发能力薄弱,大部分核心技术和关键设备依赖进口,高端产品大多由合资企业生产(金碚,2004;邓向荣和曹红,2016)。这些技术创新所面临的现实困境阻滞了我国产业升级的步伐和效益的提升。与此同时,我国现行的政府参与机制对产业升级也没有产生促进作用,这可能在于产业升级更多地体现为一个市场运营的过程,政府不适当或过度的干预会对产业升级产生扭曲,这也是十八届三中全会提出"正确处理好政府与市场关系,使市场在资源配置中发挥决定性作用,更好地发挥政府作用"的政策之意了。

表 5.3 作用机制检验回归

	lg $UPGRADE_2$		lg $UPGRADE_1$		lg $UPGRADE_2$	
	(1) Diff-GMM	(2) Sys-GMM	(3) Sys-GMM	(4) Sys-GMM	(5) Sys-GMM	(6) Sys-GMM
lg HMS	0.1119***	0.0523**	0.0565***	0.0269*	0.1213***	0.1390**
	(4.52)	(3.18)	(3.49)	(1.86)	(4.81)	(2.70)
lg $INNO$	−0.0050	−0.0237***	0.0389***	−0.0153***	0.0527**	−0.0263***
	(−0.70)	(−3.50)	(4.24)	(−3.50)	(3.14)	(−3.96)
lg $OPEN$	0.0279***	0.0099**	0.0381***	0.0380***	0.0122**	0.0013
	(5.73)	(2.47)	(7.06)	(6.65)	(2.38)	(0.24)
lg INF	0.0113	0.0164	0.0649***	0.0597***	0.0054	0.0195
	(1.50)	(1.22)	(5.76)	(7.01)	(0.69)	(1.54)
lg GOV	−0.1786***	−0.1646***	−0.1396***	−0.1181***	−0.1306***	−0.1822***
	(−16.49)	(−17.74)	(−7.73)	(−6.05)	(−9.87)	(−11.99)
lg FDI	0.0057	0.0017	−0.0064***	−0.0253**	−0.0030	−0.0993*
	(1.34)	(0.81)	(−5.22)	(−2.31)	(−1.41)	(−1.78)
lg HR	0.1327**	0.1651**	−0.0365	0.0268	0.1130**	0.2466***
	(3.11)	(3.09)	(−0.99)	(0.55)	(2.48)	(3.40)
lg RD	−0.0080	−0.0301***	−0.0076	−0.0229**	−0.0240**	−0.0433***
	(−1.16)	(−3.30)	(−1.07)	(−2.99)	(−2.78)	(−4.10)
l. lg $UPGRADE_1$			0.9815***	1.0674***		
			(28.54)	(38.75)		
l. lg $UPGRADE_2$	0.8080***	1.0067***			0.9830***	0.9827***
	(16.55)	(25.04)			(20.64)	(23.30)
与 lg $INNO$ 交叉			−0.0060***		−0.0088***	
			(−5.21)		(−4.25)	

续表

	lg UPGRADE$_2$		lg UPGRADE$_1$		lg UPGRADE$_2$	
	(1) Diff-GMM	(2) Sys-GMM	(3) Sys-GMM	(4) Sys-GMM	(5) Sys-GMM	(6) Sys-GMM
与 lg FDI 交叉				0.004 6**		0.016 7*
				(2.46)		(1.83)
AR(1)	0.000 9	0.000 9	0.017 4	0.022 7	0.001 3	0.000 3
AR(2)	0.960 5	0.740 1	0.278 4	0.301 4	0.681 0	0.336 2
Sargan	0.988 6	1.000 0	1.000 0	1.000 0	1.000 0	1.000 0
Observations	496	527	527	527	527	527

注：括号中的数字为 t 统计量；*、**、*** 分别表示在 10%、5% 和 1% 水平上显著。为节省篇幅，并没有汇报常数项的回归结果。

5.5.2　国内市场规模作用于产业升级的机制检验

为进一步检验并厘清本土市场规模对产业升级的作用机制，我们在回归方程中分别引入了本土市场规模与创新水平（lg HMS * lg INNO）、本土市场规模与外商直接投资（lg HMS * lg FDI）的交叉项。通过检验交叉项系数的符号及显著性来甄别本土市场规模作用于产业升级的内外机制，具体如方程(5.4)和(5.5)所示：

$$\lg UPGRADE_{it} = c + \alpha \lg HMS_{it} + \theta \lg HMS_{it} * \lg INNO + \\ \gamma \lg INNO + \beta CONTROL_{it} + \mu_i + \varepsilon_{it} \quad (5.4)$$

$$\lg UPGRADE_{it} = c + \alpha \lg HMS_{it} + \theta' \lg HMS_{it} * \lg FDI + \\ \gamma' \lg FDI + \beta CONTROL_{it} + \mu_i + \varepsilon_{it} \quad (5.5)$$

我们对上述方程分别进行回归。由于系统广义矩估计法（Sys-GMM）同时将差分方程和水平方程作为一个方程系统进行广义矩估计，相较于只将差分方程进行广义矩估计的差分广义矩估计法（Diff-GMM）而言，其所得结果的可信度更高（陈强，2010），所以本章运用 Sys-GMM 来对包含有交叉项的方程进行回归，所得结果见表 5.3 的(3)—(6)。从中可以看出，不论是基于 lg UPGRADE$_1$ 还是使用 lg UPGRADE$_2$ 作为产业升级的代理变量进行回归，所得到的本土市场规模与技术创新的交互项系数均显著为负，而本土市场规模与外商直接投资的交互项系数均显著为正，同时 lg HMS 的系数均显著为正。这意味着在共同作用于提升一地区产业升级的过程中，本土市场规模与技术创新水平会呈现出相互牵制的作用效果，即提升技术创新水平并不能有效地促使本土市场规模对产业升级产生促进作用,而本土市场规模与外商直接投资则会呈现出相互促进的作用效果,即通过吸引外商直接投资有利于推进本土市场规模对产业升级发挥作用。

这其中的原因可能在于虽然我国蕴含着巨大的市场规模,其也能为我国产业创新与升级提供有效的实现道路,但是将这些市场规模内生于产业创新中,并形成真正意义上的技术创新或内生动力,进而突破国外的技术封锁或"卡脖子技术",即自主技术创新能力,还需要较长的时间(徐康宁和冯伟,2010;金碚,2004),因而现阶段本土市场规模与技术创新水平在共同作用于产业升级中会因两者的契合作用或胶合效应没有得到有效发挥而呈现出相互牵制的作用状态;而对于外商直接投资来说,其在华投资的主要动机是获得尽可能多的市场份额和营运利润,因而在巨大的市场规模的引致和激励作用下,具有技术相对优势的外商直接投资会对我国产业发展产生知识和技术外溢效应(罗良文和阚大学,2012),进而有利于促进我国的产业升级。

5.5.3　基于空间计量的基本判断的稳健性检验

由于各省区市在发展产业和推进产业升级时具有一定的相互参照或是空间影响,因而为了更好地反映这种不同地区之间的空间关联性或依赖性,同时也为了进一步更为清晰地揭示出本土市场规模作用于产业升级的内在特征,本章采用面板数据的空间计量经济学方法再进行检验和分析。

在进行面板空间计量分析之前,需要对产业升级(lg UPGRADE)是否存在空间依赖性进行分析。空间自相关可以理解为位置相邻或相近的地区具有相似的变量取值,也可视为观测值与其空间滞后(Spatial Lag)的相关系数,一般可以通过全局莫兰指数 I(Global Moran's I)和 Geary 指数 C(Geary's C)来度量。全局莫兰指数 I 一般介于$[-1,1]$,大于 0 表示正空间自相关(Positive Spatial Autocorrelation),即高值与高值集聚、低值与低值集聚;小于 0 表示变量呈现负空间自相关(Negative Spatial Autocorrelation),即高值与低值集聚;等于 0 表示空间分布是随机的,不存在空间自相关性。Geary 指数 C 的取值一般在$[0,2]$,大于 1 表示负空间自相关,等于 1 表示不存在空间自相关性,而小于 1 表示正空间自相关。

由表 5.4 可知,无论是以 lg $UPGRADE_1$还是以 lg $UPGRADE_2$来衡量产业升级,两者的全局莫兰指数 I 均大于 0,并且在 1% 的统计水平上显著;同时

表 5.4 基于地理矩阵的 1998—2015 年产业升级的 Moran's I 及 Geary's C 分布情况表

年份	Moran's I					Geary's C				
	I	E(I)	Sd(I)	Z	P-value*	C	E(C)	Sd(C)	Z	P-value*
以 lg $UPGRADE_1$ 来测度产业升级										
1998	0.310	−0.033	0.058	5.935	0.000	0.623	1.000	0.070	−5.415	0.000
2004	0.292	−0.033	0.059	5.547	0.000	0.654	1.000	0.068	−5.062	0.000
2010	0.307	−0.033	0.056	6.069	0.000	0.715	1.000	0.072	−3.948	0.000
2015	0.293	−0.033	0.056	5.795	0.000	0.753	1.000	0.072	−3.439	0.001
以 lg $UPGRADE_2$ 来测度产业升级										
1998	0.358	−0.033	0.061	6.422	0.000	0.684	1.000	0.065	−4.880	0.000
2004	0.361	−0.033	0.061	6.428	0.000	0.684	1.000	0.064	−4.928	0.000
2010	0.315	−0.033	0.061	5.698	0.000	0.688	1.000	0.064	−4.843	0.000
2015	0.259	−0.033	0.061	4.813	0.000	0.719	1.000	0.065	−4.319	0.000

注：E(I) 和 Sd(I) 分别表示莫兰指数 I 的期望值和方差；Z 值为莫兰指数 I 的 Z 检验值，P 值为伴随概率，由蒙特卡洛模拟 999 次得到。限于篇幅，此处仅汇报基于地理矩阵的统计结果。

Geary 指数 C 的取值均小于 1,并且在 1‰的统计水平上也均表现显著。这说明产业升级具有显著的正空间自相关性,各省区市在产业升级上存在着相互影响和空间关联性,因而我们需要运用空间计量经济学方法来对此空间关联性进行分析。

在明确各省区市的产业升级具有空间依赖性和关联性的前提下,我们运用面板数据的空间计量经济学模型进行分析。根据不同的空间依赖关系,空间计量经济学可以划分为具有内生交互效应的空间自回归或滞后模型(SAR)、具有误差项交互效应的空间误差模型(SEM)、同时具有内生交互效应和误差项交互效应的空间交叉模型(SAC)和同时具有内生交互效应和外生交互效应的空间杜宾模型(SDM)等(Elhorst,2013)。

我们基于上述四种方法进行回归。同时,如同前文所考虑到的本土市场规模与产业升级之间所存在的内生性问题,我们使用广义空间自回归二阶段最小二乘法(GS2SLSAR, Generalized Spatial Autoregressive 2SLS Regression)以及空间面板自回归广义矩估计法(SPGMM, Spatial Panel Autoregressive GMM)进行克服和回归。又因为在空间计量回归中,选取不同的空间权重(W)可能会对回归结果产生一定的差异性影响,对此我们使用现有文献中经常采用的空间近邻矩阵和地理距离矩阵等空间权重矩阵进行回归,具体结果如下所述:

1. 近邻(0—1)矩阵

所谓空间近邻矩阵,是指空间上相邻的省区市,我们定义为 1,不相邻的则定义为 0,矩阵中主对角线上的所有元素均定义为 0。该矩阵主要反映各省区市在空间上的毗邻关系对本土市场规模作用于产业升级的影响。基于此,我们采用 SAR、SDM、SAC 和 SEM 四个空间计量模型,利用测度产业升级的两种方法分别进行回归,所得结果见表 5.5。从中可以看出,在考虑了空间相关性后,本土市场规模(lg HMS)对产业升级(lg $UPGRADE$)依然具有显著的正向作用。

2. 地理矩阵

鉴于各省区市之间的空间关联性除了近邻关系之外,还存在着因空间距离的远近而导致的省际联结效应不同的影响,对此我们构建各省区市之间省会城市空间距离的倒数为元素的地理矩阵,并定义该矩阵主对角线上的所有元素均为 0。基于上述四种方法重新回归,所得结果见表 5.6。从中可以看出,基于地理矩阵回归所得的本土市场规模作用于产业升级的结果与基于近邻矩阵的基本一致,说明即使在考虑了空间关联性或依赖性后,本土市场规模对产业升级依然具有稳健的促进作用。

同样,如同前文所考虑到的本土市场规模和产业升级之间可能存在着的内生性问题,我们使用能克服内生性的广义空间面板自回归二阶段最小二乘法(GS2SLSAR)和空间自回归广义矩估计法(SPGMM)分别进行回归,所得结果见表5.7的(1)—(4)。从中可以看出,在考虑了内生性后,本土市场规模作用于产业升级的回归结果基本上与上述所得出的结果保持一致,说明本章所预期的结论具有一定的稳健性。

5.5.4 基于空间计量的作用机制的稳健性检验

最后,我们基于空间自回归广义矩估计法(SPGMM)对本土市场规模作用于产业升级的机制进行进一步检验和分析,回归结果如表5.7的(5)—(8)所示。从中可以看出,所得结果与表5.3中未考虑空间关联性的基于固定效应模型回归所得出的结果是基本一致的,这说明在共同作用于产业升级的过程中,本土市场规模与技术创新还没有形成相互促进的提升机制;与之相反,本土市场规模的扩大能够吸引外商直接投资的增加,并借助外商直接投资的技术外溢效应或倒逼作用,增强产业发展的技术内涵,促进产业的技术创新和转型升级。

5.6 本章小结

借助本土市场规模促进产业升级,是实现以需求侧管理引导供给侧结构性改革的重要内容。本章基于我国1998—2015年31个省级面板数据,在考虑了回归过程中所存在的内生性和空间关联性等影响之后,采取面板数据的固定效应模型、工具变量法、动态面板数据模型以及空间面板模型等多种方法,稳健地得出增强本土市场规模有利于加快产业升级步伐的结论。在此基础上,本章采用交叉项回归方法,从作用机制的内外两个层面,进一步稳健地得出:在共同作用于产业升级的过程,囿于自主创新的滞后性,本土市场规模与技术创新尚未形成有效的耦合提升机制,而借助外商直接投资的技术溢出效应或倒逼作用,本土市场规模与外商直接投资能够产生促进产业升级的协同效应。

从提升国内市场规模到优化出口产品结构,需要产业基础的支撑。本章

表 5.5 基于地理距离的面板空间计量回归

	lg $UPGRADE_1$				lg $UPGRADE_2$			
	(1) SAR	(2) SDM	(3) SAC	(4) SEM	(5) SAR	(6) SDM	(7) SAC	(8) SEM
lg HMS	0.051 (0.83)	0.142** (2.57)	0.131** (2.08)	0.083 (1.23)	0.340*** (6.04)	0.353*** (6.93)	0.374*** (6.46)	0.386*** (7.13)
lg $INNO$	−0.055* (−1.95)	−0.024 (−0.63)	−0.031 (−0.77)	−0.030 (−0.74)	−0.047* (−1.96)	−0.035 (−1.39)	−0.025 (−0.95)	−0.019 (−0.71)
lg $OPEN$	0.031 (1.31)	0.008 (0.38)	0.021 (1.00)	0.008 (0.38)	−0.005 (−0.18)	−0.033 (−1.38)	−0.023 (−0.91)	−0.024 (−0.96)
lg INF	0.164** (2.05)	0.194*** (3.22)	0.179** (2.57)	0.185** (2.32)	0.153*** (3.77)	0.154*** (4.54)	0.144*** (3.59)	0.155*** (4.35)
lg GOV	−0.057 (−0.73)	−0.054 (−0.65)	−0.045 (−0.53)	−0.048 (−0.58)	−0.020 (−0.32)	−0.002 (−0.03)	−0.044 (−0.67)	−0.029 (−0.43)
lg FDI	0.033** (2.54)	0.023* (1.85)	0.023* (1.85)	0.025* (1.82)	−0.006 (−0.50)	−0.006 (−0.55)	−0.005 (−0.46)	−0.009 (−0.80)
lg HR	0.213 (1.23)	0.070 (0.42)	0.124 (0.66)	0.119 (0.68)	0.257* (1.70)	0.082 (0.68)	0.079 (0.57)	0.072 (0.46)
lg RD	−0.012 (−0.35)	−0.011 (−0.38)	−0.011 (−0.34)	−0.007 (−0.21)	−0.019 (−0.60)	−0.023 (−0.83)	−0.022 (−0.67)	−0.023 (−0.70)
Spatial rho	11.742*** (3.19)	10.233** (2.38)	−29.090** (−2.49)	26.696*** (3.71)	6.371* (1.81)	12.639*** (2.68)	4.205 (1.07)	23.848*** (5.83)
sigma2_e	0.007*** (4.82)	0.006*** (4.38)	0.006*** (4.14)	0.006*** (3.84)	0.004*** (6.25)	0.004*** (5.90)	0.004*** (6.08)	0.004*** (5.75)
W×lg HMS		−3.353 (−1.09)				−9.340*** (−5.76)		
A-R^2	0.395 0	0.517 7	0.375 9	0.334 4	0.961 2	0.966 0	0.960 2	0.959 7
Observations	558	558	558	558	558	558	558	558

注：括号中数据为 t 统计量；*、**、*** 分别表示在 10%、5% 和 1% 水平上显著。为节省篇幅，并没有汇报常数项的回归结果。

表 5.6 基于近邻矩阵的面板空间计量回归

	lg UPGRADE$_1$				lg UPGRADE$_2$			
	(1) SAR	(2) SDM	(3) SAC	(4) SEM	(5) SAR	(6) SDM	(7) SAC	(8) SEM
lg HMS	0.339 8*** (6.04)	0.353 5*** (6.93)	0.373 9*** (6.46)	0.385 6*** (7.13)	0.050 6 (0.83)	0.141 7** (2.57)	0.131 4** (2.08)	0.082 9 (1.23)
lg INNO	−0.046 6* (−1.96)	−0.035 0 (−1.39)	−0.025 2 (−0.95)	−0.019 2 (−0.71)	−0.054 6* (−1.95)	−0.024 0 (−0.63)	−0.030 6 (−0.77)	−0.030 5 (−0.74)
lg OPEN	−0.004 7 (−0.18)	−0.032 8 (−1.38)	−0.022 6 (−0.91)	−0.024 2 (−0.96)	0.031 1 (1.31)	0.007 8 (0.38)	0.020 6 (1.00)	0.008 4 (0.38)
lg INF	0.153 4*** (3.77)	0.153 6*** (4.54)	0.143 7*** (3.59)	0.155 2*** (4.35)	0.163 6** (2.05)	0.194 0*** (3.22)	0.178 8** (2.57)	0.184 5** (2.32)
lg GOV	−0.020 1 (−0.32)	−0.001 8 (−0.03)	−0.043 5 (−0.67)	−0.029 4 (−0.43)	−0.057 2 (−0.73)	−0.054 2 (−0.65)	−0.044 5 (−0.53)	−0.048 2 (−0.58)
lg FDI	−0.005 6 (−0.50)	−0.005 6 (−0.55)	−0.005 2 (−0.46)	−0.009 1 (−0.80)	0.032 9** (2.54)	0.022 8* (1.85)	0.022 9* (1.85)	0.024 9* (1.82)
lg HR	0.257 3* (1.70)	0.082 1 (0.68)	0.079 0 (0.57)	0.071 6 (0.46)	0.213 2 (1.23)	0.069 9 (0.42)	0.123 8 (0.66)	0.119 3 (0.68)
lg RD	−0.019 0 (−0.60)	−0.023 4 (−0.83)	−0.022 4 (−0.67)	−0.023 0 (−0.70)	−0.012 3 (−0.35)	−0.010 5 (−0.38)	−0.011 3 (−0.34)	−0.006 7 (−0.21)
Spatial rho	6.370 7* (1.81)	12.639 3*** (2.68)	21.701 5*** (8.04)	23.847 5*** (5.83)	11.741 6*** (3.19)	10.232 8** (2.38)	30.507 5*** (12.79)	26.696 5*** (3.71)
sigma2_e	0.004 3*** (6.25)	0.003 6*** (5.90)	0.003 9*** (6.08)	0.003 9*** (5.75)	0.006 9*** (4.82)	0.005 7*** (4.38)	0.005 7*** (4.14)	0.006 3*** (3.84)
W×lg HMS		−9.340 2*** (−5.76)				−3.353 0 (−1.09)		
A-R²	0.961 2	0.966 0	0.960 2	0.959 7	0.395 0	0.517 7	0.375 9	0.334 4
Observations	558	558	558	558	558	558	558	558

注：括号中数据为 t 统计量；*、**、*** 分别表示在 10%、5% 和 1% 水平上显著。为节省篇幅，并没有汇报常数项的回归结果。

表 5.7 考虑内生性后基于近邻矩阵的空间计量回归

	lg UPGRADE$_1$		lg UPGRADE$_2$		lg UPGRADE$_1$		lg UPGRADE$_2$	
	(1) GS2SLSAR	(2) SPGMM	(3) GS2SLSAR	(4) SPGMM	(5) SPGMM	(6) SPGMM	(7) SPGMM	(8) SPGMM
lg HMS	−0.019 2 (−1.04)	0.026 5 (1.38)	0.144 3*** (8.6)	0.141 1*** (7.77)	0.255 4*** (9.85)	−0.000 1 (−0.01)	0.018 9 (0.71)	0.179 0*** (6.96)
lg INNO	0.049 0*** (4.47)	0.040 4*** (3.9)	−0.008 3 (−0.84)	−0.001 1 (−0.11)	0.239 0*** (12.23)	0.039 5*** (3.81)	−0.107 3*** (−5.34)	0.000 3 (0.04)
lg OPEN	−0.007 1 (−0.66)	−0.009 2 (−0.87)	0.036 5*** (3.77)	0.046 7*** (4.69)	0.007 0 (0.74)	−0.004 1 (−0.37)	0.038 6*** (3.97)	0.039 8*** (3.79)
lg INF	0.172 1*** (7.44)	0.152 4*** (6.74)	0.359 3*** (17.1)	0.363 7*** (17.01)	0.143 9*** (7.14)	0.149 6*** (6.6)	0.371 5*** (17.84)	0.370 3*** (17.27)
lg GOV	−0.153 6*** (−5.23)	−0.269 9*** (−8.07)	0.270 4*** (10.18)	0.246 6*** (7.79)	−0.210 0*** (−6.99)	−0.266 8*** (−7.97)	0.213 3*** (6.91)	0.240 0*** (7.6)
lg FDI	0.038 6*** (4.94)	0.026 7*** (3.2)	−0.036 2*** (−5.05)	−0.037 7*** (−4.79)	0.012 2 (1.64)	0.065 9** (2.23)	0.030 6*** (−3.99)	−0.095 1*** (−3.4)
lg HR	−0.424 2*** (−6.69)	−0.029 4 (−0.34)	0.310 8*** (5.25)	0.326 8*** (3.99)	−0.351 9*** (−4.3)	−0.050 8 (−0.58)	0.495 7*** (5.87)	0.359 8*** (4.33)
lg RD	0.068 4*** (5.28)	0.000 5 (0.03)	−0.000 8 (−0.07)	−0.016 0 (−1.04)	0.046 0*** (3.07)	0.004 5 (0.27)	−0.042 3*** (−2.72)	−0.022 2 (−1.43)
与 lg INNO 交叉					−0.027 7*** (−11.63)		−0.014 8*** (−6.04)	
与 lg FDI 交叉						−0.006 5 (−1.38)		0.009 5** (2.13)
A-R^2	0.781 7	0.794 6	0.945 1	0.939 0	0.861 6	0.795 9	0.934 9	0.937 8
Wald-test	17 609.891 6	203.603 5	13 319.907 6	3 538.885 8	385.992 0	205.937 6	3 661.791 1	3 506.218 7
F-test	1 956.654 6	25.450 4	1 479.989 7	442.360 7	42.888 0	22.882 0	406.865 7	389.579 9
Observations	558	558	558	558	558	558	558	558

注：括号中数据为 t 统计量；*、**、*** 分别表示在 10%、5% 和 1% 水平上显著。为节省篇幅，并没有汇报常数项的回归结果以及基于空间地理矩阵的回归结果。

的回归结果很好地支撑了这一判断。这意味着在持续推进我国对外贸易高质量的发展过程中,需要重视并夯实产业发展的基础,尤其是要注重对战略性新兴产业和高端制造业等的关注、支持和投入。在借助本土市场规模的规模报酬递增效应、创新效应以及出口效应等作用的前提下,切实提升产品技术含量和附加值,进而优化出口产品结构,增强对外贸易的综合竞争力。

第六章

国内市场规模作用于出口产品结构优化的贸易基础

6.1 发展历程与存在问题

6.1.1 中国贸易结构的演进及问题分析

实行改革开放政策以来,我国对外贸易活动的发展主要呈现出如下两个方面的特征:

一方面,进出口贸易的规模在持续迅猛地扩张。图 6.1 展示了我国改革开放以来对外贸易活动的发展状况。从中可以看出,在实行改革开放政策之前,我国长期处于对外封闭的状态,导致开放以来的很长一段时间并直到 20 世纪 90 年代初期,对外贸易额总量一直处于比较小的状态,并且贸易形势长期处于逆差状态。经过改革开放后十多年的努力,同时得益于日益开放的经济环境,我国的比较优势得到了充分的发挥和发展。据统计,在 1994—2015 年,我国商品的进口额从 1 156.15 亿美元迅速增长至 16 795.65 亿美元;同期,商品的出口额也从 1 210.06 亿美元增长到了 22 734.68 亿美元。总的来说,我国的外贸经济取得了快速的增长,同时也由贸易逆差国成功转变成为贸易顺差国。

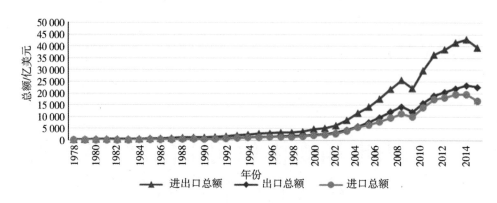

图 6.1 改革开放以来我国对外贸易的发展状况

注：数据来源于《中国统计年鉴》。

另一方面，我国的进出口商品结构也得到了很大程度的改善。图 6.2 展示了 1980—2015 年我国对外贸易商品结构的变化趋势。从进口商品的结构来看，我国 1980 年初级产品的进口额为 69.59 亿美元，占进口商品总额的 34.77%；同年，工业制成品的进口额为 130.58 亿美元，占进口商品总额的 65.23%。2015 年，初级产品在进口商品总额中的占比有所降低，为 28.11%，工业制成品在进口商品总额中的占比提高了一定的幅度，为 71.89%，这得益于因改革开放而呈现出良好发展势头的工业部门的繁荣增长带来的国内市场对工业制成品快速上升的需求。

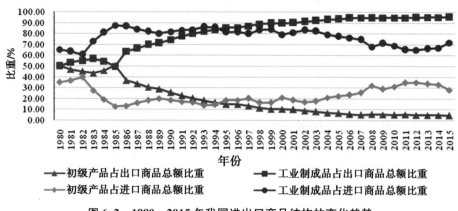

图 6.2 1980—2015 年我国进出口商品结构的变化趋势

注：数据来源于《中国统计年鉴》。

从出口商品的结构来看，我国在 1980 年时，初级产品的出口额为 91.14 亿美元，在出口商品总额中的占比为 50.30%；同年，工业制成品的出口额为

90.05亿美元,在出口商品总额中的占比为49.70%,二者水平相当,基本持平。而到了2015年,出口商品中的初级产品比例大幅下降,仅为4.81%,而工业制成品比例大幅上升,高达95.19%,出口商品贸易结构得到了很大的改善,我国商品在国际市场上也更具竞争力。

6.1.2 产业结构的演变历程

改革开放以来,我国的三次产业在国民经济中的比例发生了明显的变化。从图6.3中可以看到,在改革开放初期,第一产业和第二产业在整个国民经济中占主导地位,而第三产业在我国产业结构中的比例相对较小。而进入20世纪90年代以来,第一产业在国民经济中的比重持续下降,第二产业的比重保持着相对稳定的状态,虽有所下降但幅度不大,第三产业的比重正在逐年上升。到2015年,我国第一产业、第二产业和第三产业的产值在GDP中的比重分别为8.8%、40.9%和50.2%。与1978年第一产业、第二产业和第三产业的27.7%、47.7%和24.6%相比较,第一产业在产业结构中的比例有了大幅度的下降,而第三产业的比例则提高了不少,第二产业在国民经济中的比例则保持着相对稳定的状态。上述的结果表明我国已实现了由以农业为主的产业结构向以工业为主的产业结构的转变。

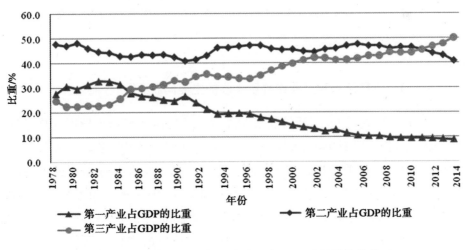

图6.3 改革开放以来我国三大产业占GDP比重的变化状况

注:数据来源于《中国统计年鉴》。

除了三次产业在国民经济中的比例发生了变化,从图6.4中也可以看到,改革开放特别是20世纪90年代以来,三次产业拉动GDP增长的作用效果也有很大的变化。1990年,我国GDP的增长率为3.9%,其中第一产业、第二产业和第三产业分别拉动GDP增长了1.6%、1.6%和0.8%。到2015年,GDP的增长率为6.9%,其中第一产业、第二产业和第三产业分别拉动GDP增长了0.3%、2.9%和3.7%。可以看到,第二产业显著拉动了GDP的增长,第三产业对GDP增长的拉动效果与过去相比更加明显,并有不断增强的趋势,而第一产业对GDP增长的拉动能力则相对较弱,并有不断弱化的趋势,这也是产业发展规律的具体体现。

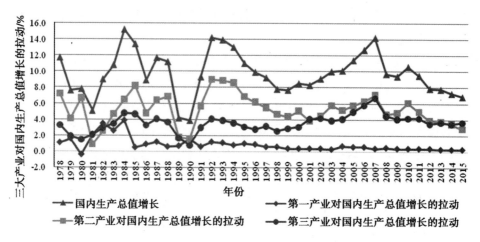

图6.4 改革开放以来我国三大产业对国内生产总值增长的拉动状况

注:数据来源于《中国统计年鉴》。

6.1.3 贸易结构和产业结构所面临的主要问题

通过前文对我国改革开放以来对外贸易结构与产业结构发展变化过程及现状的分析可以看出,二者均呈现出显著且稳定的发展趋势,对外贸易的规模迅速扩大,产业结构也有所升级。初级产品和工业制成品在进出口商品总额中的比重有明显的变化,而三次产业在GDP中的比重及对GDP增长的拉动作用也发生了较大的转变。对外贸易是经济发展的重要外部条件,而产业布局又是国民经济的内核,两者呈现出的变化启示着彼此之间可能存在微妙且重要的关联,探索它们之间是否存在协同优化的关系成为重要的课题。

尽管我国的对外贸易规模自改革开放以来逐渐扩大,国内经济快速发展,但随着国民经济对外贸活动的依赖程度越来越大,国际贸易形势的变化也将对我国的经济发展造成显著的影响。近年来,全球经济的增速正在放缓,我国的对外贸易活动受到了几个主要贸易伙伴国内经济环境恶化的影响。如 2007 年美国的次级贷款危机不仅严重冲击了美国经济,使其持续几年都处于缓慢增长的状态,同时还影响了国际市场,我国的经济也受到了严重的影响,其中就包括外贸部门。另外,我国还面临着国际贸易保护主义这一外部经济风险。曾有多个 WTO 成员向我国发起反倾销、反补贴等制裁,其间我国受到了严重的经济损失,对外贸易发展面临着严峻的国际约束。目前,我国加入了特别提款权(Special Drawing Right,SDR),人民币升值的主张和要求又被提上国际日程,这也将给我国的对外贸易造成一定的影响。

我国的产业结构也呈现出一些不合理之处,主要表现为以下两方面:首先,从技术水平的角度来看,产业结构在由低水平向高水平升级的过程中速度较为缓慢,同时在较低水平上还出现重复的现象。其次,从区域分布的角度来看,在产业结构的演变过程中,各地区的产业结构分布和发展状况非常相似,从而导致资源配置的效率低下,不利于各地区经济的可持续发展,还有可能引发区域间的产业保护和恶性竞争,对整体经济环境维持稳定和谐和健康发展十分不利。深入到三次产业的层面上,我国的产业结构还有以下几个弊病:首先,农业的基础比较薄弱,农民的收入增长缓慢。尽管改革开放以来,农村的基础设施和农业的生产条件有了很大程度的改善,主要农产品的产量不断增高,但总体来看,农业机械化水平还不够高,抵御自然灾害的能力也不够强,同时人均耕地少,农民的收入水平增速缓慢。其次,工业产品附加值较低,市场供需不平衡。第二产业是拉动国民经济发展的主导力量,长期以来一直保持着较为稳定的发展。但工业制成品的质量和效益水平较低,产品附加值不高,尤其缺乏自主研发的具有竞争力的产品。同时,低加工和粗加工的产品过剩以及市场潜力较大的深加工和精加工产品不足的问题也亟待解决。最后,以服务业为主的第三产业虽然近年有了快速的发展,也日益成为衡量一国经济发展水平的重要标志之一,但其总量仍然较小,结构层次较低,国际竞争力较弱。

6.2 对外贸易结构与产业结构的联动机制

从上文的现状分析中可以看出,我国的产业结构经历了积极的变动:第一产业占 GDP 的比重由 1978 年的 27.7% 下降到 2015 年的 8.8%,第二产业的比重由47.7%相对稳定地维持在40.9%,第三产业的比重由24.6%上升到50.2%。同期,进出口贸易活动也发生了明显的变化。2015年的出口贸易总额比1978年提高了232倍,超过22 000亿美元,进口贸易总额则提高了153倍,接近17 000亿美元。进出口商品结构也发生了很大的变化,工业制成品在出口商品中的比重由1980年的49.70%上升到2015年的95.19%,工业制成品在进口商品中的比重由65.23%上升到71.89%。初级产品在出口商品中的比重由1980年的50.30%下降到2015年的4.81%,初级产品在进口商品中的比重由34.77%下降到28.11%。

对外贸易结构与产业结构趋于同步的发展状态,使得其互动关系成为热点经济问题。目前,国内主要有两种阐释对外贸易结构与产业结构联动机理的流行理论——产业间分工下和林氏逻辑下的两种联动理论,下文将分别予以介绍。同时,随着经济全球化的不断深入和发展,一种立足于全球产业价值链分工基础的贸易结构与产业结构的联动机理应运而生,且更适合作为本章实证分析的依据,因此会重点阐述。

6.2.1 产业间分工下的联动机理

综观言之,古典贸易理论主要研究的是产业间贸易。古典国际贸易理论以生产要素无法在各国之间正常流动为假设前提,提出贸易结构和产业结构之间存在如下的关系:产业结构是贸易结构的基础,而贸易结构是产业结构的反映,即生产决定流通。

对外贸易对产业结构的影响通过产品循环得以实现:美国经济学家雷蒙德·弗农的产品生命周期理论认为,工业先行国的产品生命周期是"新产品→国内市场形成→出口→资本和技术出口→进口→更新的产品";日本赤松要的雁型模式指出,工业后发国的产业发展路径是"进口→国内生产(进口替代)→出口"。结合上述两位学者的理论,我们可以得到如图6.5所示的较为完备的国际产业转移模式图。

从模型中可以看出,处于不同发展水平的国家能够借助产品的相互交易,达到以产品结构优化产业结构从而推动贸易结构,再由贸易结构促进产业结构不断升级的目的。它很好地解释了产业间贸易下二者之间的关系,但是以生产要素无法跨国流动为前提,而这一点与实际情况并不相符;同时,贸易结构与产业结构之间的关系也已经不再是简单的线性关系,因而这一模型并不适用于当今产业价值链全球分工及产业内贸易更为复杂的经济环境。

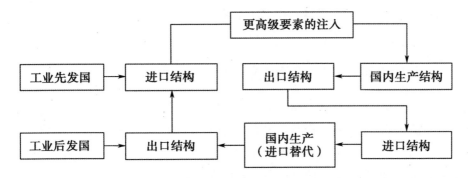

图 6.5 产业间分工下贸易结构与产业结构的联动机理图

6.2.2 林氏逻辑下的联动机理

以林毅夫(2007)为代表的学者提出的以"比较优势"为核心的思想在对外贸易结构与产业结构互动关系的学术研究中具有一定的影响力。其认为，国内要素禀赋约束着一国的技术选择和产业选择；发展中国家要想获得自身的竞争力，必须根据其比较优势进行产业选择和技术选择，而一国的比较优势又是由它的资源禀赋结构所决定的；通过加快资本积累的速度来升级要素禀赋结构，从而优化贸易结构；反过来，贸易结构的优化也能够加速资本积累，推动产业结构的升级。根据林毅夫(2007)的学术观点，我们可以得到如图 6.6 所示的林氏逻辑下贸易结构与产业结构的联动机理图。

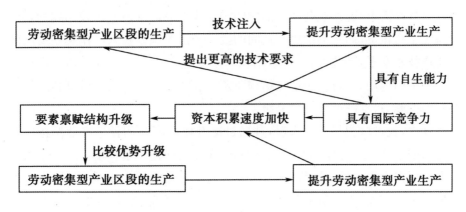

图 6.6 林氏逻辑下贸易结构与产业结构的联动机理图

林毅夫(2007)的"比较优势"经济发展战略理论在指导发展中国家贸易发展战略时具有一定道理，但在国内还是有争议的。这一套贸易结构与产业结构联动机理忽视了国际产业转移的影响，因为一个国家能够在国际产业转移的背景下,借助资本积累和技术扩散效应来突破要素禀赋的约束,实现蛙跳型跨越(陈虹,2011)。

6.2.3 全球价值链分工下的联动机理

20世纪80年代以来,国际分工以一种全新的形式呈现在世人面前,即全球价值链分工,它以生产经营活动的各个环节,如生产、销售、设计和研发等为对象,并将各个价值链分配到不同的国家和地区,以追求最大化的利润。这样一来,一国在全球价值链中所占据的环节取代了以往的某个特定产业或最终产品,更准确地反映出该国的竞争优势(陈虹,2011)。全球化产业链条上的不同要素密集度的经营链条在不同经济水平的国家之间梯度转移,就形成了国际产业转移。在不断深入的经济全球化背景下,各国的产业越来越以模块化的形式发展,即不同经济发展水平的国家越来越集中发展其具有竞争优势的产业链,如零部件和中间产品的生产,产品的研发和加工组装,销售和售后服务等,使得贸易结构与产业结构之间的关系变得更加复杂。

1. 对外贸易结构对产业结构的影响

对外贸易活动包括出口贸易和进口贸易,这两个部分的经济活动对产业结构的优化升级均能产生一定程度的影响。

首先,就出口贸易活动来看,其通过国际产业联系对产业结构的投入产出关系产生一定的作用。外贸活动能够加强各国不同产业间的联系,出口贸易作为外部需求,能够改变产品的中间需求或最终需求而使产业结构的供求关系发生变化,进而影响国内产业间的投入产出关系。投入产出关系反映的是生产技术水平,因此,出口贸易结构以改变生产技术水平的渠道对产业结构所产生的作用,既有利于消除结构瓶颈,使产业结构更为合理,又能够提高结构转换能力,推动产业结构升级。

其次,就进口贸易活动来看,其通过提升要素禀赋而促进产业结构中开放部门的发展。一方面,进口贸易结构的变化发展在一定程度上可以影响各产业的要素供给弹性,使得国内受制于现有资源禀赋的产业能够取得一定的发展。另一方面,进口贸易结构还能影响各产业产品的需求弹性,从而使得一些国内市场容量较小的产业能够在外部经济的支持下受益于规模经济效益,取得长足的进步。

综上所述,出口的拉动和进口的推动是对外贸易结构促进一个经济体产业结构升级的两种重要形式。

2. 产业结构影响对外贸易结构的路径

一般认为,作为对外贸易结构的基础,产业结构对对外贸易结构的内容具有决定性的作用,产业结构的发展变化能够直接导致对外贸易结构的发展变化(王菲,2011)。一个国家的产业结构能够反映出各产业的劳动生产率以及竞争力,在一定程度上也能对本国的外贸活动产生影响。一方面,一国的产业结构能够影响产品的国际交换,使其形成特定的对外贸易结构形式。具体来说,当某一产业产品的劳动生产率较高、国际价值大于国内价值而具有比较优势时,根据比较优势理论,出口该产品对本国经济发展更有帮助。相反地,当某一产业产品的劳动生产率较低、国际价值小于国内价值而处于劣势时,则进口该产品能够改善本国的经济状况。由此形成的对外贸易结构是产业结构的现状对贸易利益的推动作用使然。另一方面,要素转换率越高的产业,其竞争力越强,因此在国际市场上更具有生存能力,这一产业的产品往往用于出口以争夺国际市场份额,取得话语权。相反地,要素转换率较低的产业,其竞争力相对较弱,若出口该产业产品不仅难于在激烈的国际竞争环境中立足,还是对本国要素资源的浪费,因此应该通过进口的渠道获得对该产业产品的消费。

3. 全球价值链分工下对外贸易结构与产业结构的联动关系模型

综合上述关于对外贸易结构与产业结构之间的影响路径的分析,我们可以整理得到全球价值链分工下对外贸易结构与产业结构的联动机理模型,具体如图6.7所示。

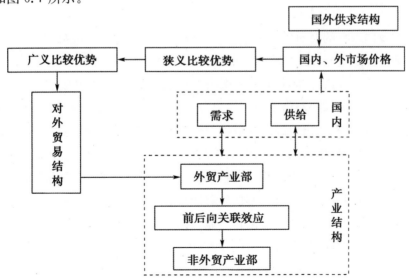

图6.7 全球价值链分工下对外贸易结构与产业结构的联动机理图

6.3 对外贸易结构与产业结构协同关系的实证分析

本章将从历年的《中国统计年鉴》和江苏、浙江、上海三省市的统计年鉴和商务年鉴中收集实证分析数据,基于结构效应检验1991—2015年我国对外贸易结构与产业结构的协同关系,并基于钱纳里半对数模型检验1999—2014年长三角三省市对外贸易结构与产业结构的协同关系。

自1978年我国实行改革开放政策至20世纪90年代初期,我国对外贸易处于起步阶段,有一定的发展但尚不成熟,而后随着改革开放的深入和扩张,外贸经济取得了显著的进步。考虑到样本容量及数据意义,本章实证分析采用的是1991—2015年我国对外贸易商品结构和产业结构相关数据,如初级产品和工业制成品进出口数据及三次产业数据,数据均取自《中国统计年鉴》。

在对长三角三省市做实证研究时,为了从不同角度更深入地分析对外贸易结构与产业结构的协同关系,本章选取了不同的数据指标做分析,其中,1999—2014年苏浙沪三省市三次产业在国内生产总值中的占比、人均国内生产总值和总人口数等均来自该三省市的统计年鉴,初级产品进出口比重和工业制成品进出口比重取自该三省市的商务统计年鉴。

6.3.1 实证设计与结果探讨

1. 指标的选取与数据的处理

在我国现有的对对外贸易结构和产业结构变化的研究成果中,关于这两项经济指标的确立,不少学者都进行了有益的探索。如,罗国勋(1999)和杨全发(1999)将经济结构的变化量化为经济总量指标中各组成部分的占比。沈利生和吴振宇(2003)借鉴投入产出分析中的两个重要概念,即带动力和推动力系数,按比重对出口部门的带动力系数和进口部门的推动力系数进行了加权求和,其结果用来表示进出口的结果,具有一定的合理性和可靠性。罗国勋(1999)、韩晶(2000)以及蓝庆新和田海峰(2002)等分解了经济总量指标的增长率,得到各组成部分的增长率对经济总量的贡献以及各部分结构的变化规律,进而研究外贸结构变化和产业结构变化在经济发展中的作用。

鉴于数据的可获性和计算方法的简单直观,本章将采用蓝庆新和田海峰(2002)的指标选取方法,以单一指标测量结构变化率直接引起经济总量指标发生的变化为标准,该数值越大,表明经济结构的变化能够造成经济总量发

生较大的变化,而该数值的变化则反映了该部分自身结构变化贡献的波动。该方法的计算公式如下所示:

假设经济总量由 n 个指标所组成,总指标为 $Y = \sum_{i=1}^{n} Y_i$,其中 Y_i 是由各个组成部分的指标值构成。对其进行全微分,即对等式两边进行时间求导,可得:

$$\frac{dY}{Y} = \sum_{i=1}^{n} \frac{dY_t}{Y} = \sum_{i=1}^{n} \frac{dY_t}{Y_i} \times \left(\frac{Y_i}{Y}\right)_{t-1} + \sum_{i=1}^{n} \frac{dY_t}{Y_i} \times \left[\left(\frac{Y_i}{Y}\right)_t - \left(\frac{Y_i}{Y}\right)_{t-1}\right]$$
(6.1)

其中: $\left(\frac{Y_i}{Y}\right)_t (i=1,2,\cdots,n)$ 表示的是 t 时期各组成部分的指标值在总指标中的比重。上式中的第一项表示在基期结构既定的条件下,各组成部分在计算期增长率的贡献;第二项表示计算期各组成部分的结构变化对增长率的贡献。按(6.1)式分解经济总量指标,分解后可以近似用如下的(6.2)式来衡量总增长率中的结构变化效应,即:

$$总增长率变化 = \sum_{i=1}^{n} \frac{\Delta Y_{it}}{Y_{i,t-1}} \times \left[\left(\frac{Y_i}{Y}\right)_t - \left(\frac{Y_i}{Y}\right)_{t-1}\right] \quad (6.2)$$

从(6.2)式中可以看到,结构变化效应选取各部门的增长速度来度量其在经济总量中的权重,进而对各部门的比重变化进行加权求和,充分考虑了增长速度不同的部门,比重的变化对总量增长速度造成的影响具有一定差异性的情况。决定结构变化效应的因素有以下两个:一个是各组成部分的增长速度,另一个是各组成部分在总量中比重的变动,比重增高的部分该项为正,比重降低的部分该项为负。尽管有些部分自身的增长速度为正,但其比重却不断降低,其结构效应的贡献仍然是负的;而有些部分的增长速度为正,并且比重也在不断增高,则该部分的结构效应的贡献为正;而一些增长速度很快但比重无明显变化的部分,对结构效应并没有显著的影响。据此可以说明,当结构变化效应值较大时,总量指标中那些具有较快发展速度的组成部分的比重往往也是在持续提高的。结合我国的经济发展状况,可以得到:产业结构方面,由于第二产业和第三产业发展得较快,而且它们占国民经济的比重也在不断地提高,因而极大地促进了产业结构的变化;对外贸易结构方面,进出口总额中的工业制成品增长较快,其比重也在不断提高,从而对我国进出口结构的变化具有重要的影响。

基于上述分析,本章将用于后文实证分析的对外贸易结构和产业结构指标量化如下:

$$进口结构变化 = \sum_{i=1}^{n} \frac{\Delta IM_{it}}{IM_{i,t-1}} \times \left[\left(\frac{IM_i}{IM}\right)_t - \left(\frac{IM_i}{IM}\right)_{t-1} \right] \quad (6.3)$$

$$出口结构变化 = \sum_{i=1}^{n} \frac{\Delta x_{it}}{x_{i,t-1}} \times \left[\left(\frac{x_i}{x}\right)_t - \left(\frac{x_i}{x}\right)_{t-1} \right] \quad (6.4)$$

$$产业结构变化 = \sum_{i=1}^{n} \frac{\Delta Y_{it}}{Y_{i,t-1}} \times \left[\left(\frac{Y_i}{Y}\right)_t - \left(\frac{Y_i}{Y}\right)_{t-1} \right] \quad (6.5)$$

其中:$\left(\frac{IM_i}{IM}\right)_t$ 表示第 t 年总进口额中第 i 种产品的进口额占比;$\left(\frac{x_i}{x}\right)_t$ 表示第 t 年总出口额中第 i 种产品的出口额占比;$\left(\frac{Y_i}{Y}\right)_t$ 表示第 t 年总生产总值中第 i 产业生产总值的占比;$\frac{\Delta IM_{it}}{IM_{i,t-1}}$ 表示第 t 年第 i 种产品进口额的增长率;$\frac{\Delta x_{it}}{x_{i,t-1}}$ 表示第 t 年第 i 种产品出口额的增长率;$\frac{\Delta Y_{it}}{Y_{i,t-1}}$ 表示第 t 年第 i 产业生产总值的增长率。

表 6.1 是采用上述数据处理方法得到的,包括我国进出口和产业增长率及其分解的结构变化效应等各项指标,用 Expchange,Impchange 和 Induchange 来分别表示出口结构变化效应、进口结构变化效应和产业结构变化效应。

表 6.1 1991—2015 年我国进出口和产业增长率及其分解的结构变化效应

年份	出口增长率	出口结构变化效应	进口增长率	进口结构变化效应	产业增长率	产业结构变化效应
1991	0.157060	0.588714	0.195820	0.175529	0.165989	0.004640
1992	0.182300	0.408591	0.263266	0.025657	0.235799	0.005015
1993	0.080104	0.231645	0.290054	0.725269	0.311780	0.005940
1994	0.318953	0.313242	0.112121	0.032783	0.363418	0.000026
1995	0.229526	0.307310	0.142447	1.669289	0.261165	0.000294
1996	0.015244	0.000456	0.051096	0.001810	0.170749	0.000078
1997	0.210158	0.194250	0.025477	0.216516	0.110027	0.001776

续表

年份	出口增长率	出口结构变化效应	进口增长率	进口结构变化效应	产业增长率	产业结构变化效应
1998	0.005 033	0.335 945	−0.014 982	0.856 967	0.068 751	0.002 033
1999	0.061 068	0.091 364	0.181 564	0.002 287	0.063 019	0.001 457
2000	0.278 416	0.000 024	0.358 451	2.082 877	0.107 279	0.001 793
2001	0.067 796	0.011 825	0.082 006	0.258 521	0.105 534	0.001 054
2002	0.223 594	0.175 936	0.211 933	0.346 754	0.097 907	0.000 631
2003	0.345 926	0.113 623	0.398 381	0.088 009	0.129 025	0.001 099
2004	0.353 921	0.227 963	0.359 698	0.999 043	0.177 688	0.000 551
2005	0.284 206	0.032 027	0.175 907	0.157 483	0.157 431	0.001 724
2006	0.271 703	0.199 217	0.199 269	0.109 758	0.171 470	0.001 120
2007	0.259 120	−0.006 004	0.208 038	0.209 607	0.231 472	0.000 499
2008	0.172 642	0.071 530	0.184 551	2.699 241	0.182 373	0.000 006
2009	−0.160 119	0.006 519	−0.111 820	0.414 808	0.092 534	0.001 160
2010	0.313 032	0.001 915	0.388 022	0.346 542	0.183 192	0.000 121
2011	0.203 217	0.003 466	0.248 695	0.749 765	0.184 660	0.000 011
2012	0.079 190	0.032 395	0.042 972	0.003 074	0.104 367	0.000 760
2013	0.078 239	0.000 635	0.072 363	0.064 505	0.101 555	0.001 051
2014	0.060 339	0.000 459	0.004 741	0.023 809	0.081 865	0.002 274
2015	−0.029 383	0.012 196	−0.142 745	0.936 001	0.070 000	0.002 291

注：表中数据由 2015 年《中国统计年鉴》中相关经济变量指标经上式(6.3)、(6.4)和(6.5)计算得到。

根据表 6.1 中的指标数据得到我国 1991—2015 年进出口结构变化和产业结构变化关系趋势如图 6.8 所示。从中可以看出：第一，20 世纪 90 年代初期出口结构变化效应较大，其主要原因在于，中国自 1985 年起开始实行出口退税的贸易政策，对我国出口贸易活动起到了极大的促进作用；第二，历年来的进口结构呈波状变动，其间有过三次大的波峰，分别出现在 1995 年、2000 年和 2008 年；第三，总体来看，1991—2015 年我国产业结构变化趋势较为平缓，各年份产业结构变化的幅度也相对不大。

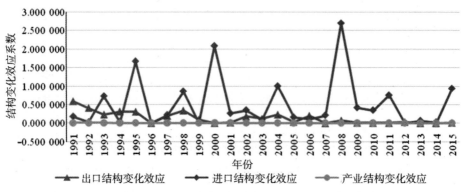

图 6.8 我国 1991—2015 年进出口结构变化和产业结构变化关系趋势图

注：数据来源于表 6.1。

2. 时间序列单位根检验

在计量经济学中，协整理论是一种使用广泛的数据分析工具，主要作用在于其可以检验时间序列之间是否存在长期的稳定关系，从而规避伪回归现象，即尽管两个时间序列之间没有任何有意义的关联，但却仍然得出很高的相关值。协整理论通常包括单位根检验、协整关系检验、误差修正检验几个步骤，这里将对进出口结构变化效应和产业结构变化效应共三条时间序列数据进行单位根检验，采用 ADF 方法，使用 Enviews 软件检验，得到表 6.2。从检验结果来看，在 1% 的显著水平下，我国进出口结构变化效应的时间序列均拒绝了原假设，因而是平稳的，而产业结构变化效应原序列存在单位根，因而不能拒绝原假设，即该序列不平稳。进一步检验可得，有关出口结构、进口结构和产业结构三个变量的一阶差分序列均在 1% 的统计水平下显著地拒绝了原假设。因此，进出口结构变化效应序列和产业结构变化效应序列均是一阶单整的，满足协整关系检验的要求。

表 6.2 我国进出口结构变化与产业结构变化平稳性的 ADF 检验结果

变量	1%临界值	5%临界值	10%临界值	ADF 值	Prob.	是否平稳
$Expchange$	−4.394 3	−3.612 2	−3.243 1	−4.980 0	0.002 8	是
$Impchange$	−4.394 3	−3.612 2	−3.243 1	−6.122 1	0.000 2	是
$Induchange$	−4.294 3	−3.612 2	−3.243 1	−2.737 3	0.231 7	否
$\Delta Expchange$	−4.416 3	−3.622 0	−3.248 6	−7.006 3	0.000 0	是
$\Delta Impchange$	−4.416 3	−3.622 0	−3.248 6	−8.866 7	0.000 0	是
$\Delta Induchange$	−4.416 3	−3.622 0	−3.248 6	−5.954 9	0.000 4	是

注：Δ 表示一阶差分项。

3. 时间序列协整检验

协整关系检验的主要目的在于判断变量之间是否存在着长期均衡的稳定关系,以此明确变量经过线性组合之后平稳程度的变动性质。前文的检验结果显示进出口结构变化效应和产业结构变化效应是一阶单整的时间序列,能够进行协整关系检验。这里采用极大似然估计方法得到如表 6.3 所示的检验结果。由表中的结果看出,对进出口结构变化效应和产业结构变化效应的时间序列进行 Johansen 协整检验得到的结果是,零假设 $r=0$、$r\leqslant 1$ 和 $r\leqslant 2$ 等均被拒绝,说明这三个变量之间确实存在长期稳定的关系。下文将分别对进出口结构变化效应和产业结构变化效应的关系进行检验。

表 6.3 我国对外贸易结构变化效应和产业结构变化效应时间序列的 Johansen 协整检验结果

特征值	零假设	备择假设	似然比统计量	5%临界值	1%临界值
0.589 4	$r=0$	$r=1$	44.667 9	29.797 1	35.458 2
0.435 6	$r\leqslant 1$	$r=2$	24.197 1	15.494 7	19.937 1
0.381 2	$r\leqslant 2$	$r=3$	11.039 7	3.841 5	6.634 9

4. 产业结构变化效应对进出口结构变化效应的实证分析

构建产业结构变化效应($Induchange$)和出口结构变化效应($Expchange$)及进口结构变化效应($Impchange$)之间的回归模型时,将($Induchange$)作为因变量,分别将 $Expchange$ 和 $Impchange$ 作为自变量,建立如下计量模型:

$$Induchange = C + \alpha Expchange + \varepsilon_t \quad (6.6)$$

$$Induchange = C + \alpha Impchange + \varepsilon_t \quad (6.7)$$

基于此,拟合表 6.1 中产业结构变化效应对进出口结构变化效应的数值得到表 6.4 中的回归结果。在结果(1)中,出口结构的变化效应系数显著为正而 R^2 值较小,说明当期出口贸易结构的升级推动了产业结构的优化,但该关系的拟合度并不是很高。在结果(2)中,进口结构的变化效应系数未能通过 T 检验,说明在当期,进口结构变化效应对于产业结构变化效应并没有显著的作用。在结果(3)中,其滞后 5 期的进口结构变化效应仍未通过 T 检验。因此,推断以进口为导向的贸易政策对产业结构的调整没有明显的效果。

表 6.4　基于结构效应的我国产业结构变化效应对进出口结构变化效应的回归结果

因变量	Induchange		
	(1)	(2)	(3)
常数项	0.000 8**	0.001 7***	0.000 9***
	(2.236 1)	(4.127 9)	(4.370 2)
$Expchange$	0.005 1***		
	(0.001 8)		
$Impchange$		−0.000 4	
		(−0.672 1)	
$Impchange(-5)$			0.000 3
			(1.408 0)
R^2	0.264 7	0.019 3	0.099 2
F 值	8.281 6	0.451 7	1.982 4

注：括号内数字为估计系数的 t 值；***、** 和 * 分别代表在 1%、5% 和 10% 的水平上显著。

5. 进出口结构变化效应对产业结构变化效应的实证分析

采用同样的回归方法得到我国进出口贸易结构变化效应对产业结构变化效应的回归结果，如表 6.5 所示。在结果(1)中，其检验了我国出口结构变化效应对产业结构变化效应的回归关系，结果得到产业结构变化效应的系数显著为正，说明当期的产业结构的优化明显地促进了我国出口贸易结构的升级。结果(2)和(3)则分别检验了我国进口结构变化效应对当期和滞后 5 期的产业结构变化效应的回归关系，结果得到不管是当期抑或滞后 5 期的产业结构变化效应系数均未通过 T 检验，表明我国产业结构的发展过程对进口贸易结构的调整并没有显著的影响。

表 6.5　基于结构效应的我国进出口结构变化效应对产业结构变化效应的回归结果

因变量	$Expchange$	$Impchange$	
	(1)	(2)	(3)
$Induchange$	52.083 1***	−61.695 1	
	(2.877 8)	(−0.672 1)	
$Induchange(-5)$			−36.358 6
			(−0.367 7)
Constant	0.056 3	0.620 1***	0.584 8**
	(1.446)	(3.141 0)	(2.598 9)
R^2	0.264 7	0.019 3	0.007 5
F 值	8.281 6	0.451 7	0.135 2

注：括号内数字为估计系数的 t 值；***、** 和 * 分别代表在 1%、5% 和 10% 的水平上显著。

6.3.2 进一步探讨：以苏浙沪为例

上文从国家层面系统地分析了对外贸易结构变化效应和产业结构变化效应之间的关系，得出出口贸易结构与产业结构具有相互促进的协同关系，而进口贸易结构与产业结构之间的关联不大的结果。而这些只是宏观层面的分析，为了更深入、更具体地分析对外贸易商品结构对产业结构变化的影响，本章选取了经济具有较大活力和潜力、在我国对外贸易活动中占据重要位置和做出重大贡献的长江三角洲——江苏、浙江、上海三省市1999—2014年三次产业的占比、初级产品和工业制成品的进出口比重、人均国内生产总值和年度总人口的最新面板数据做区域性的对外贸易结构与产业结构关系的实证分析。这里需要说明的是，由于江苏和浙江两省2015年的对外贸易商品结构数据，即初级产品和工业制成品的进出口比重还不能完全、准确地被收集和可靠地计量。为了统一口径，选取的数据只截止到2014年，即下文将针对江苏、浙江和上海三省市1999—2014年的对外贸易商品结构和产业结构的协同关系做实证分析。

1. 面板数据单位根检验

为了避免伪回归，保证估计结果的有效性，这里首先对面板数据进行单位根检验，而后进行协整检验，最后再构建模型进行回归分析。目前，对面板数据进行单位根检验的方法主要包括以下五种：LLC、Im、Pesaran and Shin、ADF-Fisher和PP-Fisher等。其中，LLC检验以存在普遍的单位根过程为原假设(H_0)，Im、Pesaran and Shin、ADF-Fisher和PP-Fisher等检验方法则以存在有效的单位根过程为原假设(H_0)。本章将同时选用ADF和LLC这两种单位根检验方法，对1999—2014年江苏、浙江、上海三省市三次产业的占比、人均国内生产总值、年度总人口以及初级产品和工业制成品的进出口比重的面板数据进行分析，以规避单一方法可能存在的误差。检验结果如表6.6所示。

从检验结果来看，只有IM_1和IM_2两个变量在ADF检验中拒绝了存在单位根的假设，同时只有IM_1、IM_2、EX_1和EX_2等四个变量在LLC检验中拒绝了存在单位根的假设。因此，有必要继续对全部变量的一阶差分序列进行单位根检验。从所得到的检验结果来看，所有变量在这两种单位根检验方法下的统计检验值均低于显著水平下的临界值，因而表中变量均是一阶单整的，满足协整检验的要求，可以进行下一步回归。

表 6.6 面板单位根检验结果

变量	ADF 检验		LLC 检验	
	ADF 统计量	Prob.	LLC 统计量	Prob.
$\ln YS_1$	1.773 8	0.939 3	0.283 4	0.611 6
$\ln YS_2$	0.325 4	0.999 4	0.900 8	0.816 1
$\ln YS_3$	3.628 2	0.726 8	0.438 0	0.669 3
$\ln Y$	0.716 8	0.994 1	1.918 2	0.972 5
$\ln N$	1.130 1	0.980 2	2.421 0	0.992 4
$(\ln N)^2$	0.819 8	0.991 5	2.575 2	0.995 0
$\ln IM_1$	16.306 8	0.012 2	-2.133 9	0.016 4
$\ln IM_2$	16.233 7	0.012 6	-4.369 7	0.000 0
$\ln EX_1$	8.699 7	0.191 2	-2.292 2	0.010 9
$\ln EX_2$	8.813 4	0.184 3	-3.390 6	0.000 3
$\Delta\ln YS_1$	25.765 8	0.000 2	-3.182 4	0.000 7
$\Delta\ln YS_2$	19.765 6	0.003 0	-5.997 2	0.000 0
$\Delta\ln YS_3$	17.294 3	0.008 3	-4.335 6	0.000 0
$\Delta\ln Y$	10.742 4	0.096 7	-2.602 1	0.004 6
$\Delta\ln N$	24.645 4	0.000 4	-4.631 4	0.000 0
$\Delta(\ln N)^2$	23.637 6	0.000 6	-4.442 6	0.000 0
$\Delta\ln IM_1$	18.887 9	0.004 4	-2.191 2	0.014 2
$\Delta\ln IM_2$	21.637 4	0.001 4	-4.736 4	0.000 0
$\Delta\ln EX_1$	17.770 9	0.006 8	-3.613 1	0.000 2
$\Delta\ln EX_2$	17.850 1	0.006 6	-3.645 5	0.000 1

注：Δ 表示一阶差分项。

2. 面板数据协整检验

这一部分将对苏浙沪1999—2014年三次产业的占比以及初级产品和工业制成品的进出口占比进行面板数据的协整检验，以明晰产业结构和贸易结构之间的长期均衡关系。基于此，本章采用Kao方法进行面板协整检验，所得结果如表6.7所示。

由检验结果可知，第一产业在国民经济中的占比与初级产品在进口商品总额中的比重存在着长期平稳的协整关系。同样地，初级产品进口比重与第三产业在国内生产总值中的占比也存在着长期平稳的协整关系。另外,第二产业占国内生产总值的比重与初级产品进口比重和工业制成品进出口比重均存在着长期平稳的协整关系。

表 6.7　产业结构与对外贸易商品结构的 Kao 面板协整检验结果

	$\ln YS_1$	$\ln YS_2$	$\ln YS_3$
	ADF		
$\ln IM_1$	−2.188 3**	0.740 7	−2.521 7***
	(0.014 3)	(0.229 4)	(0.005 8)
$\ln IM_2$	0.426 3	1.449 6*	−1.029 0
	(0.335 0)	(0.073 6)	(0.151 8)
$\ln EX_1$	−0.161 0	2.457 9***	1.031 9
	(0.436 0)	(0.007 0)	(0.151 1)
$\ln EX_2$	−0.049 4	2.432 4***	0.413 7
	(0.480 3)	(0.007 5)	(0.339 5)

注:括号内数字为估计系数的 t 值;***、**和*分别代表在 1%、5% 和 10% 的水平上显著。

3. 面板数据半对数模型的设计说明

半对数方程最早是由钱纳里和塞尔昆(1988)在《发展的型式:1950—1970 年》一书中提出,构建的目的是研究经济结构的影响因素及相互之间的联系,其具体的表达式为

$$X = \alpha + \beta_1 \ln Y + \beta_2 (\ln Y)^2 + \gamma_1 \ln N + \gamma_2 (\ln N)^2 + \sum \delta_i T_j + \theta F \tag{6.8}$$

其中:X 表示的是经济结构,其数值为某一产业的产值在 GDP 中所占的比重;Y 为人均 GDP;N 为人口数(百万);F 为一国的净资源流入,即进口与出口差额;T 为时间变量;j 表示考量的各个时期($j=1,2,3,4$)。这里将略去上述模型中的时间变量 t,同时将净资源流入这一变量改用分类商品的进出口额代替,来对对外贸易结构与产业结构之间的关系进行实证检验。改进后,可以得到本章的回归模型,如下所示:

$$\ln(YS_{it}) = \beta_1 + \beta_2 \ln Y_t + \beta_3 \ln N_t + \beta_4 (\ln N_t)^2 + \beta_5 \ln IM_{it} + \varepsilon_t \tag{6.9}$$

$$\ln(YS_{it}) = \beta_1 + \beta_2 \ln Y_t + \beta_3 \ln N_t + \beta_4 (\ln N_t)^2 + \beta_5 \ln EX_{it} + \varepsilon_t$$

(6.10)

其中：$YS_{it}(i=1,2,3)$ 为三次产业产值在 GDP 中所占的比重；Y_t 为人均 GDP(元)；N_t 为年底总人口(万人)；IM_{it}、EX_{it} 分别表示初级产品($i=1$)、工业制成品($i=2$)的进口和出口比重；ε_t 为随机误差项。

4. 长三角地区三次产业结构对对外贸易商品结构的实证分析

本章采用面板数据的固定效应模型(FE)进行回归,得到以长江三角洲三省的三次产业比重为被解释变量的拟合结果。为了更为清晰地厘清各产业与对外贸易结构之间的作用关系,本部分将分别列出第一产业、第二产业和第三产业对初级产品、工业制成品进出口结构的回归结果。

(1) 第一产业与对外贸易商品结构关系的实证结果

表 6.8 是关于长三角地区第一产业在 GDP 中的比重对对外贸易商品结构的回归结果。从表中可以看到,各模型调整后的 R^2 值都在 98% 以上,拟合度很高,且由 F 检验可知,方程的显著性也较高。

观察各变量系数,可以得到以下结论：第一,第一产业在 GDP 中的比重与初级产品在进口商品总额中的比重呈显著的正相关关系；第二,第一产业在 GDP 中的比重与工业制成品在进口商品总额中的比重呈显著的负相关关系；第三,第一产业在 GDP 中的比重与初级产品在出口商品总额中的比重呈显著的正相关关系；第四,第一产业在 GDP 中的比重与工业制成品在出口商品总额中的比重呈显著的负相关关系；第五,在控制变量方面,人均国内生产总值对第一产业的占比具有显著的负面影响,即人均国内生产总值的提高会降低第一产业在国民经济中的比重。其中,初级产品的出口比重增加导致第一产业占比增加和工业制成品的出口比重增加导致第一产业在 GDP 中比重下降的实证结果都反映了产业结构在对外贸易结构中的支撑性作用。而初级产品进口比重对第一产业在 GDP 中比重的正效应和工业制成品进口比重对第一产业在 GDP 中比重的负效应则很有可能与当地的对外贸易政策及产业政策相关。例如,当某一产业产品的消费过度依赖进口时,将对本土产业发展造成压力,带来竞争,因此,出于扶持和保护本地产业的目的,上述实证的结果确实有存在的可能性。

表 6.8 基于半对数模型的长三角地区第一产业比重对对外贸易商品结构的回归结果

变量	ln YS$_1$			
	(1)	(2)	(3)	(4)
Constant	22.8180	5.3818	59.0079**	116.2828***
	(0.9254)	(−0.2213)	(2.4014)	(3.3668)
ln Y	−0.3624***	−0.3014***	−0.3185***	−0.4307***
	(−4.0740)	(−3.5766)	(−3.7623)	(−4.7538)
ln N	−2.7521	3.8790	−12.8427*	−21.5987**
	(−0.4170)	(0.5802)	(−1.9405)	(−2.6953)
(ln N)^2	0.0652	−0.3812	0.7512	1.34170**
	(0.1459)	(−0.8423)	(1.6744)	(2.4709)
ln IM$_1$	0.2727***			
	(2.8538)			
ln IM$_2$		−1.4825***		
		(−3.6802)		
ln EX$_1$			0.2631***	
			(3.5531)	
ln EX$_2$				−5.2667***
				(−3.3454)
Adj-R^2	0.9898	0.9909	0.9907	0.9904
F-Statistic	764.6693	849.4387	835.0069	812.5033
Prob(F-Statistic)	0.0000	0.0000	0.0000	0.0000

注：括号内数字为估计系数的 t 值；***、** 和 * 分别代表在 1%、5% 和 10% 的水平上显著。

(2) 第二产业与对外贸易商品结构关系的实证结果

表 6.9 是关于长三角地区第二产业在 GDP 中比重对对外贸易商品结构的回归结果，从表中可以看到，各模型调整后的 R^2 值都在 75%~85% 之间，具有一定的拟合度。同样，由 F 检验可知，方程的显著性也较高。

观察各变量系数，可以得到以下结论：第一，第二产业在 GDP 中的比重与初级产品在进口商品总额中的比重呈显著的负相关关系；第二，第二产业在 GDP 中的比重与工业制成品在进口商品总额中的比重呈显著的正相关关系；第三，第二产业在 GDP 中的比重与初级产品在出口商品总额中的比重呈显著的负相关关系;第四,第二产业在 GDP 中的比重与工业制成品在出口商品总额中的比重呈显著的正相关关系;第五,在控制变量方面,人均国内生产总值对第二产业的比重具有一定的正向效应,即人均国内生产总值的提高能够增加第二产业在 GDP 中的占比,这与人均 GDP 推动产业升级的经济学意义相吻合。进出口商品贸易结构对第二产业占 GDP 比重的影响效应与第一产业的解释类似,这里不再赘述。

表6.9 基于半对数模型的长三角地区第二产业比重对对外贸易商品结构的回归结果

变量	$\ln YS_2$			
	(5)	(6)	(7)	(8)
Constant	8.792 9	11.431 1	−14.192 1	−45.347 8***
	(0.727 6)	(0.843 2)	(−1.280 6)	(−2.710 0)
$\ln Y$	0.044 9	0.018 2	0.018 4	0.084 4*
	(1.029 9)	(0.386 7)	(0.481 4)	(1.922 5)
$\ln N$	−0.598 6	−1.910 7	5.821 2*	10.319 6**
	(−0.185 1)	(−0.512 7)	(1.950 3)	(2.658 0)
$(\ln N)^2$	0.001 0	0.089 3	−0.435 5**	−0.738 5***
	(0.004 6)	(0.354 1)	(−2.152 4)	(−2.807 0)
$\ln IM_1$	−0.158 4***			
	(−3.382 2)			
$\ln IM_2$		0.448 1*		
		(1.995 5)		
$\ln EX_1$			−0.172 1***	
			(−5.154 8)	
$\ln EX_2$				3.049 9***
				(3.998 5)
Adj-R^2	0.790 9	0.756 3	0.837 8	0.807 6
F-Statistic	30.636 7	25.308 1	41.449 7	33.886 9
Prob(F-Statistic)	0.000 0	0.000 0	0.000 0	0.000 0

注:括号内的数字为估计系数的 t 值;***、**和*分别代表在1%、5%和10%的水平上显著。

(3) 第三产业与对外贸易商品结构关系的实证结果

表 6.10 是关于长三角地区第三产业比重对外贸商品结构的拟合结果，从中可以看到，各模型调整后的 R^2 值都在 90% 以上，拟合度较高，另外，由 F 检验可知，方程的显著性较高。

观察各变量系数，可以得到以下结论：第一，与第一产业和第二产业不同，第三产业在 GDP 中的比重并不显著受到所有对外贸易商品结构变量的作用；第二，第三产业在 GDP 中的比重与初级产品的进出口的比重呈显著的正相关关系；第三，第三产业在 GDP 中的比重与工业制成品在出口商品总额中的比重呈显著的负相关关系。在控制变量方面，总人口数对第三产业的占比具有一定的反向效应，即总人口数的增加会减少第三产业在 GDP 中的比重。其中，初级产品进出口比重对第三产业在 GDP 中占比的正向影响是以往研究中未曾出现的实证结果，这可能与第三产业的内容有关。一般来说，第三产业包含高端层次和低端层次两种水平。高端层次第三产业主要指金融贸易等，低端层次第三产业则主要指一些劳动服务或技术含量较低的活动。这里得到的结果可能在于第三产业发展相对滞后，还停留在中低层水平，没有体现出高端性，因而导致初级产品的进出口提高能够对第三产业在 GDP 中比重的提升起到一定的促进作用。

表 6.10 基于半对数模型的长三角地区第三产业比重对外贸商品结构的回归结果

变量	$\ln YS_3$			
	(9)	(10)	(11)	(12)
Constant	13.871 7	13.947 6	29.238 4***	40.101 6***
	(1.397 5)	(1.287 0)	(3.253 3)	(2.790 7)
$\ln Y$	0.040 4	0.053 4	0.056 5*	0.022 9
	−1.128 3	(1.422 1)	(1.823 8)	(0.607 7)
$\ln N$	−3.279 6	−3.074 3	−7.585 1***	−8.59 5**
	(−1.234 5)	(−1.031 8)	(−3.133 6)	(−2.578 0)
$(\ln N)^2$	0.237 5	0.223 7	0.530 4***	0.597 4**
	(1.319 6)	(1.109 0)	(3.232 2)	(2.644 5)
$\ln IM_1$	0.087 6**			
	(2.278 7)			

续表

变量	$\ln YS_3$			
	(9)	(10)	(11)	(12)
$\ln IM_2$	−0.163 3			
	(−0.909 6)			
$\ln EX_1$			0.121 3***	
			(4.479 2)	
$\ln EX_2$				−1.453 9**
				(−2.219 6)
Adj-R^2	0.942 2	0.936 2	0.956 3	0.941 9
D-W	0.747 7	0.594 8	1.067 9	0.698 6
F-Statistic	128.684 2	115.877 9	172.310 7	127.903 8
Prob(F-Statistic)	0.000 0	0.000 0	0.000 0	0.000 0

注：括号内数字为估计系数的 t 值；***、**和*分别代表在1%、5%和10%的水平上显著。

5. 长三角地区对外贸易商品结构对三次产业结构的实证分析

这里仍然采用面板数据的固定效应模型（FE）进行回归，可以得到以长江三角地区三省市的对外贸易商品结构为被解释变量的回归结果。为了更清晰地阐明不同部门的商品贸易结构和与产业结构之间的内在关系，下文将分别列出进口部门初级产品、工业制成品结构及出口部门初级产品、工业制成品结构对第一产业、第二产业和第三产业结构的回归结果。

（1）进口部门商品贸易结构与三次产业结构的实证结果

表 6.11 是关于长三角地区进口部门初级产品和工业制成品结构对第一产业、第二产业和第三产业结构的拟合结果，从中可以看到，各模型调整后的 R^2 值都在 70%~85%之间，具有一定的拟合度，且由 F 检验可知，方程的显著性也较高。

观察各变量系数，可以得到以下结论：第一，初级产品在进口商品总额中的比重与第一和第二产业在 GDP 中的比重存在显著的负相关关系，而与第三产业在 GDP 中的比重存在显著的正相关关系；第二，工业制成品在进口商品总额中的比重与第一产业和第二产业在 GDP 中的比重存在显著的正相关关系，而与第三产业在 GDP 中的比重存在显著的负相关关系。

从以上结论得到，三次产业对初级产品和工业制成品的进口贸易结构的作用效果正好相反,这在一定程度上反映了这两类产品在劳动力、生产要素等各项资源上存在着相互掠夺性。第三产业在 GDP 中的比重对初级产品进口结构的正向效应和对工业制成品进口结构的负向效应再一次印证了目前第三产业发展的低层次性问题。

表 6.11 基于半对数模型的长三角地区进口商品贸易结构对产业结构的回归结果

变量	$\ln IM_1$			$\ln IM_2$		
	(1)	(2)	(3)	(4)	(5)	(6)
Constant	3.041 5***	8.294 1***	−3.008 9***	4.356 2***	3.409 2***	5.617 9***
	(−27.853 9)	(6.299 0)	(−3.044 1)	(164.657 5)	(10.151 4)	(22.278 7)
$\ln YS_1$	−0.252 5***			0.052 2***		
	(−3.141 9)			(2.679 4)		
$\ln YS_2$		−1.430 1***			0.260 1***	
		(−4.242 4)			(3.025 0)	
$\ln YS_3$			1.508 2***			−0.314 7***
			(5.786 3)			(−4.731 9)
Adj-R^2	0.762 5	0.793 6	0.834 9	0.724 5	0.734 7	0.787 6
F-Statistic	51.295 4	61.245 6	80.203 6	42.198 4	44.389 0	59.100 5
Prob(F-Statistic)	0.000 0	0.000 0	0.000 0	0.000 0	0.000 0	0.000 0

注:括号内数字为估计系数的 t 值,***、** 和 * 分别代表在 1%、5% 和 10% 的水平上显著。

(2) 出口部门商品贸易结构与三次产业结构的实证结果

表 6.12 是关于长三角地区出口部门初级产品和工业制成品结构对第一产业、第二产业和第三产业结构的拟合结果。由 F 检验可知方程的显著性较高,但只有模型(7)的拟合度较好。

观察各变量系数,可以得到以下结论:第一,初级产品在出口商品总额中的比重与第一产业在 GDP 中的比重存在显著的正相关关系,与第三产业在 GDP 中的比重存在显著的负相关关系,而与第二产业的比重不存在显著的相关性;第二,工业制成品在出口商品总额中的比重与第一产业在 GDP 中的比重存在显著的负相关关系,与第三产业在 GDP 中的比重存在显著的正相关关系,而与第二产业的比重不存在显著的相关性。

从以上结论得到,第一产业在 GDP 中的比重对初级产品出口贸易结构的促进作用体现了我国产业结果对出口贸易的基础性支撑作用。然而,第二产业在GDP中的比重并未对工业制成品的出口贸易结构起到促进作用,这可能与我国第二产业结构失衡的现象有关。目前,第二产业仍然以高能耗、低技术含量、低附加值的加工业务为主,基础产业遭遇发展瓶颈,轻纺工业面临产能过剩,制造业占有偏高比重,加工业存在水平低、规模小且建设重复等问题,总体水平还远远达不到高新技术产业的标准,导致产品在国际市场上竞争力不足。即弱化的实体经济使得第二产业无法提供有效的优化商品出口结构的动力,从而解释了为何实证检验的结果与普遍认知存在偏差。

表6.12 基于半对数模型的长三角地区出口商品贸易结构对产业结构的回归结果

变量	$\ln EX_1$			$\ln EX_2$		
	(7)	(8)	(9)	(10)	(11)	(12)
Constant	0.0938	−1.0234	8.4827***	4.6132***	4.6804***	4.1797***
	(0.7626)	(−0.4099)	(4.7828)	(643.5590)	(37.4019)	(47.4930)
$\ln YS_1$	0.7354***			−0.0323***		
	(8.1210)			(−6.1263)		
$\ln YS_2$		0.5340			−0.0281	
		(0.8356)			(−0.8775)	
$\ln YS_3$			−1.9573***			0.1031***
			(−4.1447)			(4.4435)
Adj-R^2	0.8452	0.6192	0.7218	0.7151	0.4812	0.6357
F-Statistic	86.5438	26.4781	41.6484	40.3323	15.5339	28.3339
Prob(F-Statistic)	0.0000	0.0000	0.0000	0.0000	0.0000	0.0000

注:括号内数字为估计系数的t值;***、**和*分别代表在1%、5%和10%的水平上显著。

6.4 本章小结

本章基于1978—2015年我国产业结构和贸易结构等的相关统计数据,较为全面深入地描述和分析了我国改革开放以来对外贸易结构与产业结构的发展变化过程和基本现状。同时,从观察到的经济现象推演我国对外贸易结构与产业结构可能存在的某种内在联系,据此提出相应的理论假说,为本章实证分析提供指引和基准(Benchmark)。最后,通过审视当今我国经济社会面临的内外部环境,本章揭示了对外贸易发展的不利因素以及产业结构中的各种矛盾，并给出了相应的优化建议和举措。

具体而言，本章结合我国改革开放以来对外贸易结构和产业结构的变化历程及发展现状，指出二者之间存在着潜在的内在关联性，并通过剖析对外贸易结构和产业结构在经济活动中的互动关系，阐明了二者的牵引机制。首先，本章陈述了当前经济学界比较流行的有关贸易结构与产业结构的两种联动模型——产业分工下和林氏逻辑下的贸易结构与产业结构联动关系，并分别指出这两种模型所存在的不足之处。之后，结合全球价值链分工的大背景，建立符合我国现实国情的新联动模型，并据此发现：对外贸易结构会通过提升要素禀赋的途径和国际产业的关联进而对产业结构的布局产生作用；同时，产业结构又会通过对外贸易结构获取比较利益和技术溢出效应，进而对对外贸易产生影响。这一结论为本章的实证分析提供了理论假说和检验依据。

基于此，根据现有文献的做法，本章选取了相应的数据和指标，构建了实证方程，并从以下两个层面来展开分析。首先，在宏观层面，验证了我国进出口结构变化效应与产业结构变化效应之间的协同关系，发现我国的出口贸易结构变化效应和产业结构变化效应之间存在着双向的影响关系，但进口贸易结构的变化效应与产业结构之间并不存在着显著的关系。其次，为了进一步剖析对外贸易商品结构（即，初级产品和工业制成品的进出口结构）与产业结构（即，三次产业在GDP中所占的比重）之间的相互作用关系，本章随后选取了长江三角洲地区的江苏、浙江和上海三省市作为代表性样本，采用面板数据做区域性的实证分析，结果发现：对外贸易商品结构对第一产业、第二产业结构均有显著的影响，而第三产业在GDP中的比重与工业制成品的出口结构存在着负向效应；同时，三次产业结构对进口部门商品贸易结构具有显著的作用，而第一产业和第三产业在GDP中的比重对出口部门商品贸易结构存在着显著的作用，但第二产业的比重并未对出口商品结构产生积极的作用。

本章作为承上启下的一章，对于深化理解本书的研究主旨是非常有益的。具体而言，承上的是，本章拓展了上一章的研究结论，即将国内市场规模作用于出口产品结构优化的产业基础升华至贸易基础层面，进一步完善了本土市场效应的作用链，为国内市场规模优化出口产品结构奠定了贸易基础；启下的是，本章所得出的研究结论需要进一步的微观支撑和机制分析，才能契合本书的研究主旨，即虽然本章为国内市场规模优化出口产品结构提供了贸易理论基础，但是如何将国内市场规模内嵌至出口产品结构优化的过程中，还需要进一步的剖析和阐明。

第七章

国内市场规模作用于出口产品结构优化的机制分析

7.1 国内市场规模与出口产品结构的基本现状分析

7.1.1 我国国内市场规模的发展状况

对于某一地区所拥有的市场规模的衡量,目前学术界还缺乏统一的认识和界定,学者们一般根据其研究目的而选择不同的测度方法或衡量指标。如,Carr 等(2001)在预测跨国企业知识资本模型时,用 GDP 来衡量一国或地区的市场规模。Alesina 等(2005)在研究国内市场规模和对外贸易对经济增长的作用时,用总人口和 GDP 总量来衡量各国的国内市场规模。黄玖立和李坤望(2006)在探究开放程度、市场规模和经济增长之间的关系时,以 Harris(1954)所构建的基于新经济地理学的市场潜力这个指标来测度各地区的潜在市场规模。易先忠等(2014)在本土市场规模对出口产品结构升级的研究中,使用 GDP 总额加上进口额再减去出口额来度量本土市场规模的水平值。

改革开放以来,我国每年的国内生产总值和人均 GDP 均实现了快速增长。据统计,1978 年,我国 GDP 只有 3 678.7 亿元,人均 GDP 为 384.7 元;

到 2017 年时,我国的 GDP 为 820 754.3 亿元,增长到 223.11 倍,人均 GDP 为 59 201 元,增长到 153.89 倍。目前,我国经济规模已位居全球第二位,仅次于美国。

按照"国内市场规模＝国内生产总值－出口总额＋进口总额"的公式,可以得出 2008—2017 年十年间我国的国内市场规模和其增长速度(如图 7.1 与图 7.2 所示)。从中可以看出,我国 2008 年的国内市场规模为 298 376 亿元,2017 年为 792 233 亿元,十年间增长了 165%,每年平均增速超过 10%,最高增速达 20%,从而可以看出我国国内市场规模正在逐年扩大。据近几年的数据统计,2017 年后我国的国内市场规模依然保持着持续快速增长的态势。

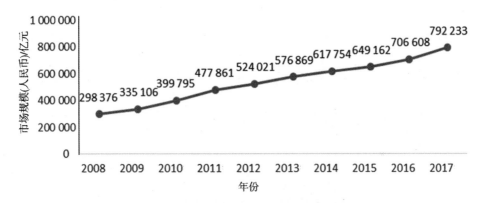

图 7.1　2008—2017 年我国的国内市场规模变化情况

数据来源:《中国统计年鉴》。

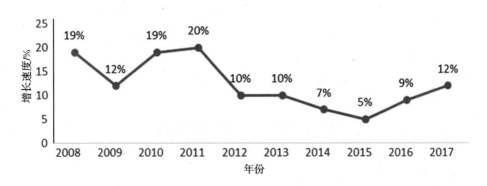

图 7.2　2008—2017 年我国国内市场规模的增长速度

数据来源:《中国统计年鉴》。

与此同时,对工业行业的市场规模进行统计。在此过程中,将规模以上工业企业分为采矿业,制造业,电力、热力、燃气及水生产和供应业等三大类,其中包括41个中型行业和692个小型行业。从表7.1中可以看出,2007—2016年制造业以及电力、热力、燃气及水生产和供应业市场规模逐年扩大,基本保持上升态势,并且制造业增长速度最快,2016年的市场规模是2007年的3倍多。制造业保持着正向增长态势,年平均增长率15%,2012年之前保持着高速增长,2012年后增长速度持续放缓。而采矿业市场规模进一步缩减,增长速度不断下降(如图7.3所示)。

表7.1 2007—2016年我国三大行业市场规模　　　　单位:亿元

	2007	2008	2009	2010	2011	2012	2013	2014	2015	2016
采矿业	22 551	31 465	31 833	43 619	57 253	60 085	60 640	58 665	47 880	44 712
制造业	273 653	348 746	396 297	507 378	619 667	685 070	781 779	849 118	872 309	922 787
电力、热力、燃气及水生产和供应业	28 028	32 023	35 951	43 827	51 264	55 711	61 180	63 096	65 065	63 752

数据来源:《中国工业统计年鉴》。

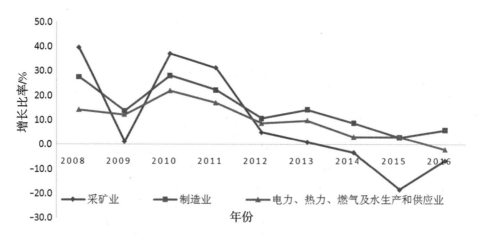

图7.3 我国工业三大行业增长比率

数据来源:《中国工业统计年鉴》。

7.1.2 我国出口产品结构的基本现状

改革开放以来,依靠出口导向型的发展战略,我国经济呈现高速发展的态势。在过去几十年内,我国出口的产品绝大部分属于劳动密集型和资源密集型产品,依靠巨大且廉价的劳动力优势在国际市场上占有一定份额。然而,伴随着中国人口红利的逐渐消逝、劳动力成本的不断上涨和对环境保护力度的不断增强,以及同类发展中国家的奋起直追,中国出口产品正在失去其价格优势和要素禀赋红利。近年来,国内外学者对中国出口产品质量这一问题进行了较为深入的研究。

Alvarez 和 Claro(2007)参照智利高度细分的进口数据来解释中国过去十几年里出口猛增的现象,认为中国出口的高速增长主要是由于其产品质量的相对提高,而非产品价格的相对降低。Xu(2010)认为近年来中国出口贸易的增长主要受益于出口产品质量的不断升级,并且出口产品质量的提升幅度与中国总体收入水平的提升幅度相当。Rodrik(2006)和 Schott(2006)认为中国出口产品质量比其收入水平所显示的要复杂得多。Rodrik(2006)强调中国出口经济的快速发展得益于比较优势、自由市场、政府政策等因素,因此中国出口复杂度更近似于高收入国家,对中国未来的增长至关重要的做法不是单纯通过价格换取出口量,而是通过提高出口产品的质量来实现出口产品的质量升级。Amiti 和 Freund(2016)对中国1992年以来的实际出口增长进行了研究,发现中国的出口结构发生了巨大变化,出口的重心由农业、服装转移到电子机械,但是若剔除加工贸易,中国制造业出口的技术含量保持不变,并认为中国出口增长伴随着专业化程度的提高,其主要原因是现有产品(密集利润率)的高出口增长,而不是新品种(广泛利润率)的增加。Pula(2012)利用离散选择模型得出中国对欧盟出口产品的质量,发现中国产品在欧盟市场上的份额大于仅凭其低平均价格所能获得的份额,质量阶梯正在上升,这主要得益于加工贸易以及全球生产网络在中国经济增长中的作用日益增强。王明益(2014a)采用嵌套 Logit 模型从总体和分行业两方面对中国制造业出口产品质量进行测度,数据表明在制造业总体质量水平保持着缓慢上升的趋势下,按要素密集度细分的各行业呈现出不同特征,资本密集型产品水平相对最高但发展不稳定,劳动密集型产品次之且上升速度较平稳,初级产品质量水平长期低于前两类产品。

近十年来,我国出口贸易额总体保持上升趋势,但增幅出现明显的下降,逐渐缓慢的增长趋势反映出我国正在减少对低水平数量扩张的依赖,并注重产品质量的提升(见表7.2)。

表 7.2 2008—2017 年中国出口贸易额及增幅状况

	2008	2009	2010	2011	2012
出口额/亿美元	100 394	82 029	107 022	123 240	129 359
增幅/%	7	−18	30	15	5
	2013	2014	2015	2016	2017
出口额/亿美元	137 131	143 883	141 166	138 419	153 311
增幅/%	6	5	−2	−2	11

数据来源：《中国统计年鉴》。

为了更好地反映我国对外经济贸易的成长规模、水平及进程的变化趋势，下面以 2000 年为基期对样本年份内主要国家的出口物量指数和出口价格指数数据进行观察（如表 7.3 和表 7.4 所示）。其中，出口物量指数作为一种相对指标能够说明全部出口商品出口量的变化情况。如图 7.4 所示，将中国与其他主要贸易国的出口物量指数进行对比，可以发现，中国的出口物量指数增长幅度较大；如图 7.5 所示，2008—2017 年中国的出口价格指数也一直呈现出连续的增长趋势，且实际增长倍数远超物量指数。可以看出中国出口增长模式已由数量主导型转变为价格主导型，出口产品的价值和技术含量正在不断增加和提升。

表 7.3 2005—2017 年世界主要国家出口物量指数（2000 年＝100）

	2008	2009	2010	2011	2012	2013	2014	2015	2016	2017
中国	450.0	402.6	517.2	562.3	597.2	647.7	684.4	680.5	690.2	738.9
美国	134.0	115.4	132.9	142.3	148.4	151.9	156.6	155.1	154.7	161.0
日本	160.6	120.8	153.9	153.0	151.5	148.5	150.8	154.1	157.7	167.1
韩国	248.7	251.0	299.9	341.2	350.8	363.7	380.4	396.5	396.0	420.9
俄罗斯	158.5	155.2	166.4	163.2	162.8	167.8	169.4	180.5	182.1	189.4
新加坡	209.0	187.3	227.0	233.4	232.3	244.6	250.3	256.5	257.7	272.3
印度	283.2	266.3	334.7	384.9	377.9	409.8	430.5	422.1	433.6	462.5

数据来源：《国际统计年鉴》。

表7.4　2005—2017年世界主要国家出口价格指数(2000年＝100)

	2008	2009	2010	2011	2012	2013	2014	2015	2016	2017
中国	573.8	481.5	634.0	762.4	822.6	886.8	939.9	912.3	841.7	908.2
美国	164.9	135.6	163.7	189.3	198.2	202.1	207.2	192.2	185.6	197.8
日本	163.0	121.2	160.6	171.8	166.6	149.1	144.0	130.4	134.5	145.7
韩国	244.9	211.0	270.7	322.3	318.0	324.9	332.4	305.8	287.6	333.0
俄罗斯	449.0	288.9	381.4	497.0	503.9	496.8	473.0	325.1	268.2	336.6
新加坡	245.4	195.8	255.3	297.2	296.4	297.7	297.0	251.5	245.3	270.8
印度	459.7	389.1	534.1	714.7	700.4	742.9	761.4	631.1	623.3	705.9

数据来源:《国际统计年鉴》。

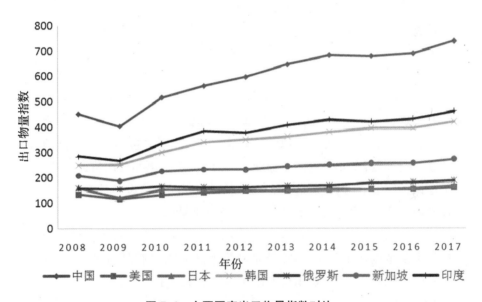

图7.4　主要国家出口物量指数对比

数据来源:《国际统计年鉴》。

根据冯伟等(2014)的方法,可将27个制造业行业分为三类:劳动密集型、资本密集型和技术密集型等。(1)劳动密集型行业:与其他行业相比,劳动投入比重相对较高的行业,主要包括木材加工业、皮革皮毛羽毛及其制品业、纺织业、纺织服装鞋帽制造业、饮料制造业、食品制造业、农副食品加工业、烟草制品业等八个细分行业。(2)资本密集型行业:资本投入量相较于其他生产要素投入比重相对较高的产业。黑色金属冶炼及压延加工业、非金属矿物制品业、橡胶和塑料制品业、文教体育用品制造业、金属制品业、家

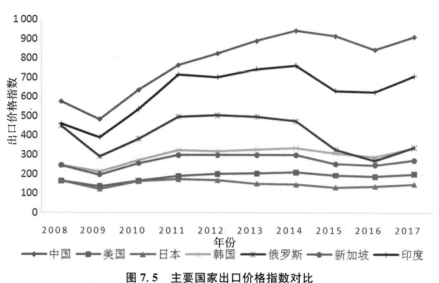

图 7.5　主要国家出口价格指数对比

数据来源：《国际统计年鉴》。

具制造业、印刷业、有色金属冶炼及压延加工业、造纸及纸制品业、石油加工冶炼及核燃料加工业这十个行业均属于资本密集型行业。(3)技术密集型行业：在生产结构中，技术知识占比较大的行业，主要包括电器机械及器材制造业、化学原料及化学制品制造业、仪器仪表及文化办公用机械制造业、交通运输设备制造业、医药制造业、专用设备制造业、通信设备计算机及其他电子设备制造业、通用设备制造业、化学纤维制造业等。

根据图 7.6 和图 7.7 可知，在制造业三大产业中，劳动密集型产业出口产品技术复杂度低于其他产业，技术密集型产业出口产品质量水平最高，并且从总体上来看，三大产业出口产品质量处于缓慢上升的态势。

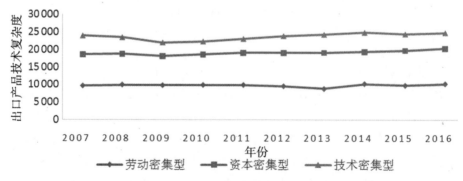

图 7.6　2007—2016 年我国制造业三大产业出口产品技术复杂度比较

数据来源：笔者自己计算。

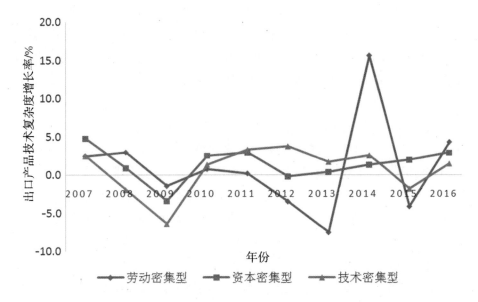

图 7.7 2007—2016 年我国制造业三大产业出口产品技术复杂度增长比率

数据来源：笔者自己计算。

7.2 国内市场规模影响出口产品结构的理论机制探析

7.2.1 来自劳动生产率的影响

Melitz(2003)对新贸易理论进行了拓展，在其理论基础上引入了企业生产率的异质性和固定进入成本，用来解释不同生产率的企业在产品质量、目标市场、利润最大化时决策的不同。企业生产率的异质性主要是指在同一行业内，企业在生产规模和生产效率上存在差异，企业的边际成本一般符合帕累托分布原则，不同企业在产品生产、销售和出口选择上也存在不同。固定进入成本即沉没成本(Sunk Cost)，是指企业在最开始进入某一行业时必须负担和支付的成本，包括固定资产、运输成本、贸易成本等，并且企业可能因为面临技术冲击、竞争不利、亏损等原因而被迫退出该行业，但这些成本是没有办法再收回的。根据异质性企业贸易理论，由于开放经济和贸易自由化的影响，市场需求的扩大和企业对利润的追求使得行业内企业数量大大增加，加剧了市场竞争；同时，伴随着行业门槛提高、企业优胜劣汰、资源优化分配等，生产率最低的企业会退出该行业，生产率居中的企业仅仅会进行对内销售,而生产率最高的企业则会内销外销兼并。这说明从事出口的企业生产率足够高,其获得利润的大小主要取决于其劳动生产率的高低。根据异质性企业贸易理论,本国国内市场规模的扩大增加了行业内进入企业的数量,加深了企业生产率的异质性,促进了劳动生产率的提升。

1. 成本收益效应

在支付固定进入成本后,企业进入行业后才得知自己的边际成本也就是生产率水平。根据成本收益效应的假设条件,企业投入的固定成本(Fixed Cost)和边际成本(Marginal Cost)即劳动生产率水平对企业是否选择进行产品质量升级有着极大影响。按照模型处于均衡状态的条件,可将企业分为三种不同的类型:边际成本较低(生产率水平足够高)企业、边际成本相对较低(生产率水平相对高)企业和边际成本较高(生产率水平较低)企业等。三类企业对于产品和市场进行不同的选择:第一类企业较高的生产率水平决定着其能够获得丰厚的利润以及能够承担起创新和技术进步所需要的固定成本投入,因此这些企业具有越来越强烈的产品质量升级和产品创新的动力,越来越高质量水平的产品不仅能满足本国市场的需要,还能出口到国外市场;第二类企业边际成本相对较低,虽然可以继续保持生产存活,但是无法进行产品质量的升级和优化,这是因为相对较低的生产率水平无法获得足够的利润来弥补和支撑升级优化所需的固定成本;第三类企业在不完全竞争的市场中由于成本压力和较低的利润率而被迫退出生产市场。总的来说,成本收益效应取决于企业劳动生产率水平,会极大地影响企业产品质量优化升级的动力状况和发展方向。

2. 技术进步效应

根据新古典经济学理论,作为衡量纯技术进步的重要指标,全要素生产率水平的提升意味着一地区或者一行业创新能力的增强和技术水平的进步。技术进步能够给该地区或行业的企业带来激励与支持,促进它们通过研发和创新,提升生产能力,缩短产品生命周期,从而带来产品质量的进一步升级。Flam 和 Helpman(1987)基于垂直产品差异化和南北贸易模型的研究发现,人口快速增长和技术进步对不同地区的产品质量和产品生命周期具有不同影响。技术水平较高、具有资本管理人才等优势的发达国家或地区生产和出口高质量水平和高技术含量的产品,而技术水平相对较落伍、资本管理人才等处于相对劣势的发展中国家或地区则生产和出口低质量水平和低技术含量的产品。发达国家作为创新国凭借着先进的技术最先开始研发和生产高质量产品,淘汰一些质量较低的产品;随着发达国家技术的不断演进、发展中国家人口的快速增长和技术的进步,发达国家选择将本国国内停止生产的低技术含量的产品转移至发展中国家,发展中国家在接收发达国家转移技术的同时依托自身的技术优势进行一些质量相对较高产品的研发。总体来看,生产率水平的提高即技术的进步对产品而言,缩短了产品的生命周期,促进产品质量升级;对地区而言,提升了发达国家和发展中国家生产和出口产品的质量。

综上所述,本章提出理论假说1:基于异质性企业贸易理论,国内市场规模的扩大增强了企业生产率的异质性,并根据优胜劣汰的法则,会激励企业劳动生产率的提升,进而通过成本收益效应和技术进步效应对出口产品质量升级产生积极的促进作用。

7.2.2 来自外商直接投资的影响

Dunning(1977)提出国际生产折中理论(The Eclectic Paradigm of International Production),指出企业进行跨国投资经营必须满足以下三个条件,即东道国区位优势、企业本身所拥有的所有权特定优势以及能够进行相互转化的内部化优势等。其中,东道国的区位优势条件包括当地的市场规模、经济发展水平等,这会对企业的跨国经营产生非常大的吸引力。根据FDI动机的异质性,可将FDI归为出口导向型FDI和市场导向型FDI。为了抢占东道国的销售市场或者为了克服东道国贸易壁垒的严格限制,跨国公司往往会将其子公司设立在东道国,并在当地进行生产与销售,这种类型的FDI被称为市场导向型FDI。市场导向型FDI的出发点在于迅速进入东道国国内市场抢占市场份额,将进口的原材料就地进行加工生产后就地进行直接销售,其目标客户也基本上为当地居民。根据王徐广(2009)的研究,外商直接投资的主要目的已逐步从生产要素条件转向我国不断成长且潜力巨大的市场规模需求,这主要表现在外商直接投资生产的产品品类正在向非贸易商品集中,正在不断缩小其出口在生产总值中的比重。廖利兵等(2013)基于国家(或地区)的面板数据对中国吸引FDI因素的动态变化特征进行了研究,认为中国国内市场规模一直在积极推动外商直接投资的流入,在对中国的投资动机中,发达国家和发展中国家投资区位衡量因素有不同的关注点,主要体现在发达国家更加关注中国市场,而发展中国家更为关注中国市场和中国以外的世界市场。

产业集群(Industrial Cluster)是指在一个拥有重点主导产业的某一特定领域内,核心产业内的企业或者上下游产业内的大量支撑部门会在特定地理范围内集聚,它们之间相互紧密联系、相互竞争合作,在范围经济和规模经济的共同作用下,会创生并打造出产业优势和产业特色。随着产业集聚范围的扩大,生产配套系统也会逐步地完善,包括产业园区、基础设施、当地生产系统、地方企业联系网等。概括来说,产业集聚具备以下两个特征:企业在地理空间上的聚集和企业在产业上有着密切的联系。

根据全球化战略,跨国公司将资源按照其全球性的生产体系进行重新分配,把公司的各项具体职能部门,如生产工厂、研发中心等安排在全球范围内具备相应优势的区位。因此,跨国公司在进行区位选择时不仅仅会考虑资源获取、市场规模支撑,还会着重关注当地的产业集聚水平。根据区位优势理论,对于跨国公司来说,最具有吸引力的区位优势往往具备如下特质:规模庞大、成长势头良好的高收益市场、低廉的成本、拥有母国缺乏的生产要素、稳定的政治经济环境等。为了创造更多资产并巩固竞争力,跨国公司更愿意在拥有较好产业集群的地区进行投资设厂。莽丽(2003)认为跨国公司对中国投资区位优势的考量重点正在逐步由资源和市场向产业集聚效应进行改变,我国以产业集群为存在方式的集聚性优势在引进FDI的过程中正在发挥着举足轻重的作用。蔡佳林(2015)在研究市场规模对FDI的吸引力时,从空间效应角度发现地区市场规模对FDI有规模报酬递增效应,收益递增带来当地市场规模的不断扩大,由此产生的集聚效应会产生周期性积累,不断促进本地FDI的流入。

根据市场需求的相关理论和产业集聚效应,国内市场规模的扩大引进了更多的市场导向性FDI,这类跨国公司更加注重东道国潜在的巨大市场规模和市场需求;与此同时,作为影响跨国公司区位选择的重要因素之一,国内市场规模促进了产业集群的形成,并且会循环累积地不断增加FDI的流入。

1. FDI的溢出效应

FDI的溢出效应可以通过两个渠道实现,即水平溢出效应和垂直溢出效应。首先,溢出效应可以从跨国公司流向同一行业的东道国公司,当地公司通过"零距离"地观察学习和员工交换流动向跨国公司学习,同时跨国公司雇佣人员通过跳槽等转移到当地公司后可以将他们所获得的知识转移过来。其次,通过供应商之间的联系,跨国公司下游企业和当地公司的上游企业之间会产生垂直的溢出效应。FDI通过改变本土企业的生产效率会间接地影响本土企业的出口产品质量。FDI 进入东道国之后,往往会将先进的生产技术和管理理念带入东道国,这些都将有利于东道国企业提升生产效率,增加产品附加值,进而提升出口产品质量。当东道国市场竞争状态非常剧烈时,外资企业背负着较大的生存压力,其会被迫迅速地研发或引进水平更高的技术。与此同时,FDI 也会加剧国内市场的竞争,对国内企业造成影响和冲击。因此,FDI 通过员工交流、示范和竞争效应以及垂直产业关联效应等途径能够实现技术外溢,提升并加快本土厂商的生产效率和技术革新。

2. 资金流入缓解融资约束

外商直接投资通过减缓企业融资约束会间接地影响企业出口产品的质量。张三峰(2009)发现东道国相关企业通过 FDI 填补自身资金缺口,可以获得扩大企业生产规模的资金,进而整个行业的生产规模都将受到影响。罗长远和陈琳(2011)认为,外国公司对本国企业的投资减轻了其资金压力,增强了其融资能力,有利于其利用充足的生产性投资来改进产品质量。东道国企业在正常经营中面临着各种不确定的风险,融资难度也在与日俱增。在中国金融体系尚未成熟的条件下,民营企业"融资难融资贵"的形势会更加严峻,因此外资的进入能够较好地破解这一瓶颈或难题。当东道国企业的融资困境缓解后,其会增大研发投入、产品设计、广告营销等经费的比例,从而增加出口产品技术含量,提升出口产品质量。从区域经济的角度来看,资金的流入不仅会推动该地区经济发展水平,而且经济发展水平的提高又将会继续推动地区的研发和创新水平,进而为生产更多高技术含量和高品质的产品打下坚实的基础。

基于此,可以提出理论假说 2:一般而言,国内市场规模的扩大能够有效地吸引市场导向型 FDI 的流入,而外资企业数量的增加,能够促进产业集聚效应的发挥,因而 FDI 可以通过溢出效应来促进出口产品质量的提升。

7.2.3 来自技术创新和研发活动的影响

大规模的市场需求易于诱导并催生技术创新。根据知识创新理论,一般来说,技术创新类的产品具有规模经济或规模报酬递增的特性,即随着生产规模的不断扩大,厂商生产单位产品所需要的成本会逐渐降低。这会降低新产品的生产成本和经营风险,为企业技术创新和研发活动提供重要的物资保障和厚实的市场基础。规模差异化的市场需求易于创生并创新生产技术,不断扩大的本土市场规模,联合多种需求导向、偏好和规模等,就会催生、孵化或孕育出多种特性的技术创新和产品种类。董鹏刚和史耀波(2019)根据需求拉动假说,实证检验了市场需求要素对研发投入和创新效率的影响,认为国内市场需求既显著地激励了研发投入强度,又明显地提高了创新效率水平。

扩大的国内市场规模会对 MAR 外部性和 Jacobs 外部性产生正面的影响。MAR 外部性即为"Marshall-Arrow-Romer"型外部性,该理论是指同一产业的大量企业集中在特定的区域中,有利于知识的外溢和扩散,同时这些企业很多处于同一产业链的上下游,共享着专业化的劳动力、维修服务、供应商和销售商等,很大程度上帮助了产业内部每个厂商节约成本、提高利润、创新技术、研发产品等,从而有利于当地经济增长。这种同一产业部门大量厂商在同一地方的集聚,也被称为专业化集聚(Specialized Aggregation)。Jacobs 型外部性是指大量厂商虽然归属于不一样的产业部门,但是聚集在同一区域,能够共享该城市完善的基础设施,并促进跨行业知识的互补和创新,因此大量归属于多样化产业的厂商在同一个地区的集中比那些同类厂商的集中更利于经济的增长,这也被称为多样化集聚(Diversity Aggregation)。

一般来说,一地区本土市场规模的扩大,会相应增加消费需求,优化消费结构,而大量厂商会进一步扩大产品的生产规模,提高劳动生产率,进而扩大和提高该地区的生产规模和生产效率,形成规模经济效应。一方面,地区内很多企业为减少生产成本和交易费用等支出,会选择集中在一个部门或工厂内进行生产;另一方面,也会吸引来自其他地区的资金、劳动力和技术等资源向该地区集中。厂商或各类要素资源在该地区的聚集,有助于形成 MAR 外部性和 Jacobs 外部性,扩大知识或技术溢出的广度和深度,从而增强区域整体的技术创新能力。史伟和蔡慧芝(2018)经过实证分析检验了 MAR 外部性和 Jacobs 外部性对企业创新选择和创新强度的影响,发现 MAR 溢出和 Jacobs 溢出的增加均会提高企业创新的效率,其中 MAR 溢出对中低技术行业企业的创新选择有着显著的正向影响,而 Jacobs 溢出对高技术行业企业和中低技术行业企业的创新选择和创新强度影响都为正。

在此过程中,还会形成 Porter 溢出。这是指在不同产业之间,由于相互竞争,新产品出现后会被其他厂商快速复制效仿,这种同质化和激烈竞争的压力会督促创业者不断创新以保持明显的竞争优势。Porter 溢出对高技术产业影响的传导机制可以归结为以下过程:某一高技术产业集群成功开展科技创新,给其他高技术产业集群施加压力,为了防止被淘汰,他们将会继续增加科研开发投入和加大科研开发力度,由此使得领头的产业集群和后来跟上的产业集群的科研产出均会大幅度提高。地区市场规模对 Porter 溢出的促进作用主要表现在:地区企业数量会伴随着地区市场规模的扩大而增加,生产相似产品或替代品的企业们为了保持或提高市场占有率而展开激烈的市场竞争,竞争能够有效地倒逼并推动本土企业不断地进行技术创新与产业升级。在此过程中,如果在位企业仅仅为了满足既有的市场份额而不主动迎合或寻求产品的更新迭代与转型升级,那么,在激烈的市场竞争和嬗变的技术演进下,在位企业很容易会被新进入企业赶超,甚至是淘汰,形成"龟兔赛跑"的结局。

知识和技术溢出效应主要表现在模仿效应、交流效应、竞争效应和带动效应等几个方面。在同一地区中,知识流动性小的企业可以效仿当地流动性较大的企业,提高生产技术水平并在此基础上进行创新。落后企业和先进企业因人员交流互动而产生交流效应,落后企业危机感和竞争意识的增强会通过模仿先进企业迅速地全方位进入国际竞争。先进技术的引进所带来的技术溢出会直接或间接地影响产业结构的变化升级,引导技术进步并促进经济增长。本土市场规模的扩张,帮助区域内企业将本土市场规模作为与外国企业进行谈判与合作的筹码,由此通过共同研发与设计,有利于本土企业基于"干中学效应"充分汲取更多的知识或技术的外溢,从而提升本地区的技术创新能力。冯伟(2011a)通过构建数理模型和分析现实案例,认为只有将本土潜在的巨大的市场规模内生于与跨国公司的技术合作中,建立有效的契约合作机制,进行模仿学习、共同研制、全程参与等内生性合作才能真正实现"以市场来换取技术"。

根据知识创新理论,多样化和差异化的市场需求催生出多种类别的技术创新,国内市场规模对 MAR 外部性、Jacobs 外部性、Porter 溢出以及知识和技术溢出效应等的影响显著,会直接促进技术创新水平的提高和研发活动的增加,包括 R&D 从业人数、研发投入规模、研发机构数量等。

1. 技术研发

技术研发作为技术创新活动的开端,按照研发顺序,管理学中将产品的研发过程分为需求分析阶段、设计阶段、仿真验证阶段、试生产阶段、开发调试阶段、测试验证阶段。技术研发效率的提高,意味着技术研发阶段中的每一个环节衔接更为紧密,研发成果能够及时地反映在产品的性能上,进而提高产品质量。技术转化阶段负责将技术创新的成果应用于生产,最终形成具有商业价值的产品。在这一阶段,根据新的产品设计,生产者应用生产资料进行规模化生产,并且考虑的主要问题是如何节约成本。在产品生产过程中,提高技术转化效率代表着生产厂商都会努力降低生产投入比率,以提高生产回报比率,从而使得产品在市场上具备获取较高利润额的竞争力,并且无须较高的费用即可保证生产的正常运转,因此产品具有更高的性价比,即产品具有质量优势。

2. 技术差距理论

由于产业集聚带来的同一产业相似企业大量集聚在某一地区,相似企业必然出现技术存在差距的情况。先进企业的技术外溢是否存在,学者们对此存在不同的看法。随着研究的深入,学者们在这个问题上的研究结论逐渐趋于一致,即他们更愿意接受技术外溢的实现是有条件的结论。如果不满足技术溢出的条件,则不会发生技术溢出,一旦满足技术溢出的条件,就可以发生技术溢出。

先进企业和落后企业合理的技术差距就必然意味着落后企业相比较而言在一定程度上有着技术水平、人力资本及研发能力,这些相对条件是落后企业能够全面消化、汲取外国技术,从而实现技术溢出效应的基础。相反,当落后企业技术水平很低(或经营绩效水平很低、研发实力很薄弱)及人力资本水平差距较大时,落后企业就只能进行表面上的模仿,很难有效地消化和吸收外来技术,这种情况下企业之间的差距就处于不合理状态,因而技术外溢的实现就非常困难。当技术差距过大时,虽然给予落后企业模仿的空间很大,机会也很多,但是其自身较低的技术水平和薄弱的研发能力不能为其消化吸收外来先进技术提供支撑。然而,伴随着企业自身劣势条件的不断改善,特别是技术水平和研发能力的不断进步,企业的学习吸收能力逐渐增强,这种能力会随着企业发展的深入而不断增强。当到达某一程度时,这种能力就会增强到足以充分消化外来技术,有效地实现技术外溢。同时,企业可以模仿和学习的先进技术集合会逐渐减少,技术差距会逐渐缩小,技术外溢的空间也会越来越狭小。

3. 产品生命周期理论

美国学者雷蒙德·弗农(Raymond Vernon)在1966年提出了在不同阶段产品生产和出口的国家转移理论,即产品生命周期理论。该理论也可以看作一个国家由内向外的投资理论。产品生命周期可以分为导入期、成长期、成熟期、衰退期等四个阶段。具体而言,在导入期,生产集中在创新国,市场需求主要集中在创新国的本国市场,海外需求来自与创新国同等水平的其他发达国家,创新国企业通过出口即可满足少量的海外需求,现阶段无须在海外进行直接投资。成长期是新产品及其生产技术逐渐成熟的阶段,生产工艺和方法已经成熟,国外需求强盛,创新国向次发达国家的出口不断增加,进口国当地企业开始仿制生产,由于进口国的贸易壁垒,创新国开始到次发达国家投资设厂建立海外分公司,直接在当地进行生产与销售。成熟期是指产品及其生产技术的定型化阶段,次发达国家以对外直接投资的方式将完全标准化的生产工艺转到欠发达国家,同时创新国开始研发新的产品和技术。这意味着产品和生产技术的国际间转移促进了次发达国家接收新的产品和技术,发达国家研发新的产品和技术。

基于此,我们可以提出理论假说3：通常来说,国内市场规模可以通过需求拉动以及发挥产业集聚效应、竞争效应和干中学效应等,促进研发活动投入的增加和技术创新水平的提高,进而进行技术研发、吸收外资企业技术外溢、接收外资企业技术和生产转移等,从而促进本国出口产品质量的优化提升。

综上所述,本土市场规模对出口产品质量的影响机制可用图7.8予以描述。

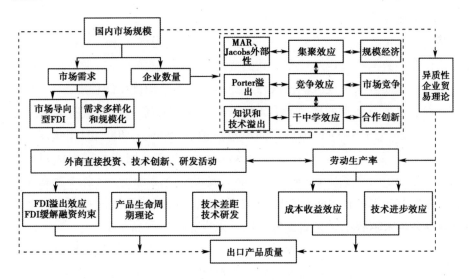

图7.8 本土市场规模对出口产品质量的影响机制

7.3 构建国内市场规模作用于出口产品结构的检验方程

7.3.1 变量测度与说明

本章主要考察国内市场规模对出口产品结构优化的影响,以进一步实证检验制造业本土市场效应的存在性和作用路径。

针对研究分析的需要和数据的可获得性,本章结合《中国科技统计年鉴》和《中国工业统计年鉴》的产业科学分类,获取了 36 个工业行业的数据,主要的分析对象以其中的 27 个制造业为主。由于 2003 年以前的《中国科技统计年鉴》没有工艺品及其他制造业和废旧材料回收加工业这两个行业数据,所以这两个类别被剔除在行业数据的选择之外。同时,为了数据的完备性和连贯性,本章将 2011 年及以前的橡胶制造业和塑料制造业合并为橡胶和塑料制造业。

1. 被解释变量:出口产品结构优化

本书在第三章"比较优势演变与中国出口产品结构优化"中,根据省级面板的数据特征,使用了各省区市技术密集型行业的出口复杂度占比来衡量出口产品结构优化。在本章中,为进一步拓展研究对象,丰富研究内容,并使研究结论更具借鉴性和参考性,我们选择以工业行业为样本来进行研究。根据工业行业的数据特性以及现有文献的普遍做法,我们采用一行业的出口产品技术含量或质量来体现并衡量该行业的出口产品结构优化的程度。

根据对现有文献的梳理,可以发现目前还没有统一的产品质量测度方法,其中最广泛使用的是出口产品单位价值法(Schott,2004;Hallak,2006;Baldwin and Harrigan,2011;李坤望等,2013);也有选用产品层面回归反推法测度企业出口产品质量(施炳展和邵文波,2014);除此之外,陈丰龙和徐康宁(2016)基于 Khandelwal(2010)提出的嵌套 Logit 模型,通过控制出口产品价值、嵌套组内份额、消费者偏好等因素来推导出口产品质量。

最早由 Michaely(1984)提出的产品的技术复杂度法,是用一国某产品的出口额占世界该产品出口总额比重作为权数并乘以该国人均 GDP 所得指标作为标准进行判断,通过测度产品的技术复杂度能够克服将产品单位价值等价于产品质量的缺陷,是相对最具优势的研究方法。

本章基于 Hausmann 等(2007)所构建的产品复杂度指数作为对出口产

品质量的代理指标,具体测度公式为

$$PRODY_i = \sum_j \frac{(x_{ji}/X_j)}{\sum_j (x_{ji}/X_j)} Y_j \tag{7.1}$$

其中:i 代表产品;j 代表国家;x_{ji} 为出口额;X_j 代表 j 国出口总额;Y_j 代表 j 国的收入水平(实际人均 GDP),权数代表 j 国 i 产品出口的份额占所有国家 i 产品出口的份额之和的比重。根据公式(7.1)可以计算出基于 HS6 位码的我国工业产品出口复杂度。

基于产品层面复杂度指数 PRODY,Hausmann 等(2007)提出了一国出口复杂度指数的测度公式,即:

$$EXPY_j = \sum_i \left(\frac{x_{ji}}{X_j}\right) PRODY_i \tag{7.2}$$

其中:权数 $\frac{x_{ji}}{X_j}$ 代表 j 国商品出口额中 i 商品所占比例;$EXPY_j$ 即表示 j 国所有出口产品的生产力水平的加权平均,代表一国的出口复杂度。由于本章是研究我国工业各细分行业层面的出口复杂度,所以本章将产品 HS6 位码基于 SITC3 位码对应到我国 36 个工业行业,即将公式(7.2)中 j 对应到某行业,权数代表产品 i 的出口份额占所属行业的出口份额之比,由此计算所得的 $EXPY_j$ 即为 j 行业的出口复杂度[1]。

2. 核心解释变量:国内市场规模

现有文献中,关于国内市场规模的衡量指标有很多种。如,Weder(2003)在研究英美 26 个制造业国内市场规模与出口结构之间的关系时,推导出对外出口与相对本土市场规模之间呈正相关关系,模型推导时本土市场规模的大小用产业的国内需求来代替,即产业的本土市场规模=总产出额—总出口额+总进口额。殷德生(2011)用人均 GDP 来衡量贸易伙伴的市场规模以考察贸易成本、市场规模对企业异质性与产品质量的影响。Harris(1954)根据新经济地理学对市场潜力指标进行界定,即某一地区的潜在市场容量是一个空间加权值,该指标与该区域和其他区域的总收入成正比,而与这两个区域之间的距离成反比(金煜等,2006;冯伟,2011b;刘修岩等,2007)。邱斌和尹威(2010)用制造业行业销售产值减去行业出口交货值来衡量该行业的市场规模,并据此检验中国制造业出口中本土市场效应的存在性。

---

[1] 基于 PRODY 和 EXPY 所测得的产品复杂度数据可见附录 F 和附录 G 所示。

综合上述研究,基于制造业分行业的面板数据,我们对核心解释变量国内市场规模(HMS)的测度将借鉴 Weder(2003)的测度方法,以各行业销售产值扣除净出口之后的余额来表示,同时运用行业销售产值减去行业出口交货值之后的余额来进行稳健性检验。数据来源于《中国工业统计年鉴》,分别用 HMS_1 和 HMS_2 来表示[1]。

3. 控制变量

控制变量的选取主要是考虑哪些行业特征会对中国出口产品质量产生影响,具体包括:

外商直接投资(FDI),以行业中外商资本作为衡量指标,外商直接投资因素的作用不可忽视。据统计局数据显示,外商投资企业长期以来主导着我国的加工贸易,并且外商直接投资促使着中国出口产业结构向更为精密的产业迅速转移。根据《中国统计年鉴》所公布的数据,2017 年外商投资企业出口额 9776 亿美元,同比增长 6.63%,在全部出口中所占比重为 42.1%。数据来源于《中国工业统计年鉴》。

技术创新水平($INNOVATION$),用专利申请数来衡量各行业的技术创新水平。创新是引领发展的第一动力,牢牢抓住创新驱动这一战略,促进我国产业迈向全球价值链中高端环节,实现出口产品质量升级。专利申请数在一定程度上能很好地代表技术创新产出以及技术创新能力,相比于技术产出中的国家级科技成果数,更能全面地展示我国真实的技术创新产出能力。数据来源于《中国科技统计年鉴》。

企业活力($ACTIVITY$),根据现有文献的做法,用有研发机构的企业数量占总企业数量的比重来表示。企业研发机构是企业开展产品设计、研发与创新活动的专门机构,是企业提质增效、创新升级和增强核心竞争力的重要保障。该指标从一个侧面表征了企业探求自我创新、突破与发展的能力。一般来说,有研发机构的企业数量越多,越容易形成良好的创新环境和氛围,进而激励企业之间基于创新活动而进行竞争或者合作活动。数据来源于《中国科技统计年鉴》。

人力资本(HR),以 R&D 从业人数占总从业人数比重来表示,这一维度主要刻画行业人才的质量。新产品的研发、技术创新、工艺改进等活动都离不开人的支持,在这过程中不仅要注重人才的数量,更要注重人才的质量。

---

[1] 基于上述两种方法所测得的数据可见附录 H 和附录 I 所示。

数据来源于《中国科技统计年鉴》和《中国工业统计年鉴》。

政府支持(GOVERNMENT),以行业内国家资本来测度,充裕的资金来源是制造业产品研发、创新、产出的必要条件。实收资本包括国家资本、外商资本等,来源于不同渠道的资金对产品质量产生不同的作用效果,这里我们将对行业内国家资本进行测度。数据来源于《中国科技统计年鉴》。

研发投入(RD),以R&D经费占主营业务收入比重来表示,该指标反映创新活动主体的经费投入情况,R&D投入对出口贸易的发展有较大的影响。洛桑国际管理发展学院每年发布的《世界竞争力年鉴》表明科技进步投入与科技进步速度成正相关,研发投入越多,科技进步越快。"巧妇难为无米之炊",一国对出口产品R&D的投入能够大幅度地提高出口产品的技术含量,进而提高其产品质量。数据来源于《中国科技统计年鉴》。

劳动生产率(PRODUCTIVITY),以工业销售产值与行业从业人员的比重来表示。李嘉图比较优势理论认为两国之间在产品上存在劳动生产率的差距,各个国家应该进行专业化分工,集中生产并出口本国具有相对比较优势(劳动生产率较高)的产品,而进口比较优势低(劳动生产率较低)的产品,即"两利相权取其重,两弊相权取其轻"。我国制造业劳动生产率的提高与我国初级产品和工业制成品出口有着密切的关系,有利于改善我国的出口产品结构。数据来源于《中国工业统计年鉴》。

变量的测度与说明见表7.5。

表7.5 变量的测度与说明

变量名称	变量符号	变量说明	代理变量选取
被解释变量	PRODY/EXPY	出口产品结构优化	出口产品质量或技术复杂度
核心解释变量	HMS_1/HMS_2	国内市场规模	制造业行业销售产值扣除净出口或行业销售产值—行业出口交货值
控制变量	ACTIVITY	企业活力	有研发机构的企业占总企业比重
	FDI	外商直接投资	外商资本
	INNOVATION	技术创新水平	专利申请数
	GOVERNMENT	政府支持	行业政府资金
	HR	人力资本	R&D从业人数占总从业人数比重
	RD	研发投入	R&D经费占主营业务收入比重
	PRODUCTIVITY	劳动生产率	工业销售产值占总从业人数比重

7.3.2 变量之间的关系描述

本章采取行业层面数据来实证检验国内市场规模对出口产品质量提升和结构优化的影响特征和作用机制。考虑到每个行业可能存在着不随时间而变的个体变量,因而本章使用面板数据的固定效应(Fixed-Effect,FE)模型来进行回归。由于数据完备性和可得性的限制,我们选用了 2002—2016 年我国工业行业有关出口产品质量、国内市场规模以及相关控制变量等的数据。所构建的基本实证模型如下所示:

$$PRODY_{it} = \alpha_0 + \alpha_1 HMS_{it} + \beta X_{it} + \mu_{it} + \varepsilon_{it} \tag{7.3}$$

$$EXPY_{it} = \alpha_0 + \alpha_1 HMS_{it} + \beta X_{it} + \mu_{it} + \varepsilon_{it} \tag{7.4}$$

其中:下标 i 表示第 i 个工业行业;t 表示年份;α_0 为常数项;X 为控制变量;β 为控制变量的系数集;μ 为随机扰动项;ε 为个体效应以表示面板数据的变量个体特征。$PRODY$ 和 $EXPY$ 分别表示 i 行业 t 年份出口产品的技术含量及其复杂度;HMS_{it} 为衡量国内市场规模的指标,如果系数为正,则表示扩大国内市场规模对加快出口产品质量升级和优化出口产品结构会起到积极的促进作用;若该系数为负,则说明国内市场规模的扩大会在一定程度上对出口产品质量的升级起到抑制作用。

表 7.6 给出了 2002—2016 年间 33 个行业的面板数据及其各变量的描述性统计结果。描述性统计的研究指标主要有平均值、方差、极大值、极小值、上下四分位等。根据极大值、极小值指标可知,大部分变量样本数据数值相差较大。总体来说,各变量数值的均值与中位数相差不大,数据分布相对呈正态分布。

在进行回归分析之前我们对样本数据中各个变量进行了相关性分析以判断所选择数据的合理性,如果各个变量之间存在较高的相关性,将导致多重共线性问题的出现,影响最终的回归结果。表 7.7 反映了变量之间相关关系密切程度,相关系数越接近于 0,变量之间的线性相关程度越低。解释变量 HMS_1 与被解释变量出口产品技术复杂度 $PRODY$ 虽相关程度普通,但存在着明显的正向相关关系;各控制变量与被解释变量之间呈正相关,相关程度普通。各变量之间相关系数均比较低,这说明任何两个变量之间都没有共线性,即没有高度相关。

表 7.6 各变量的数值统计性描述

	N	Mean	Standard Deviation	Min	Max	p25	Median	p75	t-value
PRODY	495	16 500	6 092.15	5 530.712	37 700	11 900	16 400	20 200	60.181 5
EXPY	495	21.026 3	7.940 4	6.026 8	49.738 3	15.299 2	20.854 7	25.834 1	58.915 1
HMS_1	495	14 900	17 300	218.7	94 100	3 278.84	7 659.57	19 900	19.165 5
HMS_2	495	16 000	20 200	−26 500	99 200	3 377.649	8 588.762	23 400	17.609 6
INNOVATION	495	8 831.867	17 500	0	118 725	503	2 243	8 849	11.200 7
HR	495	3.321	2.334 1	0.152	10.7	1.376 6	2.719	5	31.656 5
ACTIVITY	495	14.579 9	11.822 4	0.6	59	5.637 5	11	20.832	27.438
RD	495	1.410 8	3.166 6	0	36.048	0.366 6	0.7	1.360 4	9.912 5
FDI	495	0.031 2	0.024 2	0	0.115 2	0.009 7	0.028 8	0.047 3	28.658 7
GOVERNMENT	495	0.029 2	0.038 4	0.000 1	0.262 9	0.006 5	0.013 6	0.034	16.917 1
PRODUCTIVITY	495	789 000	729 000	51 200	4 605 309	305 528	585 000	989 000	24.081

表 7.7　变量之间的相关性分析结果

Variables	(1)	(2)	(3)	(4)	(5)	(6)	(7)	(8)	(9)	(10)
(1) PRODY	1.0000									
(2) EXPY	0.9841	1.0000								
(3) HMS_1	0.2440	0.1741	1.0000							
(4) HMS_2	0.1976	0.1345	0.9476	1.0000						
(5) HR	0.6250	0.6432	0.1854	0.1501	1.0000					
(6) ACTIVITY	0.3966	0.4397	−0.0534	−0.0610	0.7903	1.0000				
(7) RD	0.2045	0.1922	0.0549	0.0611	0.1379	0.0300	1.0000			
(8) FDI	0.2124	0.2628	−0.2197	−0.1925	0.2091	0.1691	0.1677	1.0000		
(9) GOVERNMENT	0.4972	0.5041	0.1451	0.1125	0.6841	0.3973	0.1851	0.2689	1.0000	
(10) INNOVATION	0.3540	0.2959	0.6184	0.6831	0.3498	0.1463	0.1528	0.0580	0.3487	1.0000

为了从直观上反映解释变量 HMS_1/HMS_2 与被解释变量 $PRODY/EXPY$ 之间的线性关系以进行初步分析，我们做了两个变量 33 个行业 15 年平均值散点图，并添加趋势线。

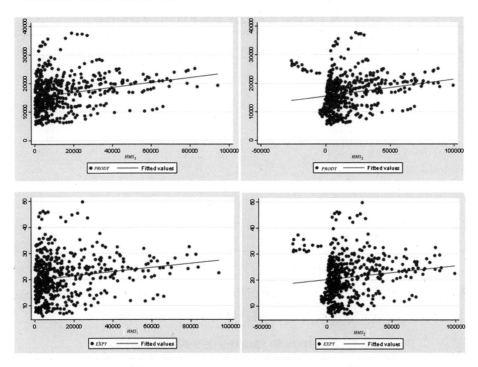

图 7.9 被解释变量（$PRODY/EXPY$）和解释变量（HMS_1/HMS_2）之间的散点图

图 7.9 中的横坐标分别为 HMS_1 和 HMS_2，纵坐标分别为 $PRODY$ 和 $EXPY$ 的数值，总体来看解释变量和被解释变量之间表现出明显的线性关系和正向相关关系。但这种正相关是否代表因果关系呢？接下来引入更为严谨的计量分析。

7.4 国内市场规模对出口产品结构作用机制的实证分析

7.4.1 基本回归

为了规避由线性回归模型中解释变量之间存在的高度相关关系而引起的模型估计失真的问题，本章利用方差膨胀因子（Variance Inflation Factor，

VIF)和容许度进行检验。首先,我们对 HMS_1 和 $PRODY$ 之间的多重共线性进行检验。根据 VIF 检验的结果(见表 7.8),VIF 为 2.51,远小于 10,这说明这两个变量之间不存在严重的多重共线性问题。

表 7.8 基于 HMS_1 和 $PRODY$ 的方差膨胀因子回归结果

VIF	1/VIF
5.22	0.1916
3.31	0.3019
2.3	0.4353
2.25	0.4435
2.25	0.4451
1.2	0.8368
1.07	0.9332
Mean VIF	2.51

接下来,我们对 HMS_2 和 $PRODY$ 之间的多重共线性进行检验。根据 VIF 检验的结果(见表 7.9),VIF 的值为 2.46,也远小于 10,这说明这两个变量之间也不存在多重共线性问题,可以进行下一步回归分析。

表 7.9 基于 HMS_2 和 $PRODY$ 的方差膨胀因子回归结果

VIF	1/VIF
5.38	0.1860
3.4	0.2944
2.23	0.4476
1.98	0.5049
1.91	0.5241
1.22	0.8200
1.07	0.9330
Mean VIF	2.46

根据上述数据特征,本章采用面板数据的固定效应模型(FE)进行回归,所得结果见表 7.10 和表 7.11。总体来看,在加入控制变量之后,本土市场规模(HMS_1,HMS_2)的系数显著为正,本土市场规模在 1% 的显著水平上统计显著,显著性较强,对出口产品质量的提升和结构的优化有着积极的正向作

用。对各控制变量来说,人力资本水平(HR)、政府支持(GOVERNMENT)和企业活力(ACTIVITY)等均显著为正,即对出口产品结构优化有显著的正向作用;而外商直接投资(FDI)、技术创新水平(INNOVATION)以及研发投入(RD)对出口复杂度指数的影响却是负向显著的。

表7.10 基于固定效应模型的回归结果(一)

	(1) PRODY	(2) PRODY	(3) PRODY	(4) PRODY
HMS_1	0.070 8***	0.055 9***		
	(0.009 6)	(0.010 7)		
HMS_2			0.057 6***	0.038 1***
			(0.009 4)	(0.010 6)
HR	171.433 1	88.159 4	213.444 7*	97.816 6
	(111.322 9)	(122.209 9)	(114.122 2)	(126.094 7)
ACTIVITY	−20.091 6	7.137 8	−25.995 9*	2.695 2
	(13.383 6)	(18.430 3)	(13.538 1)	(18.690 9)
RD	−18.739 7	−34.682 4	−18.823 5	−36.791 8
	(25.624 8)	(33.973 2)	(26.130 8)	(34.526 5)
FDI	−21 419.941 5***	−3 889.910 9	−26 893.851 7***	−5 430.283 9
	(6 932.326 7)	(8 676.909 8)	(6 910.081 5)	(8 857.626 4)
GOVERNMENT	11 330.575 1**	14 059.985 9***	9 612.282 6**	12 453.511 5***
	(4 591.894 0)	(4 464.037 3)	(4 649.244 9)	(4 514.409 4)
INNOVATION	−0.019 8**	−0.016 6*	−0.019 3**	−0.013 3
	(0.008 8)	(0.008 5)	(0.009 5)	(0.009 2)
Year Effect		YES		YES
Constant	15 685.248 8***	13 706.778 6***	15 982.762 3***	13 944.236 9***
	(460.062 4)	(841.445 3)	(466.899 1)	(853.626 6)
Observations	495	495	495	495
R-squared	0.261 0	0.340 1	0.235 8	0.319 6

注:括号中的数字为标准误;*、**、***分别表示在10%、5%和1%水平上显著[1]。

---

[1] 注:受量纲的影响,各变量的回归系数存在着数值较大或较小的情形,但这并不影响各变量的经济含义,下同。

表 7.11 基于固定效应模型的回归结果(二)

	(1) EXPY	(2) EXPY	(3) EXPY	(4) EXPY
HMS_1	0.0001***	0.0001***		
	(0.0000)	(0.0000)		
HMS_2			0.0000***	0.0001***
			(0.0000)	(0.0000)
HR	0.0280	−0.0343	0.0615	−0.0089
	(0.1560)	(0.1590)	(0.1586)	(0.1636)
ACTIVITY	0.0164	0.0289	0.0109	0.0231
	(0.0188)	(0.0240)	(0.0188)	(0.0243)
RD	−0.0800**	−0.0712	−0.0809**	−0.0728
	(0.0359)	(0.0442)	(0.0363)	(0.0448)
FDI	0.8284	−5.1685	−4.4405	−7.6260
	(9.7169)	(11.2906)	(9.6030)	(11.4955)
GOVERN-MENT	15.6337**	17.7948***	13.9078**	15.9739***
	(6.4364)	(5.8087)	(6.4611)	(5.8588)
INNOVATION	−0.0000***	−0.0000***	−0.0000***	−0.0000***
	(0.0000)	(0.0000)	(0.0000)	(0.0000)
Year Effect		YES		YES
Constant	19.7735***	19.3936***	20.0955***	19.6445***
	(0.6449)	(1.0949)	(0.6489)	(1.1078)
Observations	495	495	495	495
R-squared	0.0739	0.2874	0.0587	0.2691

注:括号中的数字为标准误;*、**、***分别表示在10%、5%和1%水平上显著。

根据描述性统计发现,大部分变量样本数据极大值和极小值的数值相差较大,考虑到极端值和错误值对回归结果产生的偏误,我们去掉极端值进行回归,回归结果见表7.12和表7.13。结果显示,本土市场规模的系数依然显著为正,人力资本水平(HR)、研发投入(RD)、外商直接投资(FDI)、技术创新水平(INNOVATION)系数显著为负,企业活力(ACTIVITY)和政府支持(GOVERNMENT)对出口产品质量有着显著的正向作用。

表 7.12　去掉极端值的回归结果(一)

	(1) PRODY	(2) PRODY	(3) PRODY	(4) PRODY
HMS_1	0.069 6***	0.053 2***		
	(0.009 4)	(0.010 5)		
HMS_2			0.059 6***	0.038 8***
			(0.009 4)	(0.010 6)
HR	−54.512 3	−156.036 7	−15.302 8	−144.455 6
	(115.045 6)	(123.515 7)	(117.371 0)	(126.563 3)
ACTIVITY	0.182 0	42.570 7**	−5.537 5	37.037 3*
	(14.204 7)	(19.508 8)	(14.353 1)	(19.765 2)
RD	−10.550 0	−33.152 4	−9.465 0	−34.715 0
	(25.026 5)	(32.979 0)	(25.517 8)	(33.519 5)
FDI	−24 567.027 0***	−1 408.058 9	−29 245.256 7***	−3 123.012 0
	(7 282.473 6)	(8 918.763 9)	(7 285.135 4)	(9 109.934 7)
GOVERNMENT	11 046.860 5**	13 255.319 7***	9 478.319 6*	11 605.754 4**
	(4 799.885 2)	(4 590.104 5)	(4 859.490 8)	(4 644.612 3)
INNOVATION	−0.028 5***	−0.025 6***	−0.030 6***	−0.024 2**
	(0.008 9)	(0.008 5)	(0.009 8)	(0.009 4)
Year Effect		YES		YES
Constant	16 035.157 7***	13 577.123 6***	16 266.515 0***	13 820.212 7***
	(455.147 8)	(835.492 2)	(463.278 6)	(845.650 9)
Observations	447	447	447	447
R-squared	0.260 6	0.363 2	0.236 6	0.343 6

注：括号中的数字为标准误；*、**、*** 分别表示在 10%、5% 和 1% 水平上显著。

表 7.13　去掉极端值的回归结果(二)

	(1) EXPY	(2) EXPY	(3) EXPY	(4) EXPY
HMS_1	0.000 1***	0.000 1***		
	(0.000 0)	(0.000 0)		
HMS_2			0.000 0***	0.000 0***
			(0.000 0)	(0.000 0)

续表

	(1) EXPY	(2) EXPY	(3) EXPY	(4) EXPY
HR	−0.087 6	−0.181 5	−0.048 8	−0.159 1
	(0.155 4)	(0.155 6)	(0.157 6)	(0.159 8)
ACTIVITY	0.021 6	0.052 5**	0.015 8	0.045 6*
	(0.019 5)	(0.025 1)	(0.019 5)	(0.025 4)
RD	−0.062 0*	−0.072 4*	−0.061 8*	−0.073 8*
	(0.033 8)	(0.042 4)	(0.034 2)	(0.043 0)
FDI	−1.968 1	2.635 6	−6.852 1	0.544 2
	(9.683 1)	(11.145 0)	(9.582 4)	(11.367 2)
GOVERNMENT	8.580 4	9.877 9*	6.928 7	7.810 7
	(6.552 3)	(5.857 2)	(6.578 6)	(5.910 4)
INNOVATION	−0.000 0***	−0.000 0***	−0.000 0***	−0.000 0***
	(0.000 0)	(0.000 0)	(0.000 0)	(0.000 0)
Year Effect		YES		YES
Constant	20.065 2***	19.009 5***	20.325 5***	19.277 4***
	(0.614 7)	(1.051 6)	(0.619 4)	(1.063 8)
Observations	447	447	447	447
R-squared	0.075 4	0.302 1	0.060 1	0.283 3

注：括号中的数字为标准误；*、**、***分别表示在10%、5%和1%水平上显著。

7.4.2 克服内生性回归

考虑到国内市场规模和出口产品质量及其组成结构之间可能存在着内在的因果关系，即国内市场规模会影响出口产品质量的提升，反过来，出口产品质量的变化也会对一国家或地区市场规模的扩大产生影响，而且这种双向因果关系会导致模型估计的内生性问题，影响估计效果的有效性。对此，我们采用两阶段最小二乘法（2SLS）和广义矩估计法（GMM）来解决此问题。

1. 两阶段最小二乘法回归

运用两阶段最小二乘法（2SLS）的前提是要为产生内生性的解释变量寻找到一个合适的工具变量。该工具变量要与产生内生性的解释变量高度相关，但与回归方程的误差项不相关。参考现有文献的做法（邵军和徐康宁，2011；Fieler et al.，2018），我们选取本土市场规模的一阶滞后项（l.HMS）作为本土市场规模的工具变量进行回归,所得结果如表 7.14 所示。从中可以看出,通过使用工具变量控制内生性,并在满足对内生工具变量检验要求的前提下,即 K-P LM 统计量在 1% 的统计水平上显著拒绝工具变量存在弱识别的零假设、K-P Wald F 统计量也显著地拒绝弱工具变量的零假设,Hansen J 统计量则拒绝工具变量过度识别的零假设等,扩大国内市场规模与提升出口产品质量依然保持着显著的正向相关关系,且人力资本水平(HR)和政府支持($GOVERNMENT$)系数显著为正。

表 7.14 基于 2SLS 的回归结果

	(1) PRODY	(2) PRODY	(3) EXPY	(4) EXPY
HMS_1	0.076 7***		0.000 1***	
	(0.010 1)		(0.000 0)	
HMS_2		0.065 4***		0.000 1***
		(0.010 0)		(0.000 0)
HR	347.225 7***	398.954 7***	0.213 5	0.255 2
	(118.948 8)	(122.851 2)	(0.169 9)	(0.173 9)
$ACTIVITY$	−24.096 9*	−30.021 5**	0.006 4	0.001 2
	(13.945 4)	(14.155 8)	(0.019 9)	(0.020 0)
RD	−3.720 1	−2.776 3	−0.066 5*	−0.066 1*
	(24.637 9)	(25.151 9)	(0.035 2)	(0.035 6)
FDI	−14 834.960 2**	−19 892.680 4***	6.287 6	1.595 4
	(7 497.491 4)	(7 501.421 8)	(10.707 7)	(10.620 4)
$GOVERNMENT$	17 394.324 4***	15 377.603 8***	24.266 5***	22.396 1***
	(5 383.777 0)	(5 448.523 8)	(7.688 9)	(7.713 9)
$INNOVATION$	−0.024 8***	−0.025 7***	−0.000 0***	−0.000 0***
	(0.008 9)	(0.009 7)	(0.000 0)	(0.000 0)
K-P LM	405.859***	399.425***	405.859***	399.425***
K-P Wald F	7 401.178***	5 699.369***	7 401.178***	5 699.369***
Hansen J	0.000	0.000	0.000	0.000
Observations	462	462	462	462
R-squared	0.252 8	0.227 0	0.091 7	0.076 6

注:括号中的数字为标准误;*、**、*** 分别表示在 10%、5% 和 1% 水平上显著。

2. 广义矩估计(GMM)回归

为了进一步确保回归结果的稳健性,我们采用工具变量的广义矩估计法(IV-GMM)再次进行回归。相较于 2SLS 法,广义矩估计法将水平矩和垂直矩纳入回归方程中,进一步提升了回归的效率。从回归结果来看,如表 7.15 所示,我们所关注的核心解释变量国内市场规模(HMS_1,HMS_2)系数显著为正,符合预期,说明当前本土市场规模对出口产品质量的提升有一定的促进作用,存在着较强的相关关系。人力资本水平(HR)和政府支持($GOVERNMENT$)系数也依然为正,说明对出口产品质量的提升有着正向的促进作用。

表 7.15 基于 GMM 的回归结果

	(1) PRODY	(2) PRODY	(3) EXPY	(4) EXPY
HMS_1	0.063 1***		0.000 1***	
	(0.010 9)		(0.000 0)	
HMS_2		0.046 9***		0.000 1***
		(0.010 6)		(0.000 0)
HR	251.821 4**	273.356 7**	0.139 8	0.182 5
	(121.414 0)	(126.081 5)	(0.154 3)	(0.159 7)
$ACTIVITY$	−6.634 8	−10.796 3	0.011 3	0.005 6
	(18.660 4)	(18.688 2)	(0.024 2)	(0.024 1)
RD	−34.651 7	−36.168 0	−0.069 5*	−0.070 4*
	(30.956 3)	(31.733 7)	(0.041 3)	(0.042 4)
FDI	−318.199 3	−1 823.314 4	−2.652 6	−4.896 7
	(8 974.506 8)	(9 006.207 3)	(11.951 9)	(11.939 2)
$GOVERNMENT$	20 487.321 7***	18 476.248 1***	28.378 6***	26.053 3***
	(5 491.451 9)	(5 625.563 9)	(6.891 8)	(7.100 8)
$INNOVATION$	−0.022 0***	−0.020 0***	−0.000 0***	−0.000 0***
	(0.006 3)	(0.007 7)	(0.000 0)	(0.000 0)
Constant	10 634.330 6***	10 947.329 9***	11.940 3***	12.194 6***
	(966.302 2)	(989.308 3)	(1.215 9)	(1.246 0)
Observations	462	462	462	462
R-squared	0.947 9	0.946 3	0.948 1	0.946 7

注:括号中的数字为标准误;*、**、*** 分别表示在 10%、5% 和 1% 水平上显著。

7.4.3 分样本回归

一般而言,工业行业可分为采掘业、制造业以及电力、热力、燃气及水生产和供应业等三大行业,而且由于制造业各行业具有不同的特征,因而为了进一步检验并丰富国内市场规模对出口产品质量的影响效果,根据要素密度,我们将制造业行业内部分为劳动密集型行业、资本密集型行业和技术密集型行业等。

1. 对三大产业进行分样本分析

根据表 7.12、表 7.13 和表 7.14 的回归结果,我们可以发现国内市场规模、技术创新、人力资本水平等因素对优化出口产品结构的行业差距较大,这一现象的形成可能是行业特质、产品特性、要素分配、市场需求等多种因素共同作用的结果。

对采掘业的回归分析中(见表 7.16 所示),国内市场规模对出口产品质量与结构的影响较不稳定且不显著,人力资本、企业活力、研发投入、技术创新水平、外商直接投资的系数缺乏显著性,说明采掘业受这些因素的影响较小。但我们同时看到政府支持系数为正,显著性较高,说明政府的资金支持极大促进了该行业出口产品的质量提升。这可能是因为采掘业产品多为资源型的初级产品,如煤炭、石油、天然气和黑色金属等,大部分进行简单加工即可直接销售,在简单加工过程中对技术、研发、劳动力素质的要求较低。我国对能源需求的急剧扩张和面临的资源短缺困境再加上国家对战略性资源出口进行干预,使得我国出口一直保持着高进低出的现象,出口产品的深加工程度并不高。同时,从工业销售产值和企业数量来看,国有控股企业长期占据较大比重,据统计,在 2016 年大中型工业企业中,国有控股采矿业企业工业销售产值和数量占比分别高达 71% 和 60%,国有股权在提供充足生产资金的同时,由于较小的弹性系数,将会对技术创新和研发活动有一定的抑制作用。

表 7.16 基于采掘业的回归分析结果

	(1) PRODY	(2) PRODY	(3) EXPY	(4) EXPY
HMS_1	−0.019 2 (0.166 0)		−0.000 1 (0.000 2)	

续表

	(1) PRODY	(2) PRODY	(3) EXPY	(4) EXPY
HMS_2		0.1031		0.0001
		(0.0976)		(0.0001)
HR	−246.4299	−185.6949	−0.4009	−0.3423
	(409.6527)	(398.4927)	(0.5368)	(0.5258)
ACTIVITY	−8.0636	−5.7627	0.0331	0.0350
	(41.8710)	(40.8105)	(0.0549)	(0.0539)
RD	−1666.3621	−1291.9226	−1.8498	−1.4668
	(1263.1538)	(1209.1763)	(1.6552)	(1.5956)
FDI	10236.0871	40436.2207	3.1578	33.9327
	(71567.2733)	(67380.4851)	(93.7791)	(88.9139)
GOVERNMENT	52901.5961**	66720.1021***	63.8966**	78.7769***
	(24491.1188)	(21172.8470)	(32.0922)	(27.9393)
INNOVATION	−0.7503	−1.7575*	−0.0012	−0.0023*
	(1.1800)	(0.9621)	(0.0015)	(0.0013)
K-P LM	32.797***	36.488***	32.797***	36.488***
K-P Wald F	59.070***	74.225***	59.070***	74.225***
Hansen J	0.000	0.000	0.000	0.000
Observations	70	70	70	70
R-squared	0.1680	0.2107	0.2100	0.2399

注：括号中的数字为标准误；*、**、***分别表示在10%、5%和1%水平上显著。

根据表7.17所示，制造业国内市场规模、人力资本水平系数均显著为正，能够形成正相关关系，这说明国内市场规模的扩大和人力资本水平的提升为出口产品结构优化提供了重要的市场支撑和智力支持。政府支持、研发投入的系数缺乏显著性，对产品质量的影响较弱；企业活力、FDI、技术创新水平系数显著为负，在一定程度上带来抑制作用。这主要可能在于现阶段政府资金支持和研发投入的力度和重视度不够，且投入结构不合理，我国政府对制造业的投入大部分集中在中低端领域和低附加值环节；企业对基础研究的投入仅占总研发投入的0.1%，与应用技术研发能力相比，基础研究能力是核心技术攻关的主要动力。此外，外资的引进增加了其在东道国市场的占有率，并且引入结构存在低端性、结构性、滞后性的问题，加重了对我国制造业的低端锁定效应和市场挤出效应。

表7.17 基于制造业的回归分析结果

	(1) PRODY	(2) PRODY	(3) EXPY	(4) EXPY
HMS_1	0.080 8***		0.000 1***	
	(0.008 7)		(0.000 0)	
HMS_2		0.071 6***		0.000 1***
		(0.008 8)		(0.000 0)
HR	387.239 8***	460.157 7***	0.213 3	0.287 8*
	(112.525 3)	(117.134 2)	(0.167 5)	(0.171 8)
ACTIVITY	−25.836 3*	−34.193 7**	0.001 6	−0.006 4
	(13.193 1)	(13.496 6)	(0.019 6)	(0.019 8)
RD	−3.362 3	−1.927 9	−0.072 5**	−0.070 4**
	(20.783 9)	(21.374 0)	(0.030 9)	(0.031 4)
FDI	−19 504.180 2***	−24 535.225 3***	2.767 2	−1.468 0
	(6 797.805 4)	(6 857.224 3)	(10.120 7)	(10.058 2)
GOVERNMENT	6 194.905 6	3 139.931 0	11.378 5	8.700 7
	(5 439.518 5)	(5 529.022 0)	(8.098 4)	(8.110 0)
INNOVATION	−0.030 5***	−0.033 7***	−0.000 1***	−0.000 1***
	(0.007 5)	(0.008 3)	(0.000 0)	(0.000 0)
K-P LM	333.973***	330.147***	333.973***	330.147***
K-P Wald F	6 747.160***	5 446.164***	6 747.160***	5 446.164***
Hansen J	0.000	0.000	0.000	0.000
Observations	378	378	378	378
R-squared	0.377 7	0.346 6	0.131 3	0.114 8

注：括号中的数字为标准误；*、**、***分别表示在10%、5%和1%水平上显著。

从对电力、热力、燃气及水生产和供应业的回归结果可以看到(如表7.18所示)，国内市场规模的作用显著为负，人力资本的作用显著为正，而企业活力的正向作用并不明显。这其中的主要原因可能在于电力、燃气和水的生产、储存、输配系统技术含量高，操作复杂，对劳动力素质提出了较高要求；同时，电力、热力、燃气及水的生产和供应作为基础设施建设的重要组成部分，市场垄断程度较高、外来资本较少,因此市场活动缺乏竞争力和活力。

表 7.18 基于电力、热力、燃气及水生产和供应业的回归分析结果

	(1) PRODY	(2) PRODY	(3) EXPY	(4) EXPY
HMS_1	-1.851 2**		-0.002 5***	
	(0.798 4)		(0.000 9)	
HMS_2		-1.830 0**		-0.002 4***
		(0.788 2)		(0.000 9)
HR	8 006.683 6***	7 999.866 6***	11.219 9***	11.209 4***
	(1 677.297 2)	(1 670.106 0)	(1.864 3)	(1.854 2)
ACTIVITY	-1 594.871 0***	-1 596.754 1***	-2.415 5***	-2.417 4***
	(384.066 1)	(382.122 3)	(0.426 9)	(0.424 2)
RD	46 276.412 9**	46 116.640 2**	50.047 1*	49.889 0*
	(23 488.870 3)	(23 363.317 5)	(26.108 0)	(25.938 0)
FDI	-30 548.155 1	-30 237.812 1	-11.734 3	-11.454 3
	(53 211.513 2)	(52 941.014 1)	(59.144 8)	(58.775 3)
GOVERNMENT	-142 966.585 7*	-142 472.632 5*	-146.627 6*	-146.139 8*
	(76 020.700 6)	(75 618.433 4)	(84.497 3)	(83.951 9)
INNOVATION	-1.107 0	-1.307 1	0.002 6	0.002 4
	(14.682 1)	(14.582 9)	(0.016 3)	(0.016 2)
K-P LM	11.457***	11.373***	11.457***	11.373***
K-P Wald F	44.546***	41.954***	44.546***	41.954***
Hansen J	0.000	0.000	0.000	0.000
Observations	14	14	14	14
R-squared	0.798 0	0.799 9	0.878 2	0.879 7

注:括号中的数字为标准误;*、**、*** 分别表示在10%、5%和1%水平上显著。

2. 按要素密集度进行分行业分析

按照要素密集度可将制造业细分为劳动密集型行业、资本密集型行业和技术密集型行业,对样本分别进行回归分析,结果表现出较大的行业差距。

对于劳动密集型行业(如表 7.19 所示),国内市场规模的系数显著为正,表明其现阶段对出口产品质量的提升或结构的优化有着积极的促进作用;而

人力资本、企业活力、研发投入和政府支持等变量对出口产品结构优化的影响不显著；FDI和技术创新水平系数显著为负，表明其对出口产品质量提升或结构优化有着抑制作用。其中的原因可能在于虽然改革开放以来我国三大产业均有了长足发展，但目前国内市场规模仍然主要集中在劳动密集型行业中，而我国的劳动密集型产业本身是建立在我国价格低廉、数量充足的劳动力优势上的，这使得在长期的发展过程中资本、技术的投入较少。

表 7.19 基于劳动密集型行业的回归分析结果

	(1) PRODY	(2) PRODY	(3) EXPY	(4) EXPY
HMS_1	0.099 8***		0.000 1***	
	(0.019 9)		(0.000 0)	
HMS_2		0.087 4***		0.000 1***
		(0.019 4)		(0.000 0)
HR	46.178 3	38.574 1	0.109 1	0.102 7
	(280.554 0)	(285.033 1)	(0.394 9)	(0.398 5)
ACTIVITY	−14.798 1	−14.167 4	−0.008 2	−0.007 6
	(28.349 4)	(28.796 5)	(0.039 9)	(0.040 3)
RD	50.052 8	44.465 4	0.032 1	0.026 8
	(93.392 8)	(94.858 6)	(0.131 4)	(0.132 6)
FDI	−26 606.759 9***	−27 454.032 3***	−20.335 4	−21.144 3
	(9 163.971 1)	(9 304.610 5)	(12.898 0)	(13.007 3)
GOVERNMENT	14 482.304 3	15 190.495 3	40.714 2	41.503 0
	(24 600.681 1)	(24 988.411 7)	(34.624 7)	(34.932 4)
INNOVATION	−0.260 0***	−0.235 2***	−0.000 4***	−0.000 4***
	(0.066 3)	(0.066 9)	(0.000 1)	(0.000 1)
K-P LM	100.648***	99.756***	100.648***	99.756***
K-P Wald F	2 912.354***	2 280.224***	2 912.354***	2 280.224***
Hansen J	0.000	0.000	0.000	0.000
Observations	112	112	112	112
R-squared	0.341 3	0.320 3	0.192 0	0.177 4

注：括号中的数字为标准误；*、**、*** 分别表示在10%、5%和1%水平上显著。

对于资本密集型行业，国内市场规模的系数显著为正，体现出积极的正向作用，其他变量对出口产品结构优化的影响均缺乏显著性（如表7.20所示）。资本密集型行业的发展依托于巨大的现金流，国内需求的增加、产业盈利空间的扩大必然吸引资金的流入。在出口贸易结构中，我国资本密集型产品在国际上的优势不明显，其出口比重远远低于劳动密集型产品，且多为重工业的资本密集型产品，对设备的需求高于对劳动力、技术创新和研发活动的需求。

表7.20 基于资本密集型行业的回归分析结果

	(1) PRODY	(2) PRODY	(3) EXPY	(4) EXPY
HMS_1	0.132 5***		0.000 1***	
	(0.019 0)		(0.000 0)	
HMS_2		0.128 4***		0.000 1***
		(0.020 2)		(0.000 0)
HR	255.515 0	250.780 5	0.272 1	0.270 3
	(244.190 0)	(253.561 4)	(0.388 6)	(0.399 7)
ACTIVITY	−3.324 6	−4.442 8	0.009 2	0.007 7
	(32.029 3)	(32.911 9)	(0.051 0)	(0.051 9)
RD	42.084 2	40.445 5	−0.013 8	−0.015 3
	(41.367 1)	(42.502 9)	(0.065 8)	(0.067 0)
FDI	−8 308.297 7	−6 860.850 6	10.429 3	11.987 8
	(15 544.735 7)	(15 890.630 7)	(24.736 2)	(25.048 8)
GOVERNMENT	21 929.660 0	18 954.604 5	20.970 1	17.814 8
	(14 788.086 2)	(15 083.440 2)	(23.532 2)	(23.776 4)
INNOVATION	−0.073 0	−0.068 8	−0.000 2**	−0.000 2*
	(0.053 5)	(0.056 7)	(0.000 1)	(0.000 1)
K-P LM	113.022***	108.937***	113.022***	108.937***
K-P Wald F	818.816***	636.146***	818.816***	636.146***
Hansen J	0.000	0.000	0.000	0.000
Observations	140	140	140	140
R−squared	0.559 5	0.539 1	0.224 9	0.204 2

注：括号中的数字为标准误，*、**、***分别表示在10%、5%和1%水平上显著。

对于技术密集型行业,国内市场规模对出口产品结构优化的影响不显著,人力资本水平系数显著为正,企业活力显著为负(如表7.21所示)。虽然近年来我国技术密集型行业发展速度迅猛,但是由于前期起步较晚,发展速度缓慢,我国尚未培育出广阔的市场规模。随着产业升级,技术密集型行业对人力资本的数量和质量都提出了较高要求。同时,很长一段时间以来,由于引资竞争和政绩考核,我国各地方对外商直接投资的引进常常忽略了这些技术密集、要求严、标准高的行业,而主要偏向于高能耗高污染的行业。

表7.21 基于技术密集型行业的回归分析结果

	(1) PRODY	(2) PRODY	(3) EXPY	(4) EXPY
HMS_1	0.026 4		0.000 0	
	(0.019 8)		(0.000 0)	
HMS_2		0.016 3		0.000 0
		(0.018 3)		(0.000 0)
HR	570.846 3***	595.788 5***	0.473 5**	0.480 8**
	(170.674 0)	(173.042 4)	(0.240 9)	(0.243 7)
ACTIVITY	−46.799 7**	−50.443 2***	−0.015 1	−0.017 6
	(19.494 6)	(19.242 6)	(0.027 5)	(0.027 1)
RD	−15.956 2	−16.308 2	−0.077 6	−0.079 4
	(33.864 8)	(34.276 0)	(0.047 8)	(0.048 3)
FDI	−18 614.517 1	−21 855.512 2	9.007 8	7.075 7
	(15 488.426 8)	(15 289.425 1)	(21.865 7)	(21.531 9)
GOVERNMENT	10 303.122 1	8 941.630 6	17.501 3*	16.281 1*
	(7 090.361 7)	(7 003.970 6)	(10.009 8)	(9.863 6)
INNOVATION	0.004 6	0.007 9	−0.000 0	−0.000 0
	(0.014 3)	(0.015 7)	(0.000 0)	(0.000 0)
K-P LM	182.586***	178.664***	182.586***	178.664***
K-P Wald F	2 765.158***	2 056.073***	2 765.158***	2 056.073***
Hansen J	0.000	0.000	0.000	0.000
Observations	210	210	210	210
R-squared	0.175 2	0.168 5	0.092 9	0.090 0

注:括号中的数字为标准误;*、**、***分别表示在10%、5%和1%水平上显著。

7.4.4 机制探讨

1. 传导机制分析

通过上述回归分析,已基本明晰了各变量对出口产品结构优化的作用特征,现在我们有必要进一步剖析国内市场规模与每个控制变量(HR、ACTIVITY、RD、FDI、GOVERNMENT、INNOVATION)在共同作用于出口产品结构优化时的作用关系,以明确国内市场规模是通过什么样的渠道或者路径影响出口产品质量及其组成结构的。为此,我们通过引入交互项来具体分析:若交互项为正,则说明在影响出口产品结构优化的过程中国内市场规模与该变量是协同并进的;若交互项为负,则说明现阶段两者不能起到较好的协同作用。将处理后的交互项引入回归方程,基于前文的计量方法,所得结果见表7.22至表7.27。

从表7.22中可以看出,人力资本的交互项系数不显著,表明在对出口产品质量提升或结构优化的影响上国内市场规模与人力资本尚未形成较好的协同作用。首先,可能与我国劳动力市场结构有关,目前劳动力市场供需不对称,对高端技术人才的需求缺口较大,这就加大了企业科技人才引进的难度。其次,企业对人力资本投资的重要性认识不足,在员工培训、员工积极性开发调动、高端人才引进上投入较少。

表7.22 基于国内市场规模与人力资本(*HR*)的交互项回归结果

	(1) PRODY	(2) PRODY	(3) EXPY	(4) EXPY
HMS_1	0.076 4***		0.000 1***	
	(0.010 1)		(0.000 0)	
HMS_2		0.065 2***		0.000 1***
		(0.010 0)		(0.000 0)
HR	352.193 1***	414.268 2***	0.213 7	0.267 1
	(119.516 6)	(123.693 2)	(0.170 7)	(0.175 3)
ACTIVITY	−22.428 0	−26.344 9*	0.006 4	0.004 1
	(14.454 8)	(14.565 8)	(0.020 6)	(0.020 6)
RD	−4.642 6	−4.925 5	−0.066 5*	−0.067 8*
	(24.708 9)	(25.188 8)	(0.035 3)	(0.035 7)

续表

	(1) PRODY	(2) PRODY	(3) EXPY	(4) EXPY
FDI	−15 101.882 1**	−20 555.431 6***	6.279 8	1.080 1
	(7 511.094 5)	(7 509.894 4)	(10.729 6)	(10.642 0)
GOVERNMENT	17 356.994 5***	15 352.805 0***	24.265 4***	22.376 8***
	(5 382.491 5)	(5 441.369 2)	(7.688 9)	(7.710 7)
INNOVATION	−0.025 3***	−0.027 3***	−0.000 0***	−0.000 0***
	(0.009 0)	(0.009 9)	(0.000 0)	(0.000 0)
x_{11}	0.004 2		0.000 0	
	(0.009 5)		(0.000 0)	
x_{21}		0.009 1		0.000 0
		(0.008 7)		(0.000 0)
K-P LM	406.573***	400.151***	406.573***	400.151***
K-P Wald F	7 632.294***	5 839.568***	7 632.294***	5 839.568***
Hansen J	0.000	0.000	0.000	0.000
Observations	462	462	462	462
R-squared	0.253 2	0.229 0	0.091 7	0.077 4

注：括号中的数字为标准误；*、**、***分别表示在10％、5％和1％水平上显著。

从对企业活力交互项的回归结果来看（见表7.23），回归结果并不显著。企业活力存在研发机构数量不多、有研发机构的企业数量较少、研发机构水平参差不齐、机构层次较低等严重问题。企业缺乏独立进行研发活动的强烈意识，由于研发活动的高投入和高风险，许多企业只关注短期的经济效益，而对开展研发活动、建立研发机构等往往会敬而远之。同样，政府对企业研发政策的缺位、推动引导力度不足、资金扶持较少、成果保护力度不够等均会导致我国企业研发机构发展面临诸多困境。

表7.23 基于国内市场规模与企业活力（ACTIVITY）的交互项回归结果

	(1) PRODY	(2) PRODY	(3) EXPY	(4) EXPY
HMS_1	0.076 5***		0.000 1***	
	(0.010 1)		(0.000 0)	

续表

	(1) PRODY	(2) PRODY	(3) EXPY	(4) EXPY
HMS_2		0.065 2***		0.000 1***
		(0.010 0)		(0.000 0)
HR	346.378 5***	397.463 1***	0.213 3	0.255 6
	(118.931 6)	(122.942 0)	(0.169 9)	(0.174 1)
ACTIVITY	−27.198 7*	−31.855 0**	0.005 5	0.001 7
	(15.330 5)	(15.276 9)	(0.021 9)	(0.021 6)
RD	−3.954 5	−3.018 8	−0.066 5*	−0.066 1*
	(24.636 6)	(25.162 3)	(0.035 2)	(0.035 6)
FDI	−14 473.917 0*	−19 663.530 2***	6.388 2	1.538 6
	(7 527.933 0)	(7 531.059 5)	(10.754 1)	(10.663 6)
GOVERNMENT	17 646.474 1***	15 526.678 6***	24.336 8***	22.359 2***
	(5 405.533 2)	(5 466.512 5)	(7.722 1)	(7.740 3)
INNOVATION	−0.023 9***	−0.025 0**	−0.000 0***	−0.000 0***
	(0.009 1)	(0.010 0)	(0.000 0)	(0.000 0)
x_{12}	−0.000 5		−0.000 0	
	(0.001 0)		(0.000 0)	
x_{22}		−0.000 3		0.000 0
		(0.001 0)		(0.000 0)
K-P LM	405.893***	399.388***	405.893***	399.388***
K-P Wald F	7 395.108***	5 678.267***	7 395.108***	5 678.267***
Hansen J	0.000	0.000	0.000	0.000
Observations	462	462	462	462
R-squared	0.253 2	0.227 2	0.091 8	0.076 6

注：括号中的数字为标准误；*、**、***分别表示在10%、5%和1%水平上显著。

从表7.24中可以看出，研发投入的交互项缺乏显著性，这说明目前研发投入还难以融入国内市场规模对出口产品质量提升或结构优化的作用过程中。其中的原因可能是R&D悖论的存在。即，首先，产业研发投入问题突出，包括资源分配不均、研发投入不够、区域结构不合理等；其次，国家在企业研发上缺乏有效的引导与保护，进一步降低并削弱了研发投入的效率和效果。

表 7.24 基于国内市场规模与研发投入(RD)的交互项回归结果

	(1) PRODY	(2) PRODY	(3) EXPY	(4) EXPY
HMS_1	0.067 8***		0.000 1***	
	(0.011 2)		(0.000 0)	
HMS_2		0.061 8***		0.000 0***
		(0.010 7)		(0.000 0)
HR	361.212 0***	411.694 4***	0.239 4	0.288 1*
	(118.596 5)	(123.324 4)	(0.168 9)	(0.174 1)
ACTIVITY	−27.450 0**	−32.477 2**	0.000 2	−0.005 1
	(13.993 4)	(14.349 0)	(0.019 9)	(0.020 3)
RD	−49.756 8	−23.084 9	−0.151 7***	−0.118 5***
	(34.294 2)	(32.313 0)	(0.048 8)	(0.045 6)
FDI	−16 241.159 9**	−20 575.271 4***	3.684 4	−0.166 6
	(7 506.308 4)	(7 524.578 5)	(10.691 7)	(10.624 3)
GOVERNMENT	17 756.113 2***	15 247.735 6***	24.936 2***	22.060 9***
	(5 361.325 4)	(5 443.194 4)	(7.636 5)	(7.685 5)
INNOVATION	−0.033 1***	−0.030 3***	−0.000 1***	−0.000 1***
	(0.009 8)	(0.010 7)	(0.000 0)	(0.000 0)
x_{13}	−0.015 5*		−0.000 0**	
	(0.008 0)		(0.000 0)	
x_{23}		−0.006 5		−0.000 0*
		(0.006 5)		(0.000 0)
K-P LM	401.082***	395.795***	401.082***	395.795***
K-P Wald F	6 048.173***	5 018.221***	6 048.173***	5 018.221***
Hansen J	0.000	0.000	0.000	0.000
Observations	462	462	462	462
R-squared	0.259 6	0.229 0	0.104 8	0.084 0

注：括号中的数字为标准误；*、**、*** 分别表示在 10%、5% 和 1% 水平上显著。

根据表 7.25 所示，从对国内市场规模与外商直接投资的交互项回归结果来看，所得结果显著为正，符合本章的理论假说 1。这说明国内市场规模的扩大可以正向吸引外商直接投资的流入,外资的引进可以通过水平溢出效应和垂直溢出效应实现技术外溢,最终两者能够协同作用于出口产品质量的提升。

表7.25 基于国内市场规模与外商直接投资(FDI)的交互项回归结果

	(1) PRODY	(2) PRODY	(3) EXPY	(4) EXPY
HMS_1	0.0826***		0.0001***	
	(0.0103)		(0.0000)	
HMS_2		0.0697***		0.0001***
		(0.0102)		(0.0000)
HR	385.1387***	423.8078***	0.2355	0.2687
	(119.7454)	(123.1802)	(0.1716)	(0.1748)
ACTIVITY	−22.0776	−27.9733**	0.0076	0.0023
	(13.9154)	(14.1647)	(0.0199)	(0.0201)
RD	−8.7358	−7.4964	−0.0694**	−0.0687*
	(24.6704)	(25.2571)	(0.0354)	(0.0359)
FDI	−12 390.0510	−17 993.0569**	7.7074	2.6303
	(7 537.6743)	(7 543.5652)	(10.8048)	(10.7077)
GOVERNMENT	18 288.2949***	16 030.0758***	24.7856***	22.7516***
	(5 373.1470)	(5 442.1085)	(7.7021)	(7.7248)
INNOVATION	−0.0226**	−0.0237**	−0.0000***	−0.0000***
	(0.0090)	(0.0098)	(0.0000)	(0.0000)
x_{14}	1.7825**		0.0010*	
	(0.8792)		(0.0017)	
x_{24}		1.3525*		0.0007*
		(0.8030)		(0.0013)
K-P LM	405.910***	399.690***	405.910***	399.690***
K-P Wald F	7 401.085***	5 741.061***	7 401.085***	5 741.061***
Hansen J	0.000	0.000	0.000	0.000
Observations	462	462	462	462
R-squared	0.2595	0.2317	0.0932	0.0774

注:括号中的数字为标准误;*、**、***分别表示在10%、5%和1%水平上显著。

根据表 7.26 所示,国内市场规模与技术创新水平的交互项系数较小,且缺乏显著性,不符合本章的理论假说 2。这说明技术创新未能与国际市场规模协同并进共同作用于出口产品质量升级,这可能是技术创新的滞后效应所致。我国企业进行技术创新尤其是自主创新的历程还较短,而技术创新从投入到产出的每一个阶段都需要较长的时间,这导致我国的技术创新水平存在着一定的滞后性,还难以和国内市场规模形成有效的循环累积效应。然而,这也倒逼我们国家加快自主创新的步伐,尤其是在面对中美贸易摩擦所带来的技术断供、封锁和脱钩,以及 2020 年以来新冠肺炎疫情(COVID-19)所带来的供应链、价值链、产业链和创新链等的解构和重构等,我们更需要发挥强大的国内市场规模效应,通过加快形成技术创新与国内市场规模的耦合效应,为我国出口产品结构的优化提供新的内生动力和比较优势。

表 7.26 基于国内市场规模与技术创新水平($INNOVATION$)的交互项回归结果

	(1) PRODY	(2) PRODY	(3) EXPY	(4) EXPY
HMS_1	0.079 1***		0.000 1***	
	(0.010 2)		(0.000 0)	
HMS_2		0.067 0***		0.000 1***
		(0.010 0)		(0.000 0)
HR	373.037 2***	421.462 4***	0.217 5	0.263 1
	(120.475 3)	(123.892 4)	(0.172 3)	(0.175 7)
ACTIVITY	−22.256 6	−28.242 9**	0.006 7	0.001 8
	(13.998 0)	(14.206 7)	(0.020 0)	(0.020 1)
RD	−6.901 6	−6.548 5	−0.066 9*	−0.067 5*
	(24.740 8)	(25.315 0)	(0.035 4)	(0.035 9)
FDI	−13 041.392 2*	−18 514.355 6**	6.561 1	2.079 4
	(7 607.869 3)	(7 562.254 7)	(10.883 6)	(10.723 2)
GOVERNMENT	17 473.270 7***	15 429.187 0***	24.278 5***	22.414 2***
	(5 374.607 2)	(5 439.418 3)	(7.688 7)	(7.713 1)
INNOVATION	−0.020 8**	−0.021 8**	−0.000 0***	−0.000 0***
	(0.009 5)	(0.010 3)	(0.000 0)	(0.000 0)

续表

	(1) PRODY	(2) PRODY	(3) EXPY	(4) EXPY
x_{15}	−0.000 0		−0.000 0	
	(0.000 0)		(0.000 0)	
x_{25}		−0.000 0		−0.000 0
		(0.000 0)		(0.000 0)
K-P LM	405.700***	399.578***	405.700***	399.578***
K-P Wald F	7 330.404***	5 717.603***	7 330.404***	5 717.603***
Hansen J	0.000	0.000	0.000	0.000
Observations	462	462	462	462
R-squared	0.255 3	0.229 6	0.091 8	0.076 8

注：括号中的数字为标准误；*、**、*** 分别表示在10%、5%和1%水平上显著。

从国内市场规模与政府支持的交互项回归结果来看（如表7.27所示），交互项系数不显著，这说明政府支持与国内市场规模尚未形成良好的协同机制。虽然国家为制造业的发展提供了大量的资金和人力，但是体现在出口产品上的份额或作用却没有达到预期，原因可能在于政府支持的效率并不高。即，政府支持在行业和企业上存在一定的偏差，相较而言，大中型企业和国有企业更易获得政府的支持和帮助。这就容易导致政府的支持意愿与市场的真实需求存在着相脱节相背离的现象，即由于政府的支持存在偏好，某些有潜力的产业在短期内无法获得较高的投资收益和较大的增值空间。

表7.27 基于国内市场规模与政府支持（*GOVERNMENT*）的交互项回归结果

	(1) PRODY	(2) PRODY	(3) EXPY	(4) EXPY
HMS_1	0.076 3***		0.000 1***	
	(0.010 2)		(0.000 0)	
HMS_2		0.064 8***		0.000 1***
		(0.010 1)		(0.000 0)
HR	345.901 7***	395.792 4***	0.205 9	0.245 2
	(119.039 8)	(122.964 7)	(0.169 8)	(0.173 8)

续表

	(1) PRODY	(2) PRODY	(3) EXPY	(4) EXPY
ACTIVITY	−23.728 5*	−29.299 8**	0.008 5	0.003 5
	(14.005 6)	(14.212 1)	(0.020 0)	(0.020 1)
RD	−3.104 3	−1.758 2	−0.062 9*	−0.062 9*
	(24.730 7)	(25.206 8)	(0.035 3)	(0.035 6)
FDI	−15 085.764 1**	−20 267.828 5***	4.833 6	0.410 0
	(7 554.476 4)	(7 533.774 7)	(10.774 2)	(10.651 3)
GOVERNMENT	17 087.787 1***	14 848.214 2***	22.489 4***	20.723 4***
	(5 497.066 0)	(5 535.083 1)	(7.839 9)	(7.825 6)
INNOVATION	−0.024 8***	−0.025 8***	−0.000 0***	−0.000 0***
	(0.008 9)	(0.009 7)	(0.000 0)	(0.000 0)
x_{16}	−0.144 4		−0.000 8	
	(0.518 1)		(0.000 7)	
x_{26}		−0.266 3		−0.000 8
		(0.488 2)		(0.000 7)
K-P LM	405.400***	399.157***	405.400***	399.157***
K-P Wald F	7 232.040***	5 631.054***	7 232.040***	5 631.054***
Hansen J	0.000	0.000	0.000	0.000
Observations	462	462	462	462
R-squared	0.253 0	0.227 6	0.094 4	0.079 9

注：括号中的数字为标准误；*、**、***分别表示在10%、5%和1%水平上显著。

2. 影响机制分析

为了分析国内市场规模作用于出口产品质量提升或结构优化的作用形态，首先将劳动生产率(PRODUCTIVITY)分别与国内市场规模(HMS)和各控制变量基于面板固定效应(FE)进行回归(如表7.28所示)。通过FE回归，发现国内市场规模系数为正，显著性较高。然后，通过采用固定效应模型的工具变量法(FE-IV)和广义矩估计法(GMM)克服变量的内生性，进一步检验估计结果的稳健性。相较于工具变量法，广义矩估计法的优势在于在考虑因变量滞后作用的同时，其回归模型自动生成产生内生性解释变量的工

表 7.28 基于劳动生产率的作用机制回归结果

	(1) FE PRODUCTIVITY	(2) FE PRODUCTIVITY	(3) FE-IV PRODUCTIVITY	(4) FE-IV PRODUCTIVITY	(5) GMM PRODUCTIVITY	(6) GMM PRODUCTIVITY
HMS_1	9.087 6***		27.106 0***		7.873 3***	
	(1.726 2)		(2.082 6)		(1.755 3)	
HMS_2		7.911 7***		26.238 3***		6.768 1***
		(1.683 8)		(2.049 6)		(1.754 6)
HR	−22 729.382 1	−16 442.169 4	7 150.903 3	33 901.641 1	−27 237.906 3	−21 213.533 9
	(19 655.684 0)	(20 093.290 3)	(24 622.466 1)	(25 133.541 0)	(18 462.632 0)	(18 655.541 0)
ACTIVITY	−3 570.060 4	−4 270.669 1	−6 760.647 8**	−8 814.530 1***	−121.760 4	−711.338 4
	(2 964.250 0)	(2 978.404 0)	(2 886.715 5)	(2 896.075 5)	(2 891.450 3)	(2 823.118 3)
RD	−2 043.731 8	−1 946.269 6	−3 508.549 7	−1 937.210 7	−2 303.326 2	−2 260.041 9
	(5 464.097 7)	(5 501.833 6)	(5 100.055 8)	(5 145.712 1)	(2 204.110 3)	(2 286.553 0)
FDI	6 907 946.386 5***	6 496 537.814 5***	−8 334 673.555 9***	−9 398 915.996 4***	7 290 586.215 0***	7 036 528.161 5***
	(1 395 554.118 3)	(1 411 469.938 9)	(1 551 985.292 1)	(1 534 680.075 7)	(2 122 037.518 4)	(2 150 864.289 1)
GOVERNMENT	−2 246 445.904 0***	−2 400 052.295 7***	−1 868 942.286 0*	−2 294 742.037 7**	−2 573 903.153 6***	−2 762 728.010 9***
	(717 975.154 0)	(719 374.798 6)	(1 114 445.117 5)	(1 114 687.480 5)	(910 335.939 2)	(905 024.868 7)
INNOVATION	−8.607 2***	−9.003 6***	−10.304 0***	−12.738 4***	−7.818 3***	−8.068 1***
	(1.362 8)	(1.469 7)	(1.844 6)	(1.989 8)	(1.050 5)	(1.184 7)

续表

	(1)	(2)	(3)	(4)	(5)	(6)
	PRODUCTIVITY	PRODUCTIVITY	PRODUCTIVITY	PRODUCTIVITY	PRODUCTIVITY	PRODUCTIVITY
	FE	FE	FE-IV	FE-IV	GMM	GMM
Constant	166 044.559 5	181 993.654 4			927 946.698 1***	933 258.419 6***
	(135 334.176 8)	(136 026.091 5)			(138 149.462 7)	(145 220.880 4)
Time Effect	YES	YES			YES	YES
K-P LM			405.859***	399.425***		
K-P Wald F			7 401.178***	5 699.369***		
Hansen J			0.000	0.000		
Observations	495	495	462	462	462	462
R-squared	0.752 9	0.749 9	0.537 7	0.532 8	0.909 3	0.908 3

注：括号中的数字为标准误；*、**、***分别表示在10%、5%和1%水平上显著。

变量,进而能够更好地体现因变量内在的互动影响。从结果可以看出,国内市场规模系数显著为正,对劳动生产率有着积极的正向促进作用,而劳动生产率高意味着生产效率高,在一定程度上也说明技术水平高,能生产高质量的产品,进而促进了出口产品质量的提高和结构的优化。

7.5 本章小结

本章从现状分析和理论机制分析两个方面研究了国内市场规模作用于出口产品结构优化的内在关系。不管是从国内生产总值、人均GDP,还是国内生产总值与净出口的差额来看,我国国内市场规模每年均保持了较高速度的增长,这说明我国巨大的国内市场规模已经成为不可忽视的驱动力和新优势。同时,根据出口价格指数和出口物量指数的对比,可以发现我国出口产品质量的增长模式已由数量主导型转变为价格主导型,这说明我国出口产品的价值正在不断提升。另外,基于对所测度的出口产品技术复杂度数据,以及按照要素密集度进行行业细分的分析,还可以发现我国三大产业出口产品质量总体上处于缓慢上升的态势,但产业之间依然存在着明显的差异。

在理论机制分析中,本章主要分析了国内市场规模如何对以出口产品质量为表征的出口产品结构优化产生影响,即对其作用机制和影响路径进行了理论层面的剖析,并基于此提出了相应的理论假说。具体而言,从影响机制来看,国内市场规模的扩大会通过鼓励竞争和提升利润收益率等为企业劳动生产率提升拓展发展空间,而劳动生产率的提升又会通过成本收益效应和技术进步效应对出口产品质量升级发挥积极作用;从传导机制来看,国内市场规模的扩大有利于吸引市场导向型的FDI,进而促进产业集聚效应的发挥,同时FDI通过一系列溢出效应和缓解企业融资约束等功能能够间接促进出口产品结构优化。另外,国内市场规模的扩大能够通过需求拉动、产业集聚、竞争效应和"干中学"效应等,促进技术创新水平的提高和研发活动的投入增加,进而由于技术差距的存在,促使本土企业进行技术研发,积极汲取外资企业的先进技术,吸纳外资企业技术和产业转移等,进而提升本国出口产品的技术含量和附加值。

在此基础上,本章基于我国2002—2016年36个工业行业的面板数据,在考虑了回归过程中所存在的极端值误差、多重共线性、内生性和空间关联性等的影响后,通过采取面板数据的固定效应模型、工具变量法、动态面板数据模型等多种方法,稳健地得出如下结论:对现阶段而言,国内市场规模对我国出口产品质量提升或结构优化具有积极的促进作用,符合本章的基本预期;从分行业的考察来看,制造业国内市场规模对其出口产品质量提升有显著的正向作用,而采掘业、电力、热力、燃气及水生产和供应业等国内市场规模尚未能对出口产品结构优化产生显著的影响;从行业属性来看,劳动密集型、资本密集型和技术密集型等行业表现出较大的行业异质性,对于劳动密集型和资本密集型行业来说,国内市场规模对出口产品结构优化表现出促进作用,而对于技术密集型行业而言,国内市场规模对出口产品结构优化的影响并不显著。

进一步对国内市场规模和各变量的交互关系进行分析,发现国内市场规模与FDI的交互项显著为正,说明国内市场规模与FDI存在着互补效应,能够相互影响,共同对出口产品结构优化产生正向的推进作用;而其他变量,如技术创新水平、人力资本、企业活力、研发投入、政府支持等尚未能与国内市场规模在共同作用于出口产品结构优化或质量提升的过程中形成有效的耦合提升机制。具体而言,首先,由于技术创新的滞后效应以及科技成果转化率较低等原因,技术创新水平尚未能与国内市场规模形成较好的协同机制;其次,行业内的劳动力数量和质量均难以融入本土市场规模对出口产品质量的提升过程中,因而只有通过优化劳动力结构、提升R&D从业人员的综合素质等,才能发挥行业内人力资本与本土市场规模的协同效应;再其次,由于我国制造业政府支持和研发投入总量不足或者结构不合理等原因,用于科研的资金支持在数额增长和结构匹配等方面均存在着瓶颈或障碍,难以为本土市场效应的发挥提供有效的资金支持;最后,在样本期内,国内市场规模还难以有效地借助现有的企业活力来推动出口产品质量的提升以及结构的优化,这两者在共同作用于出口产品结构的优化过程中存在着互为弱化的关系,这可能是因为目前我国的企业活力未能真正形成基于技术的核心竞争力,不能够与本土市场规模形成契合效应。另外,在影响机制分析中,我们发现国内市场规模能通过促进生产效率提升而对出口产品结构优化产生正向的推进作用。

因此,在共同作用于出口产品质量提升或结构优化的过程中,技术创新、人力资本、企业活力、研发投入和政府支持等尚未能与国内市场规模形成有效的耦合提升机制。这其中的原因,我们可以归结为以下几点:

1. 技术创新的滞后效应

由于各行业要将知识存量运用于技术领域一般需要较长的时间,这容易导致知识存量转化效率和技术吸收能力存在着较大的差异,致使技术创新能力的落地与转化存在着滞后效应。赵玉林和胡燕(2018)将产业创新过程划分为三个阶段,即科技成果形成阶段、商业价值形成阶段和规模经济效应形成阶段。其中,第一阶段是新思想、新构想和新理念创生并向新产品模型和样品转化的过程;第二阶段为新产品模型和样品向新产品实体转化的过程,在第一阶段向第二阶段的转变过程中会形成诸多中间产出专利;第三阶段为规模经济效应形成阶段,是指新产品转变为满足市场需求的新商品的过程,在第二阶段向第三阶段转变的过程中会形成诸多中间产出新产品。上述三个阶段可以看作时间累积和技术创新的演变过程,特别是研究人员之间的相互配合、组织内外部之间的交流合作以及产品品牌的建立和客户忠诚度的形成等,且各阶段可能会出现创新投入的滞后期及其对应的循环累积过程等。

本章用专利申请数来衡量技术创新水平,但是专利申请数对出口产品质量的促进作用并不是很显著,这可能是因为专利申请数并不能真实地反映创新的本质,即"创造性毁灭",并且许多专利在申请和授权后并没有及时而又高效地转化为商品,因而不能发挥这些专利的最大效用。同时,从专利申请到授权再到利用保护通常需要较长的时间和烦琐的手续,因此专利申请数并不能全面而准确地反映和度量我国技术创新的整体水平和内在价值。

2. 行业和产品差异性

从分行业来看,现阶段国内市场规模对出口产品质量的促进作用主要体现在劳动密集型和资本密集型等行业中,而对技术密集型行业来说,国内市场规模对出口产品质量的影响暂不显著。施炳展(2015)认为外资对不同种类的产品影响存在着差异性,即外资对中低技术产品的影响较低,而对高技术产品的影响较高。祝树金等(2015)认为劳动密集型行业的全要素生产率增长较快,进一步而言,全要素生产率的提高有利于出口产品质量的提升,即一般来说,全要素生产率越高的企业,其生产和创新的水平也比较高,因而所面对的边际成本也越低,这会导致其所生产或创新的利润也越高,进而促使企业拥有并将更多的收益集中于出口产品质量的提升,从而加快出口产品结构优化的步伐。陈丰龙和徐康宁(2016)研究发现在中国制造业中,对于资本密集度或技术密集度越高的行业,其所生产的出口产品往往拥有更长的质量阶梯,而这意味着该行业出口产品质量的升级速度会更慢。陈保启和毛日昇(2018)发现我国出口质量相对较高的产品仍然主要集中在劳动密集型行业,且对于大部分资本或技术密集型行业来说,其出口产品质量仍然与最前沿经济体的出口产品质量存在着较为显著的差距。冯伟(2015)在研究本土市场规模与产业生产率之间的作用关系时指出,本土市场规模对提升劳动密集型行业的生产率具有非常重要的意义,而对于资本密集型或技术密集型行业来说,应进一步挖掘各行业本土市场规模的作用潜力。冯伟等(2014)认为本土市场规模与产业创新之间存在着显著的正向作用,且这种作用主要体现在劳动密集型和资本密集型行业中,而对技术密集型行业来说,目前还缺乏足够的显著性。

国内市场规模影响出口产品质量所体现出的行业差异性,可能与中国制造业行业发展的具体特征有关,即不同的行业发展所体现出的对各影响变量的要求不一样,这是由我国产业发展的空间异质性和行业差异性所共同引致的;同时,这也与中国经济发展的阶段有关,即虽然改革开放以来我国通过经济发展积累了较为巨大的市场规模,但是从行业层面来看,现阶段所具有的市场规模仍然主要蕴藏或体现在劳动和资本密集型行业中。今后,还需要进一步加快技术密集型行业的发展,有效提升产业发展的技术含量和质量。

3. 技术门槛效应

通常来说,在国内市场规模扩大的同时,企业生产经营活动的数量和规模也在不断扩大,因而会有更多的企业参与到出口活动中来,但是这也会导致企业质量的良莠不齐。李宇和张瑶(2014)经实证研究发现企业规模与技术创新之间存在着公司规模的门槛效应,即大企业更加有利于技术创新,而规模相对较小的公司在进行技术创新投入决策时就要考虑到投入的有效性,这在一定程度上印证了熊彼特假说。陈德湖和马平平(2013)认为就我国本土企业而言,也存在着一些阻碍本土市场效应发挥的因素:首先,本土企业由于缺乏充足的研发活动和高技能的员工等,吸收能力、整合能力和创新能力过低,以至于所引进的外资并没有对这些企业产生相应的技术外溢效应;其次,本土企业要从FDI中获取技术外溢,必须付出相应的成本,而这对于我国诸多企业来说是一笔不小的开支。余泳泽(2012)认为影响FDI技术外溢发挥的内外在条件均存在着某种"门槛效应",因而中外企业之间的技术差距过大或过小均不利于本地企业获取溢出效应。王明益(2014b)也认为当内资企业与外资企业之间技术差距过大或者过小时均不利于技术外溢效应的发挥,只有当技术差距适中时,技术外溢才能较好地发挥。这是因为差距过大时,尽管存在着较大的提升空间或技术势能以及较多的学习机会,但是囿于较低技术水平和较弱研发能力的局限,内资企业还没有消化吸收外来先进技术的能力。因而,王明益(2014b)进一步指出,随着经营能力的不断提升,内资企业模仿和吸收外来技术的能力也会不断提升,此时,会产生大量的技术外溢效应。然而,伴随着内资企业的不断成长,可供其学习和吸收的外资先进技术也变得越来越少,而且此时外资企业也会有意地采取技术封锁、研发保密等措施来提防抑或限制内资企业的成长,而这些变化在客观上会阻碍技术外溢效应的发挥。

4. R&D 悖论

一般而言,企业要想在激烈的市场竞争中脱颖而出,持续不断地获得竞争优势和超额利润,就必须跟上市场需求变化的节奏和步伐,不断提高研发投入的广度和力度;与此同时,较大的市场需求规模也会促进企业创新投入的增加。然而,目前我国制造业所存在的研发投入不足、研发强度不够、研发资源分配不均、研发投入区域结构不合理等问题,限制并阻碍了研发投入对于出口产品质量的提升效应。这可能与当前我国技术研发领域存在着 R&D 悖论有关,即尽管我国在不断增加 R&D 收入,但是受技术创新效率以及 R&D 收益递减等原因的影响,所投入的 R&D 并不能产生或发挥应有的效应。吴敏洁等(2018)认为 R&D 悖论主要是由以下原因导致的:首先,当政府对国家创新系统干预出现失灵时,政府就难以引导 R&D 资源向低碳节能或绿色创新领域进行有效配置;其次,跨国公司在享受中国政策优惠的同时,会将核心技术环节严格保密控制,此时研发成果也会以母国战略为核心,并将研发出的新技术新产品及时传入国外市场;最后,中国的知识产权保护制度还不完善,高 R&D 投入无法获得应有的有效产出,同时,我国当前也缺乏良好的教育环境来支撑或促进 R&D 的吸收与转化。

5. 劳动力市场结构性问题

通常来说,人力资本对我国出口产品质量的提升具有积极的促进作用。然而,通过本章的实证分析,我们发现,现阶段我国的人力资本水平尚未能与国内市场规模形成良好的协同机制。其内在的主要原因可能在于我国劳动力市场存在着结构性矛盾,具体表现为低端劳动力市场供过于求,大量低技术劳动力面临着待业甚至是失业的处境,而高端劳动力市场供不应求,高端人才缺乏尤其是高技术人才紧缺已经成为严重制约我国出口商品结构优化的主要障碍或瓶颈。魏浩和程珺(2010)研究认为我国劳动力需求和供给的不对称严重阻碍了我国对外贸易发展和出口商品结构优化的进程,因而如何进一步优化劳动力市场结构、提升劳动力素质是当前我国优化出口商品结构所必须要考虑和解决的重大而又迫切的现实问题。

作为本书的核心章节,本章主要研究了国内市场规模优化出口产品结构的传导机制和影响机制,明晰了国内市场规模是怎样作用于出口产品结构优化的。然而,我们会进一步追问,国内市场规模优化出口产品结构的目标是什么呢?根据十九大报告做出的要推进我国经济高质量发展这一战略方针,本书认为培育国内市场规模、优化出口产品结构的最终落脚点是要实现我国经济的高质量增长。那么,国内市场规模是否也能成为推进经济高质量增长的有效动力呢?我们将在下一章中给出答案。

第八章

国内市场规模、进口贸易与经济增长质量

8.1 经济增长质量的新动力

改革开放四十多年以来,我国的对外贸易取得了长足的发展。中国的综合国力和国际竞争力有了大幅提升,在全球的经贸发展中具有重要的影响力。据统计,截至 2017 年底,我国的国内生产总值突破 80 万亿元人民币(约合 12.8 万亿美元),位居世界第二位;货物进出口额达到 27.8 万亿元人民币(约合 4.3 万亿美元)。这意味着我国已经成为全球第一贸易大国。

2018 年 11 月首届中国国际进口博览会在上海召开,吸引了"一带一路"沿线 58 个国家的超过千家企业参加。这更是彰显了中国作为一个贸易大国的重要地位,见证了中国对外贸易的跨越式发展。从广交会到进博会,从侧重出口到注重进口,两个国际展会完成了一次黄金交接,并继续谱写着贸易发展的新篇章。

当前,中国国内市场规模呈现出两大发展特征。一方面,国内市场规模持续快速扩张,消费需求得到持续释放,且有望在未来的某一年超越美国成为全球最大的消费市场。另一方面,国内消费结构的升级趋势也较为明显。随着基础设施建设的不断完善以及消费品供给的日益丰富,尤其是中等收入

群体的不断扩大,消费需求的多样性、个性化等特征日益明显和增加。现如今,很多国人不仅仅满足于购买国货,还把目光投向了购买品质更好、更加安全、更加高端的进口商品,其中新兴的跨境电商为其提供了更为便捷的购买方式,"海淘""代购"等跨境网购已成为国人满足对进口商品需求的主要途径。

2019年以来,中美贸易摩擦僵持不下,我国面临的国际市场环境的不确定性与复杂性也未有减少趋势。因而,从国内市场寻求规模优势和新发展动力,不仅有利于缓解当前中美贸易摩擦带来的影响,更有利于我国企业参与全球竞争,有助于本土市场效应的培育和发挥,驱动企业以及产业创新能力的提升,为发展战略性新兴产业、促进产业结构优化、夯实经济增长内生动力等提供保障,进而推进经济高质量发展。与此同时,当前,中国很多省份已达到富可敌国的程度,近半省份均存在着本土市场效应。因而,积极发挥巨大的市场规模优势,对于扩大进口贸易和实现经济高质量增长具有重要的研究价值。

在党的十九大报告中,习近平总书记指出:"我国经济已由高速增长阶段转向高质量发展阶段。"我们认识到,除了关注经济在速度上的增长,更需要重视经济在质量上的提升。过去的飞速发展历程中,产生的资源浪费、生态环境破坏、地区发展不平衡等一系列问题不容忽视,更不能重蹈覆辙,我们应追求更加平稳、更加可持续的质量型经济发展方式,为经济增长寻求新动力。因此,从国内市场规模和进口贸易的视角来探究经济高质量发展的实现路径和实施措施,具有重要的理论意义和现实意义。

进口贸易的快速发展并不足以表明经济增长的可持续性,所以不仅仅需要关注经济效益,我们同样需要注重其所带来的民生福祉和社会层面的影响。当前,研究进口贸易与经济增长质量的文献很多,但研究市场规模和进口贸易之间相互影响并作用于经济增长质量的相关文献比较少。因此,基于当下中国经济发展的供给侧结构性改革的战略举措以及经济新常态的发展背景,本章着重从国内市场规模和进口贸易的视角探讨如何提升中国经济增长的质量,具体而言,国内市场规模的扩大与升级需要进口贸易的积极推动,而进口贸易也需要国内市场规模的驱动和牵引。同时,国内市场规模和进口贸易及这两者的交互关系均会对经济增长质量产生一定的影响。本章将这三者结合起来思考和研究,希冀能提出有针对性和可操作性的对策建议,以进一步发挥国内市场规模和进口贸易对国民经济持续、健康、稳定发展的积极作用。

本章的后续内容安排如下：第二部分，介绍相关理论和研究进展，在整理和归纳前人研究成果的基础上明晰本章的研究特色和主要贡献；第三部分，进行研究设计，介绍本章所用的研究模型、相关变量以及数据特征等，为后续研究提供分析准备；第四部分，用实证分析方法研究国内市场规模和进口贸易对我国经济质量的影响，着力探讨并厘清三者之间的内在关系；最后，结合当前我国经济发展现状以及实证结论，给出相应的政策建议。

8.2 国内市场规模和进口贸易作用于经济增长质量的逻辑

8.2.1 基本理论支撑

经济学家约翰·梅纳德·凯恩斯(John Maynard Keynes)所构建的国民收入理论指出，总需求包括消费、投资、政府支出和净出口，用如下公式表示：

$$AD = C + I + G + NX \tag{8.1}$$

其中：C 表示居民消费；I 表示投资；G 是指政府支出；NX 为净出口。凯恩斯认为，由于存在三大基本心理规律，即边际消费倾向递减、资本边际效益递减、流动性偏好等，会造成社会上对生产资料和消费品的有效需求不足，以及包括投资需求不足等的总需求不足。其中，消费需求不足是有效需求不足的主要原因，因为投资需求是由消费需求传导而成，不能脱离消费需求而单独存在，即如果消费需求降低，投资需求也会随之降低。这更突显了消费需求在其间的重要性。此外，乘数理论也突出了消费对经济增长的驱动作用。例如，在简化的国民收入决定理论中，投资乘数可以表示为如下形式：

$$k_1 = 1/(1-\beta) \tag{8.2}$$

其中：β 为边际消费倾向。投资乘数为 1 减去边际消费倾向的差的倒数。从式(8.2)中我们可以看出，边际消费倾向与投资乘数呈正相关关系，如果边际消费倾向越高，投资乘数也越高；而随着投资乘数的提高，将带动国民收入和经济增长更大乘数倍地提高。这进一步说明了消费的重要作用。

通过进口的方式可以丰富国内消费品的数量和种类。一方面，可以满足国内消费者的不同需求，为消费者提供福利；另一方面，通过扩散效应，推动与消费者密切相关的上下游产业发展得更为紧密,从而促进整个行业和地区的发展。在刺激国内需求的同时,型构新的经济增长点,为未来产业发展提供方向和动力,也促进了新技术和新产品的研发与升级。此外,就技术外溢效应而言,进口贸易所带来的中间品和高技术产品等也是一种直接和便捷的学习和模仿对象,这一定程度上可以节约创新成本。因而,进口贸易可以突破本国所固有的要素供给约束,为国民经济发展提供有效动力。同时,拥有较大的国内市场需求可以引致本土市场效应,进而促进资源配置的有效供给和生产能力的有效提升。

根据比较优势理论,制定适宜且有效的消费政策和进口政策还可以促进资源的优化配置。通过科学的宏观调控,地方政府能够为当地资源要素的合理流动提供参考方向和优化路径,使相对稀缺的资源使用于更有效率和更高质量的行业中,从而增加单位劳动力产出的价值,推进产业结构优化和经济增长,弥补国家或地区的发展劣势。与此同时,国内市场竞争的增加,会促使厂商根据需求结构不断进行创新,通过调研和分析消费者的偏好,提升商品的技术含量和附加值,进而提升产品品质和优化产品结构。

8.2.2 关于国内市场规模与经济增长关系的研究

在研究国内市场规模和经济增长的相关文献中,比较具有代表性的研究主要有 Davis 和 Weinstein(2001)通过对日本国内 40 个地区市场规模和地区生产率的研究发现,区域市场规模每增加 1 单位,该地区的生产率将提高 3.5 个百分点。Ottaviano 和 Pinelli(2006)在对芬兰一些区位优势突出、市场发展前景良好、人口密集的地区进行研究时发现,一个地区的人口密度和市场潜力对该地区的经济增长均能够起到显著的促进作用。Desrmet 和 Parente(2010)从需求弹性的角度提出了一种新的引致本土市场效应的机制,即规模大的市场更容易促使企业利用规模效应和竞争效应进行生产工艺和技术的创新,进而提升企业的综合竞争力。陈丰龙和徐康宁(2012)通过整理 2001—2010 年中国制造业不同行业的发展数据,实证分析了本土市场规模与全要素生产率之间的关系,得出本土市场规模对全要素生产率的影响在不同行业存在一定差异性,但是"以市场促创新"的假说整体上是成立的。赵永亮(2015)从张家口消费品市场的发展现状入手,探究了消费品市场发展和经济增长之间的关系,认为城乡居民消费市场的稳定发展为张家口经济的持续增长做出了重要贡献。Coşar 等(2018)通过研究,发现贸易成本、生产成本、偏好的差异性均是造成本土市场效应的重要原因,而消费者对本土品牌的偏好是本土市场优势最重要的一个驱动因素,企业通过采取正确策略可以在国内获得更高的市场份额。蔡礼辉等(2019)基于新贸易理论框架,利用2001—2014年台湾不同行业的面板数据,实证分析发现地区产业规模的扩大对产业增长有正向的促进作用,即区内市场规模越大,越能促进产业经济增长。

8.2.3 关于进口贸易与经济增长关系的研究

在传统的理论研究中,亚当·斯密(Adam Smith)于1776年出版了《国富论》,其所提出的动态生产率理论和剩余产品出口模型对研究对外贸易和经济增长之间的内在关系具有很大的促进作用;大卫·李嘉图(David Ricardo)和伯尔蒂尔·俄林(Beltil G Ohlin)以及伊·菲·赫克歇尔(Eli F Heckscher)等也认为对外贸易是实现经济增长的重要力量,自然,进口贸易也是推动经济增长的有效途径。20世纪80年代中期,罗默(Romer)和卢卡斯(Lucas)所提出的内生性增长理论为国际贸易和经济增长的长期关系研究提供了更为严谨的动力基础和理论支撑。他们认为国际贸易可以为本土企业提供更为广阔的国际市场、更大容量的信息交流以及更为激烈的市场竞争,因此不仅能促进本土企业的快速成长,而且也能推动该国经济的快速增长。

国际贸易和经济增长之间的关系一直是经济学家们广泛讨论的话题。在宏观经济学中,我们可以通过国民经济核算等式来进一步剖析,即

$$Y = C + I + G + (X - M) \tag{8.3}$$

其中:Y表示国民收入;C表示消费;I表示投资;G代表政府购买;X表示出口;M表示进口。从直观上来看,等式右侧的X增加或者是M减少更有利于等式左侧Y的增加,即进口减少更有利于GDP的发展。然而,随着研究逐步深入,多数学者研究结果认为只有恰当的进口商品结构才能对经济增长产生有效的促进作用。

Coe和Helpman(1997)选取了21个OECD国家的面板数据,主要研究进口贸易的技术溢出效应对外国R&D活动和进口国技术进步等的影响,并据此分析了进口贸易对本国经济增长的贡献度。徐光耀(2007)实证分析了进口产品结构对中国经济增长的影响,发现异质性的进口产品结构会对经济增长产生差异化的作用,并指出中国应该更加注重对先进技术、关键设备和短缺能源以及原材料等的进口,进而更为快速地推进中国经济的增长与发展。濮素(2010)通过对我国1980—2003年的样本进行回归分析发现,进口

与经济增长存在着显著的正相关关系,即合理地增加进口,有利于增加GDP。魏浩(2014)对中国进口商品结构进行了分析,并与8个发达国家和8个发展中国家的进口商品技术结构进行了比较,结果表明中等技术工业制成品是我国的第一大进口商品,增加该产品的进口能更有效地促进我国经济增长。杨文欣和徐毅(2019)运用协整分析和VAR模型等分析方法,对2000—2016年安徽省进口贸易和经济增长之间的关系进行了实证检验,认为安徽省进口贸易对经济持续增长具有促进作用,且经济增长在一定程度上也会促进进口贸易的不断发展,并给出安徽省应在全省范围内增加进口、转变发展理念、提升技术创新水平等的政策建议。

8.2.4 关于国内市场规模与进口贸易关系的研究

实际上,对于一个国家或者地区而言,处于不同的发展时期,市场规模和贸易之间的关系是不同的。1978年实行改革开放以来,我国的生产力水平有了大幅提升,有效缓和了长期压抑的消费需求和落后生产力之间的矛盾,促进了国内市场规模的发展。在20世纪90年代中后期,我国消费品供求市场从供不应求的局面逐步转变为供过于求的状态,虽然这一转变中可能蕴含着供给和需求之间结构失衡的因素,但是不可否认的是在此期间我国的生产力水平得到了进一步的提升。在改革开放初期,我国主要出口的是初级农产品和原料,进口的是先进设备和科学技术。随着我国生产力水平的不断提升和社会发展的不断进步,我国发挥廉价劳动力资源丰富的优势来进行初级产品的加工和出口,并在进口商品中初步增加了高档消费品以及高质量商品等的进口,以满足国内对高品质商品的需求。在这一过程中,借助进口贸易的外溢效应和倒逼效应,在"干中学"中也创生了国内相关产业的发展,促进了国内市场规模的进一步扩大。

国内(或本土)市场规模会对国际贸易存在影响,学者们从不同角度对贸易的影响作用和方向进行了探讨。Kimura和Lee(2006)通过引力模型来预测和分析服务贸易的进出口情况,并通过实证检验得出世界经合组织(OECD)成员国服务业的本土市场效应要比一般国家更为显著的结论。高新(2017)通过对2000—2013年14个省份的数据进行回归分析和比较,选取GDP和地区发展与民生指数(DLI)作为衡量省际层面消费者异质性的指标,得出省际进口贸易与双方经济总量和消费者异质性显著正相关的结论。宋大强和王璐雯(2017)利用2000—2013年包含中国在内的24个国家的面板数据,实证得出国内市场规模的扩大可以显著地促进服务贸易进口的相关结论,并提出了促进服务贸易进口、优化我国服务贸易结构的两点启示。王紫绮和孔群喜(2017)借鉴拓展的引力模型,采用空间计量模型发现,国内市场需求规模的扩张会显著地促进一国进口服务贸易的发展。

8.2.5 简要述评

综上所述,国内市场规模、进口贸易和经济增长质量等一直是国内外研究者关注的热点话题之一,相关研究也取得了丰硕的成果,很多是从定性或者是制度设计等理论角度出发来阐述分析它们之间的内在关系并给出相应的对策建议。可以说,以上研究为我们提供了很好的研究参照,并打下了坚实的理论基础,起到了很好的借鉴作用。由于我国作为世界上最大的发展中国家,以及经济发展进入新常态的现实背景,因而,我们需要不断融入和更新更具有时效性和特色型的研究。本章基于国内市场规模和进口贸易的视角来综合分析和研判加快我国实现经济高质量增长的可能性和可行性,有着重要的研究价值和借鉴作用,不仅能丰富现有的理论研究,而且还能提出富有建设性和启发性的政策建议,具有重要的研究价值和参考意义。

8.3 国内市场规模和进口贸易影响经济增长质量的实证设计

8.3.1 构建实证方程

综上,为考察国内市场规模和进口贸易对经济增长质量的影响,建立如下计量方程:

$$\ln QUALITY_{it} = \alpha_0 + \alpha_1 \ln MDEMAND_{it} + \alpha_2 \ln IMPORT_{it} + \alpha_3 X_{it} + \mu_i + \varepsilon_{it} \quad (8.4)$$

其中:$\ln QUALITY$ 为经济增长质量;$\ln MDEMAND$ 为国内市场规模;$\ln IMPORT$ 为进口贸易;X 为控制变量;μ_i 为各省区市的个体特征;ε_{it} 为误差项;i 为各省区市;t 为年份。

本章的因变量是经济增长质量($\ln QUALITY$)。我们参考魏婕和任保平(2011)的做法,将经济增长质量划分为六个维度,具体构建指标见表8.1。

表 8.1 测度经济增长质量的指标体系

一级指标	二级指标	基础指标	指标属性
经济增长的效率	生产效率	全要素生产率(TFP)	正
		劳动生产率	正
经济增长的结构	产业结构	工业化率	正
		第一产业比较劳动生产率	正
		第二产业比较劳动生产率	正
		第三产业比较劳动生产率	正
	投资消费结构	投资率	适度
		消费率	适度
	金融结构	存款余额/GDP	正
		贷款余额/GDP	正
	国际贸易结构	进出口总额/GDP	正
	城乡二元结构	二元对比系数	正
经济增长的稳定性	产出波动	经济波动率	逆
	价格波动	消费者物价指数	逆
		生产者物价指数	逆
	就业波动	城镇登记失业率	逆
经济增长的福利变化与成果分配	福利变化	人均 GDP	正
		城市人均公园绿地面积	正
		城镇居民家庭恩格尔系数	逆
		农村居民家庭恩格尔系数	逆
	成果分配	泰尔指数	逆
		劳动者报酬占比	正
经济增长的环境代价	生态环境	单位工业烟粉尘排放量	逆
		单位工业废水排放量	逆
		单位工业废气排放量	逆
		单位工业固体废弃物排放量	逆
国民经济素质	基础素质	人均城市实有道路长度	正
	能力素质	科技支出占财政支出比重	正
		教育支出占财政支出比重	正
	协调素质	行政支出占财政支出比重	逆

需要说明的是,表 8.1 中的部分指标,如人均 GDP、投资率和消费率等,可以直接从统计年鉴上获取,而另外一些指标则需要通过相应方法进行测

度。现对需要进行计算处理的变量做一简单的说明：

（1）全要素生产率。本章基于 DEA-Malmquist 方法计算各省区市的全要素生产率。在运用该方法时，需要明确投入产出指标。对此，我们选取 1999—2016 年中国各省区市的 GDP 作为产出，并基于 1978 年的价格指数进行平减；资本投入为各省区市的资本存量，该指标按照永续盘存法进行测度，测算公式为 $K_t = I_t/P_t + (1-\delta)K_{t-1}$，其中 K 为资本存量，I 为固定资本形成总额，P 为平减指数（以 1978 年不变价格计算），δ 为折旧率，折旧率按照 10.96% 来进行估算（单豪杰，2008）；劳动投入选取 1999—2016 年中国各省区市的就业人数。

（2）劳动生产率。用各省区市的 GDP 占就业人数的比重来衡量。

（3）经济波动率。以各省区市的人均 GDP 变化率来表示。

（4）泰尔(Theil)指数。用来衡量地区之间的收入差距，基于泰尔指数的计算公式 $T = \sum[I_i/I \times \lg(I_i/I)/(P_i/P)]$ 来测算。其中，I_i 表示各省区市所管辖的第 i 个市或区的 GDP，P_i 表示各省区市所管辖的第 i 个市或区的人口数量，I 表示该省区市的 GDP 总量，P 表示该省区市的人口总量。

（5）单位工业烟粉尘（废水/废气/固体废弃物）排放量。用各省区市的工业烟粉尘（废水/废气/固体废弃物）排放总量占工业产值的比重来表示。

在测算过程中，我们需要对原始数据做一些处理和变换。首先，对逆指标进行正向化处理，即取其倒数；其次，对适度指标进行正向化处理，即取其与平均值之差的倒数形式。在此基础上，对所有指标进行均值化处理，解决指标单位不同无法直接相加的问题；最后，使用 SPSS 22.0 软件，基于主成分分析法(Principal Components Analysis，PCA)，进行总体层面上的测算经济增长质量指数。同时，为了避免经济增长质量的过大波动，我们对数据进行了归一化处理。

本章的解释变量为国内市场规模（ln MDEMAND）和进口贸易（ln IMPORT）。

为了凸显国内市场对于进口贸易和经济增长质量的内生作用，根据 Harris(1954)所提出的空间加权平均法来测度某一地区的市场规模，即一地区的市场规模与本地区及其他地区的总收入呈正比，而与其他地区到该地区的距离呈反比，其具体的测度公式为

$$MDEMAND_{it} = \sum(Y_{it}/D_{ii} + Y_{jt}/D_{ij}) \text{ 且 } j \neq I \qquad (8.5)$$

其中：Y_{jt} 表示 t 时期 j 省区市在扣除净出口额后的地区生产总值；D_{ij} 为 i、j 两省区市省会城市之间的地理距离；D_{ii} 为 i 省区市的内部距离，根据 Harris (1954)提出的构建方法，用 $D_{ii}=(2\sqrt{S_i/\pi})/3$ 来测度，其中 S_i 为第 i 省区市的陆地面积。

为了更加真实和清晰地厘清国内市场规模与进口贸易和经济增长质量之间的内在关系，本章引入了如下控制变量：

人力资本（ln HR）：在可以提高技术水平的同时，高质量的人力资本还可以提高创新和管理效率从而推动产业升级。用人口教育结构指标来核算，这里采用的是陈钊等(2004)所构建的估算方法，首先将各种受教育等级划分为高等教育水平(16 年)、高中教育水平(12 年)、初中教育水平(9 年)与小学教育水平(6 年)等四个层次，然后将这四个层次水平的受教育人口数除以包括文盲的总人口数，得到的商作为一国或者一地区的人口教育结构指数。所用到的受教育人口数据以及包含文盲的总人口数据来自《中国统计年鉴》和各省区市的统计年鉴。

创新水平（ln INN）：现有年鉴并没有直接的指标可以衡量，本章采用多数文献的做法，即以人均发明专利授权件数来表征科技创新程度。

外商直接投资（ln FDI）：可以增加区域的资本存量以及获得技术外溢效应，用每个省区市所吸引的外商直接投资占 GDP 的比重来表示。

产业升级（ln UPGRADE）：用第三产业增加值占 GDP 的比重来表示。

经济周期（ln ECYCLE）：用每个省区市的实际年度经济增长率来表示。

基于上述指标，由于本章构造的经济增长质量指数包含的指标有 30 个之多，考虑到数据的可得性和有效性等问题，西藏、青海和海南以及港澳台等地区不列入本章的研究范围，因此本章仅对 28 个省区市的数据进行了实证分析。

本章所使用的数据主要来源于历年的《中国统计年鉴》、各省区市的统计年鉴以及统计公报等。

8.3.2　描述变量的统计特性

在对上述相关变量和数据进行标准化整理之后，从表 8.2 可以看出各变量的总体均值描述了变量取值的大致情况，反映了数据的总体水平。各变量的标准差（Standard Deviation, St. Dev）均控制在一定范围内，表明数据分布较为集中，可适用于进行后续的定量分析。各变量的最小值（Min）、最大值

(Max)、中位数(Median)以及 25%和 75%的百分位值则说明了数据分布的区间。

表 8.2　变量的描述性统计说明

	Mean	St. Dev	Min	Max	Median	t-value
ln QUALITY	0.338 1	0.205 1	0.000 0	0.693 1	0.334 1	37.003 5
ln MDEMAND	0.041 9	0.03 4	0.002 5	0.185 5	0.031 2	28.41 7
ln IMPORT	0.127 2	0.167 1	0.005 4	0.849 5	0.053 1	17.561 9
ln HR	2.136 6	0.125 5	1.761 2	2.525 9	2.134 6	392.611 4
ln INN	0.122 0	0.063 6	0.008 5	0.358 4	0.111 2	44.260 8
ln ECYCLE	0.102 5	0.025 6	−0.025 3	0.213 5	0.101 7	92.44 3
ln UPGRADE	0.350 0	0.055 9	0.249 2	0.590 9	0.339 9	144.440 8
ln HR	0.081 9	0.010	0.056 6	0.117 8	0.081 2	189.438 9
ln FDI	0.026 2	0.022 6	0.000 4	0.136 7	0.019 3	26.835 3

根据所收集和整理的数据,样本的时间区间为 1999—2016 年,个体是中国 28 个省区市(不含港澳台地区、西藏、青海和海南)。从表 8.3 中可以看出,各变量之间的相关性均比较小,显示各主要变量之间并不存在明显的多重共线性问题。

表 8.3　各变量的多重共线性检验

Variables	(1)	(2)	(3)	(4)	(5)	(6)	(7)	(8)
(1) ln QUALITY	1.000 0							
(2) ln MDEMAND	0.421 0	1.000 0						
(3) ln IMPORT	−0.042 0	0.276 1	1.000 0					
(4) ln HR	0.320 1	0.663 9	0.607 7	1.000 0				
(5) ln INN	0.286 5	0.352 7	0.268 9	0.533 1	1.000 0			
(6) ln FDI	−0.075 0	0.094 9	0.550 2	0.288 2	−0.170 4	1.000 0		
(7) ln UPGRADE	0.045 2	0.388 9	0.730 8	0.601 6	0.492 4	0.188 0	1.000 0	
(8) ln ECYCLE	−0.055 3	−0.277 8	0.045 8	−0.097 6	−0.083 9	0.234 3	−0.262 5	1.000 0

另外,图 8.1 显示了各解释变量和经济增长质量之间的相关关系状况。从中可以看出,大多数相关关系与我们的预期是相符的,但是值得注意的是,

进口贸易(ln IMPORT)和经济增长质量(ln QUALITY)之间呈现出负相关关系。然而,更为严谨的判断,需要进一步借助计量经济学方法来揭示和佐证。

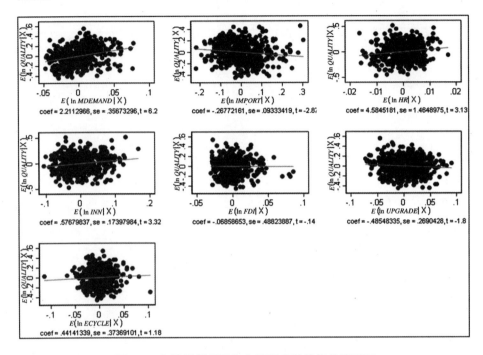

图 8.1　经济增长质量与各解释变量的相关关系图

8.4　实证分析国内市场规模和进口贸易对经济增长质量的作用特征

8.4.1　基本回归结果

本章的数据类型是面板数据,可以采用固定效应(Fixed Effect,FE)模型和随机效应(Random Effects,RE)模型,对此需要进行甄别。基本回归结果如表8.4所示,通过 Hausman 检验可知,其统计值为 20.97,在1%的统计显著性水平上拒绝原假设,意味着应选用固定效应模型。从具体的回归结果来看,国内市场规模(ln MDEMAND)的系数显著为正,而进口贸易(ln IMPORT)的系数并不稳定。该结果是否具有稳健性,我们需要进一步予以实证分析。

表 8.4 基本回归结果

	(1) ln QUALITY	(2) ln QUALITY	(3) ln QUALITY
	FE	RE	FE
ln MDEMAND	4.038 0***	3.052 9***	1.468 8**
	(0.618 1)	(0.457 8)	(0.648 7)
ln IMPORT	0.029 6	−0.192 6*	0.120 7
	(0.196 8)	(0.116 1)	(0.178 2)
ln HR	1.891 7	3.508 1*	3.945 1
	(2.568 7)	(1.922 1)	(3.742 7)
ln INN	0.395 8*	0.583 3***	−0.202 5
	(0.220 9)	(0.194 4)	(0.218 9)
ln FDI	0.716 3	0.223 6	0.272 9
	(0.661 0)	(0.572 5)	(0.576 8)
ln UPGRADE	−1.049 5***	−0.804 8***	−1.730 6***
	(0.373 3)	(0.306 0)	(0.356 2)
ln ECYCLE	0.397 2	0.399 9	0.636 1
	(0.400 7)	(0.380 2)	(0.475 4)
Time Effect	NO	NO	YES
Hausman Test	20.97(0.003 8)		
Constant	0.279 0	0.119 9	0.408 8
	(0.234 5)	(0.167 7)	(0.298 7)
Observations	504	504	504
R-squared	0.351 3	—	0.569 4

注：括号中的数字为标准误；*、**、*** 分别表示在 10%、5% 和 1% 水平上显著。

考虑到国内市场规模和经济增长质量以及进口贸易和经济增长质量之间可能存在着内生性问题，而这种内生关系会影响回归结果，因此本章进一步采用工具变量法（IV）和 GMM 法进行回归，同时也进一步检验上述回归结果的稳健性。根据现有文献的普遍做法（邵军和徐康宁，2011；Fieler et al.，2018），我们选择国内市场规模和进口贸易的滞后项作为其各自的工具变量，回归结果如表 8.5 所示。从中可以看出，在满足对内生工具变量检验要求的前提下，即 K-P LM 统计量、K-P Wald F 统计量和 Hansen J 统计量均在 1% 的统计水平上显著拒绝工具变量存在弱识别、过度识别等的零假设，各个经济变量之间均存在着一定的相关性。具体而言，国内市场规模与经济增长质量在 1% 的统计水平下存在显著的正相关关系，即国内市场规模越大，经济增长质量越高，大致是国内市场规模每提升 1 个单位量，将会推动经济增长质量提升 4~6 个单位量。而进口贸易与经济增长质量的作用系数虽然为正，但是其显著性并不稳定，因而我们可以认为在样本期内，进口贸易并不能对经济增长质量产生作用。这可能在于尽管近些年我国进口贸易获得了长足的发展，也对经济增长产生了有效的支撑作用，但是量的增长并不意味质的提升，从当前的进口贸易中所获得的技术外溢还尚不能对经济增长质量产生推进作用，这是需要在今后的进口贸易中尤为注意和改进的，即要进一步提升进口贸易的技术含量和附加值，以此为提升经济增长质量提供有益的渠道和奠定优良的基础。

表 8.5　克服内生性的回归结果

	(1) ln QUALITY	(2) ln QUALITY	(3) ln QUALITY
	FE-IV	Sys-GMM	Diff-GMM
ln MDEMAND	4.884 8***	4.343 9***	6.083 3***
	(0.658 8)	(1.550 5)	(1.363 3)
ln IMPORT	0.782 3***	0.095 9	0.597 1
	(0.269 3)	(0.157 1)	(0.389 1)
ln HR	−0.324 8	−12.002 0***	−18.178 2***
	(2.769 2)	(3.926 7)	(4.024 9)
ln INN	0.241 1	0.904 4***	0.478 6**
	(0.234 6)	(0.186 1)	(0.217 6)
ln FDI	0.505 6	1.104 2	−3.459 4
	(0.721 7)	(2.632 1)	(4.081 3)
ln UPGRADE	−1.028 5***	−0.229 0	0.050 1
	(0.393 3)	(0.448 7)	(0.626 2)
ln ECYCLE	0.224 3	−0.122 3	0.857 9*
	(0.419 8)	(0.612 5)	(0.473 4)

续表

	(1) ln *QUALITY* FE-IV	(2) ln *QUALITY* Sys-GMM	(3) ln *QUALITY* Diff-GMM
l. ln *QUALITY*		0.3521***	0.2396***
		(0.0461)	(0.0626)
Constant		0.9764***	1.3635***
		(0.2908)	(0.5277)
K-P LM	272.770***		
K-P Wald F	343.240***		
Hansen J	0.000		
AR(1)		−4.1823***	−4.253***
AR(2)		0.62895	−.24286
Sargan		24.62433	23.45984
Observations	476	476	448
R-squared	0.3382	—	—

注：括号中的数字为标准误；*、**、*** 分别表示在10%、5%和1%水平上显著；AR(1)和AR(2)均为 Z 统计量；Sargan 为 chi2 统计量。

8.4.2 分样本回归分析

由于中国幅员辽阔,地区之间差异比较大,因而有必要从分区域的层面来进一步探讨国内市场规模和进口贸易作用于经济增长质量的内在特征。具体结果如表 8.6 所示,从区域层面上来看,国内市场规模(ln *MDEMAND*)与进口贸易(ln *IMPORT*)对东部、中部、西部地区的经济增长质量的作用并不一致,存在较为明显的空间差异。无论是东部、中部还是西部地区,国内市场规模都对其产生显著的正向推动作用,但存在区域差异。在西部地区国内市场规模的效用最为显著,每增长 1 个单位量,经济增长质量约提升11.1860个单位量。这可能在于东部沿海地区市场较为成熟,现已聚集了我国大量的人口和优良的发展资源,而中西部地区作为新兴市场,尤其是近些年国家对其大力支持,市场潜力巨大,还有待进一步挖掘。从进口贸易来看,东部地区进口增加对经济增长质量具有积极的推动作用,而对于中西部地区来说,进口贸易并未呈现出对经济增长的有效推动态势。这可能在于,东部地区拥有得天独厚的发展对外贸易的地理和区位优势,同时东部地区经济基础较好,对进口商品的需求量也比较大,因而在推进经济高质量增长的过程中,东部地区的进口贸易能产生有效的推进作用;而对于中西部地区来说,由于其处于内陆,地形复杂,人口分布也较为分散,存在着发展经济的瓶颈,这就限制了进口贸易的发展,导致进口贸易并不能对经济增长质量产生推动作用。

表 8.6 基于分样本的回归结果

	(1) $\ln QUALITY$	(2) $\ln QUALITY$	(3) $\ln QUALITY$	(4) $\ln QUALITY$	(5) $\ln QUALITY$
	EAST	MIDDLE	WEST	≤2008	≥2009
	FE-IV	FE-IV	FE-IV	FE-IV	FE-IV
$\ln MDEMAND$	5.6717***	7.3221***	11.1860***	11.6315***	4.2089***
	(1.2842)	(1.4833)	(1.7288)	(1.6068)	(1.1891)
$\ln IMPORT$	0.8242**	−1.3270	−0.0250	0.3815	0.4414
	(0.3343)	(1.5498)	(0.7823)	(0.4409)	(0.5490)
$\ln HR$	−10.0757*	−14.6385**	−10.0480**	−9.6345*	−10.3446**
	(5.4584)	(7.3587)	(4.6299)	(5.7482)	(4.4202)
$\ln INN$	−0.3438	0.6375	0.3454	0.1290	−0.1351
	(0.4519)	(0.4332)	(0.3019)	(0.3402)	(0.3189)
$\ln FDI$	−1.7747*	1.1015	−0.8279	0.3120	1.6818
	(1.0591)	(2.1452)	(1.5188)	(0.9919)	(1.2720)
$\ln UPGRADE$	−0.7929	−1.4702**	0.0061	−0.4581	−0.2019
	(1.1555)	(0.6536)	(0.4904)	(0.7274)	(0.5931)
$\ln ECYCLE$	1.2487	0.8021	0.2655	1.2191*	−2.4824***
	(0.8640)	(0.8893)	(0.5634)	(0.6242)	(0.7296)
K-P LM	92.888***	62.107***	95.116***	119.393***	68.833***
K-P Wald F	105.882***	57.024***	112.145***	123.836***	51.151***
Hansen J	0.000	0.000	0.000	0.000	0.000
Observations	170	136	170	252	224
R-squared	0.2277	0.4613	0.5623	0.4052	0.2683

注:括号中的数字为标准误;*、**、***分别表示在10%、5%和1%水平上显著。

在空间层面的特征分析之后,有必要从时间层面上来进一步探讨国内市场规模和进口贸易对经济增长质量的推进作用。从表 8.6 中可以看出,2008

年前后不同变量对经济发展质量的作用差异也很大。2008年,全球爆发了世界性的金融危机,到如今全球经济仍在待复苏状态中,尤其是在近些年,英国脱欧(Brexit)、中美贸易摩擦、欧洲难民以及新冠肺炎疫情(COVID-19)的持续性影响等问题,更使得全球经济的复杂性和不确定性凸显。这种经济发展形势的转变,是否会对我们的研究结果产生影响呢?

在表8.6中,在1%的统计显著性水平下,国内市场规模(ln MDEMAND)在2008年以前的作用系数为11.631 5,而在2009年及以后的作用系数回落至4.208 9。从统计结果来看,不可否认的是,虽然国内市场规模对于经济发展质量一直以来都有显著的推动作用,且相关系数水平最高,但是在全球经济下行趋势的影响下,国内市场规模对经济增长质量的推动作用受到了制约,在2008年前后减少了近7.5个单位量。这意味着全球经济扑朔迷离的发展态势会影响国内市场规模的扩增,进而影响到对经济增长质量的推进作用。然而,我们也应看到,相较于进口贸易的作用效果来说,国内市场规模对推进我国经济增长高质量发展依然能够起到主要的推进作用,发挥着"定海神针"的作用。

从对进口贸易(ln IMPORT)的回归系数来看,不论是在2008年之前,还是在2009年之后,进口贸易对经济增长质量的推进作用均是不显著的,这和总体样本层面的回归结果是一致的。这也意味着进口贸易在2008年前后均没有对经济增长质量产生有效的推进作用。这可能在于,过去我国一直都比较注重出口导向型经济的发展,以获取更多的外汇储备和拉动更多的就业岗位等,近些年来,虽然我国也开始注重进口开放,尤其是在2018年我国成功举办了第一届进口博览会之后,迄今已连续举办三届了,但是或许由于时间上的滞后效应以及我国对进口技术溢出效应的吸收能力还有待进一步增强等原因,从目前来看,进口贸易还难以对经济增长质量产生有效的推进作用。

8.4.3 交互项回归结果

在上述回归结果的基础上,我们进一步利用交互项模型来探讨和检验在共同作用于经济增长质量的过程中,国内市场规模和进口贸易的交互关系。从表8.7的回归结果来看,交互项系数显著,表明国内市场规模与进口贸易之间存在着互相影响的关系,进一步在运用固定效应模型、工具变量法、系统矩估计法和差分矩估计法等四种方法后,所有模型均显示,国内市场规模和进口贸易的交互项系数为负,且具有显著性,这表明在共同作用于经济增长质量的过程中,国内市场规模与进口贸易之间存在相互抑制的作用,两者并没有很好地契合起来发挥协同并进的作用。结合国内市场规模和进口贸易的回归结果,可知在共同作用于经济增长质量的过程中,当前进口贸易的发展状况会限制国内市场规模对经济增长质量的作用效果。这在以后进一步推进经济高质量增长的过程中是值得关注和改进的。

表 8.7 基于交互项的回归结果

	(1) ln QUALITY FE	(2) ln QUALITY FE-IV	(3) ln QUALITY Sys-GMM	(4) ln QUALITY Diff-GMM
ln MDEMAND	2.912 9***	7.171 8***	5.593 6***	9.273 5***
	(0.791 2)	(0.730 5)	(1.897 8)	(1.667 8)
ln IMPORT	0.262 8	1.393 5***	0.275 3	0.564 9*
	(0.182 2)	(0.277 5)	(0.577 7)	(0.330 4)
ln HR	4.525 7	−4.343 6	−11.268 5***	−21.290 0***
	(3.711 5)	(2.770 9)	(4.121 5)	(4.587 3)
ln INN	−0.039 1	0.346 4	0.795 8***	0.580 8***
	(0.223 0)	(0.228 8)	(0.226 6)	(0.216 7)
ln FDI	−0.001 8	−0.756 0	0.183 4	−5.713 5*
	(0.578 0)	(0.726 4)	(1.481 5)	(3.469 9)
ln UPGRADE	−1.453 3***	−0.671 6*	0.410 0	−0.466 3
	(0.363 8)	(0.386 0)	(0.510 9)	(0.765 9)
ln ECYCLE	0.491 4	0.393 1	0.701 1	1.732 0***
	(0.473 1)	(0.409 5)	(0.561 0)	(0.609 3)
交互项	−4.396 6***	−10.470 4***	−5.987 1	−12.542 5***
	(1.405 9)	(1.518 3)	(6.863 5)	(3.313 0)
l. ln QUALITY			0.328 2***	0.256 5***
			(0.048 2)	(0.054 0)
Constant	0.267 4		0.616 2**	1.688 2***
	(0.299 3)		(0.311 2)	(0.607 3)

续表

	(1) ln QUALITY	(2) ln QUALITY	(3) ln QUALITY	(4) ln QUALITY
	FE	FE-IV	Sys-GMM	Diff-GMM
K-P LM		259.290***		
K-P Wald F		302.283***		
Hansen J		0.000		
AR(1)			−4.2417***	−4.4124***
AR(2)			0.36272	−0.33113
Sargan			25.30742	22.53898
Observations	504	476	476	448
R-squared	0.5785	0.3729	—	—

注：括号中的数字为标准误；*、**、*** 分别表示在 10%、5% 和 1% 水平上显著；AR(1) 和 AR(2) 均为 Z 统计量；Sargan 为 chi2 统计量。

由于我国各地区经济发展水平存在着较大的差异，因而有必要对东部、中部和西部三个地区分别建立交互项模型，研究在共同作用于经济增长质量的过程中，国内市场规模和进口贸易在不同区域之间是否也存在着交互效应。从表 8.8 的回归结果来看，虽然东部、中部、西部地区之间的交互系数在不同程度上均为负，但是只有东部地区的回归结果具有显著性，这说明相较于中西部地区来说，东部地区的市场规模与进口贸易之间的逆向强化作用更为显著，是导致国内市场规模和进口贸易的交互项在全样本层面显著为负的主要原因。这可能在于虽然东部地区拥有经济发展的比较优势，本土市场规模和进口贸易均能对经济增长质量产生积极的推进作用，但是将这两者结合起来，可能由于内外力量的契合需要时间抑或是推进经济高质量增长需要更高标准、更高要求的国内市场规模和进口贸易，因而这两者在共同作用于经济增长质量的过程中还不能发挥有效的协同互促作用。

进一步，从时间层面上来看，2008 年以前与 2009 年及以后，其回归结果与全样本和东部地区的结果相似，即交互项系数在 1% 的统计水平上显著性为负，表明在推进经济高质量地增长过程中，国内市场规模和进口贸易并不能产生有效的"化学反应"，两者是显著的相互抑制。

表8.8 基于分样本交互项的回归结果

	(1) ln QUALITY	(2) ln QUALITY	(3) ln QUALITY	(4) ln QUALITY	(5) ln QUALITY
	EAST	MIDDLE	WEST	≤2008	≥2009
	FE-IV	FE-IV	FE-IV	FE-IV	FE-IV
ln MDEMAND	8.5658***	9.8142***	11.8127***	16.9006***	9.6252***
	(1.4409)	(2.6504)	(2.1954)	(2.1042)	(1.7787)
ln IMPORT	1.5482***	1.1501	0.4914	2.0571***	1.5132**
	(0.3786)	(3.1197)	(1.8093)	(0.7512)	(0.6711)
ln HR	−10.8395**	−14.8416**	−9.9681**	−9.1124	−16.6237***
	(5.4275)	(7.2475)	(4.6624)	(5.5882)	(4.6031)
ln INN	−0.0084	0.6839	0.3526	0.2642	−0.3959
	(0.4511)	(0.4267)	(0.3011)	(0.3297)	(0.3141)
ln FDI	−1.5332	1.0183	−0.8411	−0.7372	0.4241
	(1.0520)	(2.1132)	(1.5208)	(1.0176)	(1.2575)
ln UPGRADE	−0.7271	−1.7176**	0.0215	0.8419	−0.4626
	(1.1472)	(0.6896)	(0.4938)	(0.7906)	(0.5764)
ln ECYCLE	1.0373	0.4878	0.2102	0.0565	−1.3834*
	(0.8604)	(0.9484)	(0.6006)	(0.7009)	(0.7704)
交互项	−10.2430***	−65.2670	−15.7471	−24.7945***	−24.1639***
	(2.1287)	(54.9351)	(39.9866)	(7.3254)	(4.5908)
K-P LM	82.292***	30.065***	49.014***	66.274***	59.132***
K-P Wald F	80.483***	18.419***	33.563***	45.379***	40.612***
Hansen J	0.000	0.000	0.000	0.000	0.000
Observations	170	136	170	252	224
R-squared	0.2384	0.4816	0.5616	0.4372	0.3045

注：括号中的数字为标准误；*、**、***分别表示在10%、5%和1%水平上显著。

8.4.4 原因探讨分析

虽然国内市场规模和进口贸易对经济增长质量可以起到正向的推动作用，但是表8.9的统计结果显示，当它们共同作用于经济增长质量的过程中时，其交互项系数为负，说明现阶段这两者还不能够协同地对提升经济增长质量产生积极的作用。下面我们有必要对这两者不能产生协同的原因做进一步的探讨。

我们首先分析国内市场规模对进口贸易的作用特征。从表8.9中的回归分析中,我们可以发现,不论是基于面板数据的固定效应模型(FE)还是用于克服内生性的固定效应-工具变量法(FE-IV)和广义矩估计法(GMM)等,国内市场规模对进口贸易均会产生显著的抑制作用。这表明,现有阶段我国国内市场规模还难以对进口贸易产生积极的促进作用,究其原因可能在于:一方面,从自身发展的原因来看,受市场分割、地方保护以及基础设施尚不完备等因素的影响,我国国内市场规模的规模效应和范围效应等尚不能充分发挥出来,这就限制了国内市场对进口贸易的引力效应;另一方面,国内市场规模对进口贸易的发挥还会受诸多条件的限制,即国内市场规模与影响进口贸易的诸多变量尚未能形成有效的促进作用,这是需要我们进一步佐证的。

表8.9 国内市场规模对进口贸易作用关系的回归结果

	(1) ln IMPORT FE	(2) ln IMPORT FE-IV	(3) ln IMPORT Sys-GMM	(4) ln IMPORT Diff-GMM
ln MDEMAND	−0.448 7***	−0.555 3***	−0.488 3***	−0.529 3***
	(0.155 0)	(0.137 0)	(0.027 5)	(0.027 3)
ln HR	−0.621 2	1.163 2*	1.945 6***	2.097 6***
	(0.978 9)	(0.595 4)	(0.067 6)	(0.090 3)
ln INN	0.088 8	0.195 3***	0.004 1	0.001 2
	(0.055 6)	(0.050 1)	(0.005 1)	(0.006 0)
ln FDI	0.632 6***	0.496 9***	0.794 7***	0.554 0***
	(0.131 5)	(0.136 6)	(0.050 5)	(0.044 9)
ln UPGRADE	0.167 1*	−0.051 4	0.113 6***	−0.031 0**
	(0.091 9)	(0.084 1)	(0.019 6)	(0.014 5)
ln ECYCLE	−0.266 8**	0.260 9***	0.049 5**	−0.007 3
	(0.121 5)	(0.092 5)	(0.021 5)	(0.016 0)
l.ln IMPORT			0.854 9***	0.753 7***
			(0.003 8)	(0.004 7)

续表

	(1) ln IMPORT	(2) ln IMPORT	(3) ln IMPORT	(4) ln IMPORT
	FE	FE-IV	Sys-GMM	Diff-GMM
Constant	0.089 0		−0.185 7***	−0.123 4***
	(0.078 4)		(0.008 4)	(0.009 4)
K-P LM		470.167***		
K-P Wald F		3.8e+04***		
Hansen J		0.000		
AR(1)			−1.416 9	−1.382 5
AR(2)			−1.287	−1.436 1
Sargan			23.924 91	22.873 85
Observations	532	504	504	476
R-squared	0.279 0	0.172 2	—	—

注：括号中的数字为标准误；*、**、*** 分别表示在 10%、5% 和 1% 水平上显著；AR(1) 和 AR(2) 均为 Z 统计量；Sargan 为 chi2 统计量。

基于上述结果，我们对国内市场规模和各影响变量能否协同作用于进口贸易做进一步的分析。从表 8.10 的回归结果来看，第一，在 1% 的统计显著性水平下，国内市场规模与人力资本之间存在着负向的相关关系，这意味着在共同作用于进口贸易的过程中，国内市场规模和人力资本并不能产生协同效应。这可能在于：尽管我国各地区的本土市场规模获得了较大的扩增，人力资本也得到了相应的提升，但是不论是本土市场规模还是人力资本，其发展均存在着地区差异性，即主要集中在东部地区，这就导致人力资本与市场规模在共同作用于进口贸易的过程中会出现地区非平衡性，而这会影响到进口贸易的作用效果。

第二，国内市场规模与地区创新之间也存在着显著的负相关关系。这可能在于尽管通过发挥国内市场规模的聚集效应和竞争效应有利于技术创新（冯伟等，2014；徐康宁和冯伟，2010），但是现阶段我国各地区国内市场规模发展的非平衡性导致了技术创新主要集中在少部分地区，这对于我国发展进口贸易来说并不是有利的，因而这两者在共同作用于进口贸易中会出现相互抑制的状态。

第三，国内市场规模与外商直接投资的交互系数也显著为负，表明这两者之间也存在着相互抑制的作用。这可能在于外商直接投资在推动各地区经济增长的同时也会不可避免地给当地经济发展带来一定程度的资源浪费、环境破坏等问题(余泳泽,2015;张三峰,2009),而这对当地市场规模的进一步扩增会产生不利的影响,进而会抑制对进口贸易的促进作用。

第四,产业升级与国内市场规模之间的交互关系也在1%的统计水平上显著为负,这说明产业升级和国内市场规模在共同作用于进口贸易的过程中也不能产生协同的促进效应。究其原因主要在于尽管从理论上来说本土市场规模的扩增有利于加快产业升级,但是从我国的现实国情来看:一方面,对于广大居民来说,他们的市场消费理念和生活消费支出正在由生存型消费向发展型和享受型消费转变,即市场规模正在不断升级;另一方面,对于产业结构来说,由于经济发展的路径依赖效应,我国很多地区的产业转型升级并不是很顺利,尤其是对中西部地区来说,如山西和内蒙古等资源型省份、东北三省等,产业结构的转变依旧处在阵痛期。这种产业结构与市场规模相脱节、不能协同升级的矛盾制约了我国进口贸易的发展和升级。

第五,从国内市场规模和经济周期的交互项回归结果来看,其在1%的统计水平上显著为正,这意味着在共同作用于进口贸易的过程中,经济周期与国内市场规模能够产生正向的协同作用。这说明如果本土市场规模能够与经济周期的规律保持一致的话,即本土市场规模的扩增能够呈现出正周期性,那么这对于进口贸易来说也是有利的,即也能够使进口贸易呈现出正周期性。从现实经济发展的情形来看,总体而言,不论是本土市场规模,还是进口贸易,均能与经济周期的发展节奏形成一致性,即呈现出正周期性。

表 8.10 基于主要变量交互项的回归结果

	(1) ln IMPORT FE-IV	(2) ln IMPORT FE-IV	(3) ln IMPORT FE-IV	(4) ln IMPORT FE-IV	(5) ln IMPORT FE-IV
ln MDEMAND	1.004 1*	−0.171 9	−0.164 0	0.618 4*	−1.324 5***
	(0.598 9)	(0.188 4)	(0.171 9)	(0.356 7)	(0.276 4)
ln HR	1.028 1*	0.764 1	0.752 5	0.565 8	0.383 0
	(0.584 4)	(0.603 4)	(0.596 0)	(0.606 1)	(0.627 7)
ln INN	0.192 7***	0.307 9***	0.198 8***	0.211 6***	0.219 4***
	(0.048 9)	(0.062 8)	(0.049 2)	(0.049 0)	(0.050 5)

续表

	(1) ln IMPORT FE-IV	(2) ln IMPORT FE-IV	(3) ln IMPORT FE-IV	(4) ln IMPORT FE-IV	(5) ln IMPORT FE-IV
ln FDI	0.441 2***	0.559 1***	0.873 6***	0.458 8***	0.508 1***
	(0.134 9)	(0.136 5)	(0.167 8)	(0.133 6)	(0.135 9)
ln UPGRADE	−0.028 2	−0.030 6	−0.042 9	0.116 3	0.045 0
	(0.082 4)	(0.083 4)	(0.082 6)	(0.094 2)	(0.089 0)
ln ECYCLE	0.245 4***	0.221 7**	0.299 6***	0.276 7***	−0.092 5
	(0.090 3)	(0.092 3)	(0.091 4)	(0.090 3)	(0.142 1)
X_1	−16.360 5***				
	(6.073 9)				
X_2		−2.373 7***			
		(0.813 2)			
X_3			−10.456 5***		
			(2.802 3)		
X_4				−2.837 9***	
				(0.794 0)	
X_5					10.058 7***
					(3.045 0)
K-P LM	389.364***	464.813***	466.753***	438.192***	458.794***
K-P Wald F	2 107.803***	1.9e+04***	2.4e+04***	5 435.753***	1.3e+04***
Hansen J	0.000	0.000	0.000	0.000	0.000
Observations	504	504	504	504	504
R-squared	0.212 3	0.193 0	0.202 6	0.213 7	0.181 0

注：括号中的数字为标准误；*、**、*** 分别表示在10%、5%和1%水平上显著；$X_1=$ln MDEMAND$\times$ln HR；$X_2=$ln MDEMAND$\times$ln INN；$X_3=$ln MDEMAND$\times$ln FDI；$X_4=$ln MDEMAND$\times$ln UPGRADE；$X_5=$ln MDEMAND$\times$ln ECYCLE。

8.5 本章小结

本章基于1999—2016年中国各省区市的发展数据,研究了国内市场规模、进口贸易与经济增长质量之间的关系,实证结果表明,无论是全国层面还是分地区的东中西三个地区抑或是分时间的金融危机前后等,国内市场规模均对经济增长质量产生显著的推动作用,而进口贸易尚不能对经济增长质量完全发挥作用。进一步地,通过对这两者的交互关系进行回归,发现交互项系数显著为负,表明在共同作用于经济增长质量的过程中,国内市场规模与进口贸易之间并没有产生很好的协同并进的作用。最后,本章尝试对进口贸易为何不能对经济增长质量产生促进作用的原因进行解析,发现本土市场规模的扩增并不能引致进口贸易的增加,这主要在于本土市场规模与人力资本、外商直接投资、产业升级以及地区创新等在作用于进口贸易的过程中并不能形成相契合的作用。

  本章不仅深化了本书的研究主旨,将国内市场规模这一新型比较优势纳入进口贸易和经济增长质量的分析架构中,使我们更为深刻地理解国内市场规模的内生效能,而且进一步丰富了本书的研究价值和实践意义,为本书的未来研究指引并拓展了新的方向。

第九章

主要结论和对策建议

9.1 相关结论

本书将国内市场规模内生至出口产品结构的优化过程中,较为细致地研究了国内市场规模作用于出口产品结构的特征、基础和机制及其实现路径与对策等,主要结论可以归纳为以下几个方面:

第一,关于比较优势对出口产品结构优化的研究。我们认为,作为全球出口量第一大和进口量第二大的国家,我国虽然在贸易总量和规模上获得了巨大的发展,但是贸易大国并不等于贸易强国。我国在进出口贸易方面仍然存在着诸多问题,尤其是伴随着国际经济环境的日趋复杂、中美贸易摩擦的扑朔迷离以及传统比较优势的逐渐消失,我国迫切需要寻找新的比较优势来促进并优化出口产品结构。对此,我们通过选取我国近二十年的经济发展数据,采用定性与定量、理论与实证相结合的方法,从总体回归、分样本回归以及趋势分析等多个层面,对劳动力数量、人力资本、资产投资、资源禀赋、外商直接投资、对外贸易规模、政府支持力度、科学技术以及国内市场规模等九大要素如何影响我国出口产品结构优化进行了较为细致的实证分析。研究发现,以劳动力为代表的传统比较优势,尽管在优化出口产品结构方面一直发挥着促进作用,但是其影响程度将会越来越弱;相反,国内市场规模正在成为继人口红利之后推动我国贸易发展的新型比较优势,尤其是在经济较为发达的东部区域,该优势表现得更为明显和突出;此外,科学技术有望发展成为促进我国出口产品结构优化的潜在比较优势。这一结论不仅丰富了出口产品结构优化的理论研究,提出了可将国内市场规模作为优化我国出口产品结构新型内生动力的观点,也为我国在新时代如何优化出口产品结构和实施高质量发展提供了新的实施路径和政策启示。

第二,关于我国出口产品结构的演变特征和影响因素的研究。我们认为,随着世界贸易的不断发展,出口产品总量已经不能够全面而又客观地衡量一国对外贸易状况和国际贸易地位,对一国对外贸易的研究逐渐从出口总量转移到了出口结构和质量上。因而,通过研究我国出口产品技术含量的演变特征,有利于充分明晰我国对外贸易的发展状况以及我国在国际分工体系中的地位,并为我国优化出口产品结构提供支撑和启示。通过研究,我们发现:(1)中国出口产品技术含量有一定的提升,但是依然有很大的进步空间。我国出口产品技术含量同发达国家的差距正在逐步缩小,但是赶超发达国家依然还有很长的一段路要走。(2)我国出口产品技术含量在2001—2006年进步明显,但在2006年以后发展相对缓慢。不同技术层次的出口产品技术含量的进步也不相同,高技术产品进步较大,但是中等技术产品发展较为缓慢;另外,各技术层次的产品内部发展并不均衡,中等技术产品中机械类产品占主导地位,而高技术产品则主要依赖电子电气类产品。(3)从影响因素来看,人均GDP对中国出口产品技术含量的提升有显著的正面效应,说明较高的经济发展水平能够促进出口产品技术含量的提高。外商直接投资(FDI)对我国出口产品技术含量的影响并不显著,这主要是因为外商直接投资对出口产品技术含量的影响是非线性的,会遵循N型变化。科研支出对中国出口产品技术含量的提升有显著的正面效应。而现阶段,中国的人力资本水平对出口产品技术含量具有反向的抑制作用,这需要进一步提升中国劳动力的培养质量和技术含量。同时,国家规模对出口产品技术含量的影响显著为负,究其原因可能在于国家规模对经济发展所具有的两面性影响了其对出口产品技术含量和结构优化的正向效应。

第三,关于本土市场规模作用于产业升级的研究。我们认为,如何更好地加快产业升级不仅是我国推进供给侧结构性改革的重要内容,也是优化我国出口产品结构的重要支撑。在传统驱动动力和发展优势逐渐丧失的大背景下,我国所拥有的巨大的国内(本土)市场规模将为推进我国产业持续升级提供新的路径选择。对此,在厘清本土市场规模作用于产业升级内在机制的基础上,我们利用我国1998—2015年31个省级层面的发展数据,在考虑了实证检验过程中可能存在的内生性和空间关联性等的影响之后,采取多种计量经济学方法,稳健地得出如下结论:首先,从总体上来看,增强本土市场规模有利于加快产业升级;其次,从作用机制的内外两个来源来看,在共同作用于产业升级的过程中,囿于我国自主创新的滞后性,本土市场规模与技术创新尚未形成有效的耦合提升机制,而借助于外商直接投资的技术溢出效应或倒逼作用,本土市场规模与外商直接投资能够形成协同的互促机制。这为国内市场规模优化我国出口产品结构提供了重要的产业基础。

第四,关于产业结构和贸易结构的协同性研究。我们认为,在国际环境日益开放和对外贸易活动愈渐频繁的大背景下,一国的产业结构与对外贸易结构存在着相互影响和交互作用的关系。在总体层面上,我们对1991—2015年中国对外贸易结构和产业结构之间的内在关系进行了实证检验,发现:(1)在样本期内,进口贸易结构与产业结构之间并不存在着显著的相关关系,这有可能是因为进口贸易的溢出作用和鲶鱼效应并未得到足够的关注和重视;(2)出口贸易结构和产业结构这两者之间存在着双向作用关系,即优化出口贸易结构能够对本土地区的产业结构升级产生一定的促进作用,同样,产业结构的转型升级对出口贸易结构的优化演进也会起到积极的促进作用。另外,在地区层面上,我们以苏浙沪为例,进一步分析了这三个地区产业结构和对外贸易结构之间的作用关系,发现:产业技术含量的提升或产业结构的进步对优化这三个地区进出口商品结构具有显著的影响;相反,对外贸易结构对产业结构的影响却具有异质性,主要表现在对第一产业和第二产业的影响上,而对第三产业的作用从目前来说还尚不明确。

第五,关于国内市场规模优化出口产品的机制分析。我们认为,在传统动力日渐式微的背景下,我国所蕴含的市场规模是提升我国出口产品质量、构建贸易强国和实现高质量发展战略的新动力和新优势。因而,我们着重考察了国内市场规模对提升出口产品质量的影响特征、作用机制以及优化对策,研究发现,现阶段,国内市场规模对出口产品质量的提升具有正向的作用特征;从国内市场规模对出口产品质量的作用机制来看,在外部机制方面,国内市场规模与外商直接投资(FDI)在共同作用于提升出口产品质量的过程中能够形成有效的耦合机制;在内部机制方面,国内市场规模能通过提升劳动生产效率而对出口产品质量产生正向的推进作用。我们的结论不仅丰富了国内市场规模对出口产品质量及其结构优化的相关理论研究,而且也为我国在新国际经贸发展背景下如何应对传统红利消逝、外资转移以及中美贸易摩擦等各类重大现实问题提供了有益的政策借鉴和重要启示。

第六,关于国内市场规模作用于经济增长质量的研究。我们认为,在中国经济进入新常态以及新发展格局的大背景下,提升经济增长质量是我国新时代经济发展的重要着眼点和关键落脚点。改革开放以来,作为经济发展的内生推动力,国内市场规模对我国经济保持健康发展起到了重要的推进作用。当前,在中美贸易摩擦前景依旧扑朔迷离的发展情境下,在出口贸易不断受到冲击和阻力的现实情形下,国家出台了一系列政策强调了进口的重要性,如在2018年首次召开了中国国际进口博览会,使进口贸易成为焦点问题。那么,国内市场规模、进口贸易和经济增长质量之间会呈现出什么样的作用关系呢?我们利用1999—2016年中国各省区市的发展数据,实证检验了国内市场规模和进口贸易对经济增长质量的重要性及其内在关系,研究发现:无论是在全国层面,还是在东、中、西的分样本层面,国内市场规模均对经济增长质量起到了显著的推动作用;然而,就现阶段而言,进口贸易对经济增长质量的促进作用并不显著;对国内市场规模和进口贸易的交互项进行回归,发现在共同作用于经济增长质量的过程中,国内市场规模与进口贸易之间没有起到协同并进的作用。该结论为我们在新时代下从国内市场规模视角来优化进口贸易发展以及提升中国经济增长质量提供了有益的启示。

9.2 优 化 举 措

根据上述研究结论,同时结合我国当前经济发展中所存在的重要问题和现实特征,我们提出以下几点优化对策和改进举措:

第一,深入挖掘和加快培育新型比较优势,为优化我国出口产品结构提供动力基础。

(1)在战略上要高度重视中高技术产业的发展,实现中国产业结构的全方位升级。现阶段,我国的出口产品还是以技术复杂度较低的劳动和资源密集型产品为主,这是造成我国出口产品附加值不高、结构不够高级的关键原因。因此,我国需要将各类生产要素积极向中高技术产业引导,尤其是战略性新兴产业,以增加中高技术核心产品和高端产业的规模,加快推动我国现有产业结构向技术密集型转变。结合国家所倡导的"大众创业,万众创新"的发展要求,加强对我国本土企业创新能力的重视,鼓励本土企业积极走出去学习和引进来新技术新理念、完善创新激励机制、拓宽中高技术企业的融资渠道,着力解决他们的资金问题,此外政府还应该对有创新能力的企业给予适当的优惠政策,减轻他们的税收负担,从而创造出良好的经营环境,全面实现中国的产业结构升级,那么出口产品结构也会随之优化升级。

(2)着力提高劳动力素质和人力资本水平,将劳动力数量优势转变为质量优势。当前,我国传统的劳动力禀赋已不再是我国对外贸易中的主导比较优势,因此我们需要将劳动力红利向人才红利转变。这就要求国家更加注重人才培育的质量和素质,通过合理配置教育资源、优化专业设置以及人才评价机制,为培育高质量的人才提供良好氛围和打下坚实基础。除了在教育方面下功夫外,还需要政府和企业积极组织员工培训、构建合理的职业教育体系以及营造终生学习的良好氛围,让所培育的员工更加满足行业与市场发展需求,建立以劳动力质量提升行业质量的运行规范,从而推动我国出口产品结构的优化升级。

(3)扩大国内市场规模,为优化我国出口产品结构提供内生动力。扩大国内市场规模可以通过创生和集聚本土企业以及吸引优质外资企业来实现规模经济和范围经济,从而基于本土市场效应(包括市场共享、知识外溢和竞争效应等)促进高附加值、高技术含量、低污染产品的出口。与此同时,本土市场的扩大还有利于低附加值和低技术含量产品的内部消化,从整体上提高出口产品品质。作为一种新型的比较优势,我国应当充分利用国内市场规模对出口贸易的促进作用,可以通过转变贸易发展方式,扩大对外贸易合作,深度参与国际贸易分工,着力促进国内的产业聚集,增加工业园区建设,加快工业园区内部资源整合力度,形成上下游关联产业集聚发展和配套发展;将扩大内需与供给侧结构性改革高效地结合起来,深入贯彻国家所提出的"着力加强供给侧结构性改革,着力提高供给体系质量和效率"的战略方针,探寻新经济增长点,开拓和发展新贸易联系;逐步放宽金融市场限制和门槛,减免税费,提升企业和消费者的购买力,从而刺激并升级最终消费,扩大国内市场规模。

(4)深化市场体制改革,为培育国内市场规模提供制度保障。通过以市场为导向的制度改革能够充分发挥国内市场规模的竞争效应、创新效应和激励效应,对构建贸易强国具有重大的现实意义。良好的市场环境,可以促进企业依托国内市场进行产品差异化生产和精致化运营,提高产品质量,扩张产品种类,促进出口产品结构的优化升级。而落实市场体制改革政策的主要抓手在于：首先，构建透明、公平、公正的市场运行体系，为市场经营主体创造一个高效有序的发展环境；其次，提高金融体系的透明度和开放性，提升金融机构的运行效率和服务质量；再其次，减少对企业自主经营活动的不当干预，给予企业成长应有的空间和舞台；最后，建立完善的市场法律体系，如通过加强产权保护制度、维护合法权益等。通过上述举措，为优化我国出口产品结构提供优良的制度环境。

第二，多维度提升并增进出口产品技术含量，为优化我国出口产品结构提供微观基础。

（1）激活企业发展活力，优化资源配置，加快高新技术企业发展。当前，资源基础型产品和低技术产品仍然在我国出口产品中占有相当大的比例，廉价劳动力和资源依然是我国国际贸易中比较倚重的传统优势。对此，要通过政策上的扶持和激励，将生产要素积极引向高新技术企业，增加高中等技术产品的规模。作为一国科技进步和生产力发展的中坚力量，高新技术企业是实现资源密集型产业和劳动密集型产业向更高级别产业转变的重要推动力。因而，要提高对本国企业创新能力的重视程度，完善激励机制，鼓励本国企业不断"走出去"，学习国外的先进技术和管理经验。同时，还要拓宽高新技术企业的融资渠道，降低企业的融资难度和融资成本，切实解决企业"融资难、融资贵"的瓶颈和痼疾。另外，对于政府来说，要通过实际调研，对有创新能力和有发展前景的企业提供多样化的优惠政策，减轻企业税赋负担，进而激发企业的创造活力。

（2）着重解决各技术层次产品内部结构的不均衡问题，实现各产业的全面协同发展。从出口结构来看，当前我国中等技术产品和高技术产品内部发展并不均衡。中等技术产品严重依赖机械类产品，而合成化学纤维、汽车等产品占中等技术含量产品的比重很低；高技术产品中电子电气类产品占有绝对优势，而光学仪器产品、精密测量仪器等产品占高技术产品的比重很低。实现各产业的全面发展，有利于我国提升出口产品技术含量，优化出口产品结构。对于发展相对缓慢的产业，要大力推动产业集群，将有交互联系性的企业、供应商及其他相关机构组织起来形成紧密联系的空间聚集体。空间范围内产业的高度集中有利于降低企业的生产成本和交易成本，提高规模经济效益和范围经济效益，提高企业和整个产业的市场竞争力。同时，还要合理利用资源，提高资源配置的效率。作为一双无形的手，市场在调节生产资源的配置时存在着自发性、盲目性和滞后性等缺陷，因而单靠市场调节资源配置无法完全实现生产资源在各个行业间的合理分配。为优化资源配置,实现资源合理分配,我们还要注重政府对资源配置的调控功能。对于一些急需发展而市场无法合理配置资源的行业,我们需要政府有所作为,通过积极发挥正外部效应,促进资源的有效配置。

(3) 注重引资质量,有选择性地引进外资,为优化出口产品结构提供外部牵引力。目前,我国引入的外商直接投资以加工贸易型企业为主,较少引入高新技术外资企业。这些加工贸易型企业在进入我国后确实极大地改善了我国对外贸易发展的状况,并通过技术溢出效应带动了我国本土企业的发展。然而,值得注意的是,这些外商直接投资企业大多只是通过利用我国廉价的自然资源和劳动力资源以获取利润最大化,大多只是将中国作为产品加工基地,而非关键技术的创生之地。因而,提高外商直接投资的引入门槛和引资质量,是我国加快技术进步、优化出口产品结构的题中之义。一方面,要创建更加公平、友好的营商环境。长期以来,我国主要依靠优惠政策和廉价的劳动力资源吸引外投,但随着我国传统比较优势的逐步丧失和优惠政策的逐渐取消,我国对外资的吸引力正在逐步下降。为了能够吸引更加优质的外资,政府必须切实转变职能,深化外资领域的"放管服"改革,减少外资准入限制,简化外资企业直接投资程序,努力营造公平、友好、透明和可预期的营商环境。另一方面,在引进外资时要注重技术的可转移性与可汲取性。当前,我国各产业之间发展并不均衡,初级产品和低技术产品占出口产品的比重不断下降;中等技术含量产品发展较为缓慢,一直以机械产品为主,机动车、合成纤维等中等技术含量产品所占的比重较少;高技术含量产品发展也不均衡,电子电气类产品占有绝对优势,而其他高技术产品发展相对缓慢。因而,在引进外资时,应重点考虑中等技术以及高技术含量的产业,如汽车整车制造、合成纤维、精密测量仪器、生物医药以及人工智能等方面的外资。

(4) 增加并合理利用科研支出,提高科技水平和创新能力。科研支出的规模,不仅衡量了一国科研投入强度以及对科研的重视程度,而且也是一国科技实力和核心竞争力的重要标志。目前,我国的科研支出状况并不乐观,主要存在投入强度较低、不合理利用等问题。虽然我国 R&D 投入逐年增加,占 GDP 的比重从 2001 年的 1.79% 上升到 2014 年的 2.05%,但相较于发达国家来说,R&D 投入占比依然偏低。如,2014 年韩国 R&D 投入占 GDP 的比重为 4.29%,是中国 R&D 投入占比的两倍多;以色列和日本 R&D 投入占 GDP 的比重也达到了 4.11% 和 3.58%。以 OECD 为代表的发达国家,其 2014 年的平均 R&D 投入占 GDP 的比重为 2.44%,也要高于中国的占比。另据欧盟委员会发布的 The 2018 EU Industrial R&D Investment Scoreboard(《2018 年欧盟工业研发投资排名》)显示,排名前十的企业研发密度接近 15%,前 50 的企业所支付的研发投资占 40%,在研发投资排名前 2 500 的企业中,我国以 438 家企业数量位列第四位,与科技前沿国家还是存有差距的。同时,我国各企业的研发投入力度并不均衡,主要集中在大企业。如,据 The 2018 EU Industrial R&D Investment Scoreboard 统计,华为近十年的研发投入超过 600 亿欧元,在 2018 年投入了 113 多亿欧元用于研发,占销售收入的近 15%;阿里巴巴研发投入约为 29 亿欧元,约占销售收入的 9%;腾讯研发支出为 22 亿欧元,占销售收入的 7.3% 左右。从科研支出利用的合理性来看,我国相当一部分的科研支出并没有得到合理利用。虽然中国每年投入了大量的研究经费,但是所获得的很多研究成果与市场需求相脱节,依然存在着"两张皮"或是科研成果被束之高阁的现象。这就导致很多研究成果还只能停留在理论层面上,缺乏实际应用价值。对此,各级政府要加强对科技项目或科研基金的扶持和推进力度,以项目为抓手,聚力优质资源,引导并激励企业对技术创新的投入和重视。同时,对于高新技术企业来说,不仅要发挥其科研先锋的引领作用,而且还要为其提供良好的发展环境和政策支持,如要继续落实好研发费用加计扣除、重大项目申请支撑、所得税减免优惠等各类政策。另外,还要鼓励企业加大与高等学校、科研院所等的合作力度,通过创建以企业为主体、以高校为支撑、以科研院所为孵化平台的研发创新共同体,鼓励产学研合作,为企业研发技术和创新产品提供智力支持、人才保障和平台支撑。最后,还要加强对科研经费支出的监管力度,明确科研经费使用者的权责利,促使研究经费发挥最大的效用,"好钢要用在刀刃上"。

第三,将国内市场规模内生至产业升级中,为优化我国出口产品结构提供产业基础。

(1)要努力发挥和利用我国所蕴含的巨大的本土市场规模优势。首先通过继续深入推进"扩大内需"政策,在增加居民收入水平、调节收入分配结构、改善消费观念和习惯等多维措施的综合作用下,在逐渐取消地区封锁和市场分割等多重限制的条件下,不断扩大并夯实本土市场规模,同时要将本土市场规模作为产业升级和经济增长的有效动力和新型比较优势,通过本土市场规模的需求导向、集聚效应和引致创新等功能来优化产业结构,提升产业发展质量和层级。其次要善于利用好我国的市场规模优势,将其作为吸引外商直接投资并据此获取先进技术的有效手段和筹码,这就要改变传统的"以市场换技术"战略,通过将持续扩大的市场规模内生至与外商或跨国公司进行联合技术研发、攻关与创新的协同过程中,"零距离"地参与到先进技术的研创过程中,而非做个"旁观者"。最后,还要扎实推进自主创新战略。一方面要充分认识到自主创新对于我国实施并开展"创新驱动战略"的重要性,只有形成真正意义上的自主创新能力,才能形成可持续的内生发展动力;另一方面要将本土市场规模优势和培育自主创新能力有效地结合起来,即在进行自主创新的产业选择或技术调研时,要根据市场需求的现实状况和未来技术市场的总体需求趋势来进行研发和创新,将需求侧的市场引导效应嵌入供给侧的自主创新中,有的放矢地优化自主创新的结构和方向,进而增强自主创新的目的性和生命力。

(2) 要把提升产业升级看作一项系统工程,从多个维度加以推进。要进一步提升开放的质量与内涵,有针对性地进口国内所需的高端商品,出口国际所需的优质产品,从对外开放中汲取先进技术和释放国内产能;要加大对基础设施建设的支持力度,所谓"要致富,先修路",努力夯实并完善产业升级的基础保障,如实现高速铁路的地区均衡化布局,尤其是对中西部地区的支撑,进一步加大对产业园区基础设施的配套和保障力度,解决园区员工的衣食住行等问题;要合理界定政府的职能职责,在深入贯彻十八届三中全会和十九大精神等的指引下,厘清政府与市场之间的关系,明确政府在产业升级中的行政边界和干预范围,给产业发展营造自由成长的氛围和空间;要进一步提高人力资源的培育质量,通过改革现行教育培养方式、加大校企合作力度、实施职工再培训等措施,提高人才供给与市场需求的对接力度,进而为产业升级提供有效的智力支持;要提高研发经费的使用效率,通过提高项目申请门槛、加大执行监督力度、严惩违规违纪行为等方式方法,最大限度地发挥研发投入对于技术创新和产业升级的资金资助作用等。

第四,协调并厘清产业结构和贸易结构之间的内在关系,为优化我国出口产品结构提供贸易基础。

(1) 制定合理的贸易产业政策,优化资源配置,协调结构发展。对此,贸易战略重心要适当地由"出口导向型"向"进口导向型"转移。长期以来,中国一直主张以"出口导向型"贸易经济来拉动经济增长,但是在此战略作用下,我国对外贸易结构与产业结构之间并没有实现良性互动,外贸活动中的诸多对国内经济发展具有促进作用的活动没有得到足够的重视和合理的利用。对此,需要转变思路,积极发展"进口导向型"产业,并应认识到进口贸易不仅仅是为了满足国内消费需求,同时也不应过分担忧其对本土产业可能带来的竞争和压力,而是要"借力打力",充分利用进口贸易中国外资本的资金池、生产要素的国际交换以及高新技术的溢出效应等,为国内市场注入新鲜的血液,为优化升级产业结构增添更多的活力。然后,要注重产业政策与市场机制的结合,推进对外贸易与产业发展之间的良性互动。产业政策对优化产业资源配置、引导企业竞争等发挥了重要的作用。然而,现实中,也有一些产业政策对地区经济发展并没有起到促进作用,反而造成了资源误置、产能过剩以及环境污染等问题。因而,在运用产业政策时,要与市场机制相结合,通过市场主体的逐利性和趋利性,最大限度地发挥产业政策对劳动力、资本、技术等资源配置的导向功能和优化作用。基于此,提升产能利用率和贸易发展效能可以促使产业结构和贸易结构的协同并进。

(2)要积极鼓励扶持科技创新和技术研发型企业发展。近年来,随着我国人口红利的日益减少,劳动力成本和自然资源成本的不断上升,企业创新发展的约束日渐增强,企业创新利润的空间也进一步被压缩。低成本低价格战略不再拥有优势,良性的质量竞争才能提高核心竞争力。在新一轮科技与产业革命的背景下,企业要加大科技创新投入,建立好自主品牌,在练好内功的基础上再走向国际市场。此外,还要建立健全质量评价体系标准,引导企业向高技术高质量目标不断努力,推动企业质量水平与国际接轨。与此同时,还要积极寻求对外开放合作,通过参与国际贸易合作组织和开展国际经贸活动,如举办进出口国际博览会、推进"一带一路"建设等,以此建立良好的对外贸易伙伴关系。另外,对于企业来说,也应积极利用宽松的贸易政策,在区域贸易自由化的基础上构建新型对外贸易格局,通过不断引进和学习先进技术,提升出口产品质量,提质增效,打造新的经济增长点。同时,通过技术进步在行业中的示范和带动作用,鼓励和支持企业创新活动和科技研发工作,促使高能耗、低技术含量、低附加值的加工业务向低能耗、高技术含量、高附加值的高新技术领域转型,推动全行业的产品质量升级。

第五,着力扩大国内市场规模,努力提档升级进口贸易,积极推进我国经济高质量增长。

(1)改善消费环境,提升消费能力。消费环境的改善有助于保护消费者的合法权益,改善消费者体验,提高消费者购买意愿,对此,需要从多个角度进行消费环境的改善。第一,完善收入分配制度,提高中低收入人群的收入水平,逐步缩小地区间、城乡间居民收入差距。通过建立健全社会保障体系,大力发展社会公益事业和完善社会福利制度,加强医疗卫生、教育、文娱等公共服务方面的建设,重点关注民生需求,减少居民尤其是中低收入者的经济负担和后顾之忧,提高人民生活水平和消费信心,进而释放消费潜力。第二,加强与消费相关的法治建设,稳定价格水平。对此,各级政府部门应当找准服务者的角色定位,加强知识产权保护,做到有效监督消费市场,坚决打击假冒伪劣产品和不法商贩,维护社会的公平正义。同时,还要逐步建立信用消费体系建设,对信誉良好的消费者可以进行一定程度的鼓励和补贴,形成良性循环的市场氛围。第三,持续优化产业结构,推进第三产业进一步发展,引导人民从基本生活消费向更高的精神生活消费转变,以此满足人民日益增长的服务消费尤其是精神文化方面的需要。对此,在遵循市场发展导向出台相关政策,引导创新和培育新的消费热点的同时,要兼顾城镇居民消费和农村居民消费的特点与联系,通过加强城乡基础设施建设,加大对农村地区商业投资和旅游开发,推动城镇化进程和乡村振兴战略的实施,从而促进农村居民消费向便捷化、规模化和贸易化发展。

(2) 优化进口商品结构,赋予产业发展新动能。事实和理论均证明,进口贸易对经济发展的影响和作用是不容忽视的。调整和优化进口产品结构,对于推动经济更为持续和稳定地发展具有重要的意义和价值。对此,国家应该积极发挥宏观调控作用,在调整出口的同时也要鼓励进口,保持国际收支平衡,充分利用进口贸易中的技术溢出和知识外溢,以此加快产业升级与创新步伐,提高经济增长质量。第一,要简化和规范货物范围的进口审批等行政手段和微观管制措施,制定科学合理高效的服务体系。对此,应加快建立进口贸易风险管控机制,对企业、地区以及国家等的具体信息进行归档整合,基于此对进口行为的内在风险和外在冲击进行科学的系统评估,避免因为冗长而又烦琐的审批手续或贸易程序而影响了整个贸易进程和商务效率的改进和提升。第二,逐步扩大进口商品的范围,增加高技术以及绿色化产品的进口,提升进口商品的品质和赋能。相对于初级产品,资本品或是中间产品的进口可以对产业升级发挥更大的推动作用。因而,需要根据国内产业发展规划需要,提高对绿色环保类产品以及紧缺型高端商品的进口比例,不断提升进口商品的绿色全要素生产率和产业发展的综合竞争力。第三,稳步加快贸易口岸交通运输基础设施等硬件建设。对此,政府可在一些具有重要地位的边境口岸,批准设立经济特区、自由贸易区、保税区、出口产品加工区等,为当地经贸交流提供政策支持,努力为进出口贸易的发展开拓更为广阔的空间。第四,注重贸易联系,科学有序地培养贸易对象。设立良好的双边或多边合作框架,对于我国开展自由平等、互利互惠的贸易合作活动以及应对瞬息万变的国际贸易风险等均是有利的。对此,我国在进出口贸易中,不仅要维系既有贸易关系,同时还要有序地开发新的贸易联系,做到在"认识新朋友"时能"不忘老朋友",以及"朋友多了路好走"的贸易伙伴拓展境界,有效分散贸易风险,着力提升贸易质量。

(3) 扩大消费品进口,加快消费升级,为推进经济高质量发展赋能。目前,跨境电商的消费品进口发展势头迅猛,但其产品质量主要由平台把关,与国家检验检疫部门相脱节,质量难以保证,且各政府部门之间信息共享不充分,边界模糊,效率不高,监管难度进一步提高。对此,需要进一步完善。第一,应培育和扩充专业审批人才队伍,同时为提高透明度和增强政府公信力,详细公开相关评审标准和技术要求,丰富评审手段,并根据不同种类和用途的消费品实施分类评估质量风险,加强企业与评审机构之间的有效沟通。第二,结合地方实际,适度降低消费品征税和实体企业融资成本,并主动建立信息咨询平台,帮助企业了解相关进口政策、贸易手续、供需市场状态等,规避多次进口所造成的人财物浪费等现象。对于企业发展来说,应当意识到创新和技术进步对于提升产品品质的重要性,对此应积极发挥进口贸易所带来的技术溢出效应以提升生产率水平,通过开发高价值、个性化产品以及把握未来零售新动向,切实提高企业的国际竞争力和在全球价值链分工中的地位和话语权。第三,要加强海关、工商、质监等多部门的联合配合,尤其对敏感商品和重点关注商品等,应加强监管力度和开设源头追溯体系。对跨境电商平台来说,应重点关注对其的事中和事后监管,进一步加大对假冒伪劣产品的惩罚力度。与此同时,还应建立健全缺陷消费品的召回政策,完善相关缺陷评审体系,严格把关,从严处理,并要提升消费者的质量识别技术和风险防范意识,以此全面保护消费者的合法权益。

9.3 研究展望

本书基于"提出问题—分析问题—解决问题"的研究思路,运用规范分析和实证分析等研究方法,从定性和定量、宏观和微观、国外和国内等研究视角,较为系统地研究了国内市场规模对我国出口产品结构优化的作用特征、实现基础、内在机制和实施路径等,为我国在经济新常态下深入推进新型开放经济以及构建贸易强国提供了一定的价值参考和政策启示。然而,综观来看,本书的研究还存在着一些不足,值得我们后续深入研究。

第一,缺乏更为"接地气"的微观基础。虽然本书所构建的出口产品技术含量或出口产品质量或出口产品复杂度等是基于产品微观层面的数据获得的,但是本书并没有深入到企业层面,研究企业在面对日益增长的国内市场规模时,应如何改变其经营策略以及转变其出口产品结构等。对此,本书将在数据可获得的前提下,匹配与对接最新的中国工业企业数据库、中国海关数据库以及 UN Comtrade 数据库等,深入研究国内市场规模对出口企业技术创新、质量提升、附加值增值以及种类选择等的影响,为优化我国出口产品结构提供更为坚实的微观基础。这将是本团队今后研究的重要方向之一。

第二,缺乏更为宏大的国际比较。本书虽然通过一定的国别比较来分析了我国国内市场规模的优势和潜力,但是在比较优势的演变、出口产品结构优化的政策选择等方面,依然缺乏更为典型和全面的国际比较。对此,本团队将在后续研究中,投入充分的人力物力,利用 IMF、World Bank、WTO 等国际数据网站以及关于世界主要国家的文献资料等,试图梳理出国际比较优势的总体演变脉络以及典型国家(如美国、英国、德国、日本、韩国、俄罗斯等)比较优势的演进趋势,基于此,进一步分析这些国家在出口产品结构优化上的政策取向以及实施路径,以更加权威地指导我国对外开放经济的深度发展,并结合新的发展情境,如新时代、新发展格局、新冠肺炎疫情的持续影响等,为我国实现贸易强国提供更为健全和有效的决策支撑和参考依据。

第三,缺乏更为坚实的因果识别方法。本书虽然在研究过程中运用了诸多计量分析方法,如面板数据分析方法、空间计量分析法、工具变量法以及面板分位数回归分析法等,试图厘清和识别国内市场规模作用于出口产品结构优化的因果关系和内在机制,但是依然缺乏政策设计和因果识别等更为前沿的计量分析方法的支撑。对此,本团队将在现有研究的基础上,结合国家对外贸易发展和宏观经济增长的政策历程,试图从中梳理出与出口产品结构和市场规模扩大相关的政策变化,并通过利用因果识别法,如双重(或三重)差分法(DID 或 DDD)、断点回归法(Regression Discontinuity Design)以及合成控制法(Synthetic Control Method)等,明晰政策变化前后国内市场规模对出口产品结构优化的因果关系,以此更为清晰地刻画出国内市场规模与出口产品结构之间的作用逻辑。

基于上述三个层面的持续改进和不断优化,本书研究所得出的结论不仅更加稳健,进一步提升了本书研究主题的普适性,而且也更具延展性,从而进一步丰富本书研究内容的多样性。此外,伴随着大数据、机器学习以及人工智能等的发展,这些都将对新时代的贸易发展产生新的影响,也将会给企业创新、产业升级以及地区增长等带来新的动力。这些新变化也将成为我们深入研究我国出口产品结构优化与升级的重要突破口和关键切入点。

所谓"既是终点,也是起点"(It is both the end and beginning)。在后续研究中,我们将继续本着求真务实的科研态度,深度思考研究对象,科学甄别因果关系,着力厘清作用机制,努力构建政策体系,力争"客观、清晰、扎实"地做好学问以及学术研究工作。

参考文献

Acemoglu D, Linn J, 2004. Market size in innovation: Theory and evidence from the pharmaceutical industry[J]. The Quarterly Journal of Economics, 119(3): 1049-1090.

Aghion P, Akcigit U, Bergeaud A, et al, 2019. Innovation and top income inequality[J]. The Review of Economic Studies, 86(1): 1-45.

Alcalá F, Ciccone A, 2003. Trade, extent of the market and economic growth 1960—1996[J]. Economics Working Papers, 270(765): 346-358.

Alesina A, Spolaore E, Wacziary R, 2005. Trade, growth and the size of countries[J]. Handbook of Economic Growth, 1: 1499-1542.

Alvarez R, Claro S, 2007. The China phenomenon: Price, quality or variety? [EB/OL]. (2007-02-01)[2018-07-05]. https://ssrn.com/abstract=960515.

Amiti M, Freund C, 2010. The anatomy of China's export growth[M]. Chicago: University of Chicago Press.

Antoniades A, 2015. Heterogeneous firms, quality and trade[J]. Journal of International Economics, 95(2): 263-273.

Antràs P, Chor D, Fally T, et al, 2012. Measuring the upstreamness of production and trade flows[J]. American Economic Review, 102(3): 412-416.

Azadegan A, Wagner S M, 2011. Industrial upgrading, exploitative innovations and explorative innovations[J]. International Journal of Production Economics, 130(1): 54-65.

Balassa B, 1978. Exports and economic growth: Further evidence[J]. Journal of Development Economics, 5(2): 181-189.

Balassa B, 1965. Trade liberalisation and "revealed" comparative advantage[J]. The

Manchester School, 33(2): 99-123.

Baldwin R E, 1992. Measurable dynamic gains from trade[J]. Journal of Political Economy,100(1):162-174.

Baldwin R, Harrigan J, 2011. Zeros, quality, and space: Trade theory and trade evidence[J]. American Economic Journal: Microeconomics,3(2):60-88.

Bas M, Strauss-Kahn V, 2015. Input-trade liberalization, export prices and quality upgrading[J]. Journal of International Economics,95(2):250-262.

Benedictis L, Tajoli L,2007. Economic integration and similarity in irade structures [J]. Empirica,34(2): 117-137.

Berry S T,1994. Estimating discrete-choice models of product differentiation[J]. The RAND Journal of Economics, 25(2): 242.

Blume-Kohout M E, Sood N, 2013. Market size and innovation: Effects of medicare part D on pharmaceutical research and development[J]. Journal of Public Economics, 97: 327-336.

Boorstein R, Feenstra R C,1987. Quality upgrading and its welfare cost in U S Steel Imports 1969—1974[R]. National Bureau of Economic Research Working Papers.

Campolmi A, Fadinger H, Forlati C,2014. Trade policy: Home market effect versus terms-of-trade externality[J]. Journal of International Economics, 93(1): 92-107.

Carr D L, Markusen J R, Maskus K E,2001. Estimating the knowledge-capital model of the multinational enterprise[J]. American Economic Review,91(3):693-708.

Chen H, Swenson D L,2007. Multinational firms and new Chinese export transactions[J]. Canadian Journal of Economics, 41(2): 596-618.

Chen N, Juvenal L, 2016. Quality, trade, and exchange rate pass-through[J]. Journal of International Economics, 100(5): 61-80.

Chow P C Y, 1987. Causality between export growth and industrial development: Empirial evidence from the NICs[J]. Journal of Development Economics, 26(1): 55-63.

Coșar A K, Grieco P L E, Li S Y, et al,2018. What drives home market advantage? [J]. Journal of International Economics(110): 135-150.

Coe D T, Helpman E, Hoffmaister A H,1997. North-South R&D Spillovers[J]. The Economic Journal,107(440): 134-149.

Curzi D,Olper A, 2012. Export behavior of Italian food firms: Does product quality matter[J]. Food Policy,37(5): 493-503.

Davis D R, Weinstein D E,1999. Economic geography and regional production structure: An empirical investigation[J]. European Economic Review,43(2):379-407.

Davis D R, Weinstein D, 2001. Market size, linkages, and productivity: A study of

Japanese regions[R]. National Bureau of Economic Research Working Papers.

Desmet K, Parente S L, 2010. Bigger is better: Market size, demand elasticity and innovation[J]. International Economic Review, 51(2): 319-333.

Dhrifi A, 2015. Foreign direct investment, technological innovation and economic growth: Empirical evidence using simultaneous equations model[J]. International Review of Economics, 62(4): 381-400.

Diebold W, Krugman P R, 1986. Strategic trade policy and the new international economics[J]. Foveign Affairs, 65(1): 186.

Domeque Claver N, Fillat Castejón C, Sanz Gracia F, 2011. The home market effect in the Spanish industry, 1965—1995 [J]. The Annals of Regional Science, 46(2): 379-396.

Dornbusch R, Fischer S, Samuelson P A, 1977. Comparative advantage, trade, and payments in a Ricardian model with a continuum of goods[J]. American Economic Review, 67(5): 823-839.

Dunning J H, 1977. Trade, location of economic activity and the MNE: A search for an eclectic approach[M]//The international allocation of economic activity. London: Palgrave Macmillan: 395-418.

Eaton J, Kortum S, 2002. Technology, geography, and trade[J]. Econometrica, 70(5): 1741-1779.

Elhorst J P, 2013. Spatial panel data models[M]//Springer briefs in regional science. Berlin: Springer Berlin Heidelberg: 37-93.

Ernst D, 1998. Catching-up crisis and industrial upgrading: Evolutionary aspects of technological learning in korea's electronics industry[J]. Asia Pacific Journal of Management, 15(2): 247-283.

Fajgelbaum P, Grossman G M, Helpman E, 2011. Income distribution, product quality, and international trade[J]. Journal of Political Economy, 119(4): 721-765.

Farrell M J, 1957. The measurement of productive efficiency[J]. Journal of the Royal Statistical Society, 120(3): 253-281.

Feder G, 1983. On exports and economic growth[J]. Journal of Development Economics, 12(1/2): 59-73.

Fieler A C, Eslava M, Xu D Y, 2018. Trade, quality upgrading, and input linkages: Theory and evidence from Colombia[J]. American Economic Review, 108: 109-146.

Finger J M, Kreinin M E, 1979. A measure of 'Export similarity' and its possible uses[J]. The Economic Journal, 89(356): 905-912.

Flam H, Helpman E, 1987. Industrial policy under monopolistic competition[J].

Journal of International Economics, 22(1/2): 79 – 102.

Gereffi G, 2009. Development models and Industrial upgrading in China and Mexico [J]. European Sociological Review, 25(1): 37 – 51.

Gruber W, Mehta D, Vernon R, 1967. The R&D factor in international trade and international Investment of United States industries[J]. Journal of Political Economy, 9(1): 20 – 37.

Hallak J C, 2006. Product quality and the direction of trade[J]. Journal of International Economics, 68(1): 238 – 265.

Hallak J C, Schott P K, 2011. Estimating cross-country differences in product quality [J]. The Quarterly Journal of Economics, 126(1): 417 – 474.

Handley K, 2014. Exporting under trade policy uncertainty: Theory and evidence[J]. Journal of International Economics, 94(1): 50 – 66.

Handley K, Limão N, 2012. Trade and investment under policy uncertainty: Theory and firm evidence[R]. National Bureau of Economic Research Working Papers.

Harding T, Javorcik B S, 2009. A touch of sophistication: FDI and unit values of exports[R]. CEPR Discussion Paper.

Harris C D, 1954. The market as a factor in the localization of industry in The United States[J]. Annals of the Association of American Geographers, 44(4): 315 – 348.

Hausmann R, Hwang J, Rodrik D, 2007. What you export matters[J]. Journal of Economic Growth, 12(1): 1 – 25.

Hausmann R, Rodrik D, 2002. Economic development as self-discovery[J]. Journal of Development Economics, 72(2): 603 – 633.

Helpman E, 2006. Trade, FDI, and the organization of firms[J]. Journal of Economic Literature, 44(3): 589 – 630.

Johnson R C, 2012. Trade and prices with heterogeneous firms[J]. Journal of International Economics, 86(1): 43 – 56.

Kali R, Mendez F, Reyes J, 2007. Trade structure and economic growth[J]. The Joural of International Trade & Economic Development(2): 245 – 269.

Khandelwal A, 2010. The long and short of quality ladders[J]. Review of Economic Studies, 77(4): 1450 – 1476.

Kimura F, Lee H H, 2006. The gravity equation in international trade in services[J]. Review of World Economics, 142(1): 92 – 121.

Klette T J, Kortum S, 2004. Innovating firms and aggregate innovation [J]. Journal of Political Economy, 112(5): 986 – 1018.

Koopman R, Wang Z, Wei S J, 2012. Estimating domestic content in exports when processing trade is pervasive[J]. Journal of Development Economics,99(1): 178-189.

Koopman R, Wang Z, Wei S J,2008. How much of Chinese exports is really made in China? assessing domestic value-added when processing trade is pervasive[R]. National Burean of Economic Research.

Koopman R, Wang Z, Wei S J, 2014. Tracing value-added and double counting in gross exports[J]. American Economic Review, 104(2): 459-494.

Krugman P, 1980. Scale economies, product differentiation, and the pattern of trade [J]. American Economic Review, 70(5): 950-959.

Kwan A C C, Cotsomitis J A, 1991. Economic growth and the expanding export sector: China 1952—1985[J]. International Economic Journal,5(1): 105-116.

Lall S, Sturgeon T J, Gereffi G,2009. Measuring success in the global economy: International trade, industrial upgrading, and business function outsourcing in global value chains[J]. Transnational Corporations,18(2): 1-35.

Lall S,2000. The technological structure and performance of developing country manufactured exports, 1985—1998 [J]. Oxford Development Studies,28(3): 337-368.

Li L, Dunford M, Yeung G, 2012. International trade and industrial dynamics: Geographical and structural dimensions of Chinese and Sino-EU merchandise trade[J]. Applied Geography,32 (1): 130-142.

Linder S B,1961. An essay on trade and transformation[M]. Stockholm: Almqvist & Wiksell.

Long X L,Ji X,2019. Economic growth quality, environmental sustainability, and social welfare in China-provincial assessment based on genuine progress indicator (GPI)[J]. Ecological Economics,159(5): 157-176.

Lovely M,Popp D,2011. Trade, technology, and the environment: Does access to technology promote environmental regulation? [J]. Journal of Environmental Economics and Management,61(1):16-35.

Manova K, Yu Z H, 2017. Multi-product firms and product quality[J]. Journal of International Economics, 109: 116-137.

Mao R, Yao Y,2012. Structural change in a small open economy: An application to South Korea[J]. Pacific Economic Review,17(1): 29-56.

Markusen J R, 1986. Explaining the volume of trade: An eclectic approach[J]. American Economic Review, 76(5): 1002-1011.

Martincus C V, Gallo A, 2009. Institutions and export specialization: Just direct effects [J]. Kyklos, 62(1): 129-149.

Mattoo A, Rathindran R, Subramanian A,2006. Measuring services trade liberalization and its impact on economic growth: An illustration[J]. Journal of Economic Integration,21(1):64-98.

Mazumdar J,1996. Do static gains from trade lead to medium-run growth[J]. Journal of Political Economy,104(6):1328-1337.

McFadden D, 1981. Econometric models of probabilistic choice [M]//Structural analysis of discrete data with econometric applications. Cambridge: MIT Press: 198-272.

Melitz M J, 2003. The impact of trade on intra-industry reallocations and aggregate industry productivity[J]. Econometrica, 71(6): 1695-1725.

Michaely M,1977. Exports and growth: An empirical investigation[J]. Journal of Development Economics,4(1): 49-53.

Michaely M,1984. Trade, income levels, and dependence[M]. Amsterdam: North-Holland.

Modigliani F, Brumberg R,1954. Utility analysis and the consumption function: An Interpretation of cross-section data [M]. New Brunswick: Rutgers University Press: 1-6.

Montobbio F, Rampa F, 2005. The impact of technology and structural change on export performance in nine developing countries [J]. World Development, 33 (4): 527-547.

Murphy K M, Shleifer A,1997. Quality and trade[J]. Journal of Development Economics,53(1):1-15.

Nunn N, 2007. Relationship-specificity, incomplete contracts, and the pattern of Trade[J]. The Quarterly Journal of Economics(2): 569-600.

O'Mahony M, Timmer M P, 2009. Output, input and productivity measures at the industry level: The EU KLEMS database[J]. The Economic Journal,119(3):374-403.

Ottaviano G I P, Pinelli D, 2006. Market potential and productivity: Evidence from Finnish regions[J]. Regional Science and Urban Economics, 36(5): 636-657.

Ozawa T,2007. Institutions, industrial upgrading, and economic performance in Japan: The flying-geese paradigm of catch-up growth[M]. Cheltenham: Edward Elgar Publishing.

Parteka A, Tamberi M, 2011. Export diversification and development-empirical assessment[EB/OL]. (2011-07-22)[2018-11-15]. https://papers.ssrn.com/sol3/papers.cfm?abstract_id=1890767.

Pavitt K,1984. Sectoral patterns of technical change: Towards a taxonomy and a theory?[J]. Research Policy,13:343-373.

Poncet S, Waldemar F S, 2013. Product relatedness and firm exports in China[J].

The World Bank Economic Review,29(3):579-605.

Porter M,1990. Competitive advantage of nations[J]. Competitive Intelligence Review, 1(1):14.

Porter M E,2001. Competitive advantage of nations: Creating and sustaining superior performance[M]. New York: Simon and Schuster.

Posner M V,1961. International trade and technical change[J]. Oxford Economic Papers,13(3):323-341.

Pula G, Santabárbara D,2012. Is China climbing up the quality ladder? [R]. Banco de Espana Working Papers.

Rehme G, Weisser S F,2007. Advertising, consumption and economic growth: An empirical investigation[R]. Darmstadt Discussion Papers in Economics.

Roberts M J, Xu D Y, Fan X Y, et al, 2012. The role of firm factor in demand, cost, and export market selection for Chinese footwear producers[R]. National Bureau of Economic Research Working Papers.

Rodrik D,2006. What is so special about China's exports? [J]. China and the World Economy, 14 (5):1-19.

Saxenian A L, Hsu J Y,2001. The silicon valley-hsinchu connection: Technical communities and industrial upgrading[J]. Industrial and Corporate Change,10(4):893-920.

Schott P K,2004. Across-product versus within-product specialization in international trade[J]. The Quarterly Journal of Economics, 119(2):647-678.

Schott P K,2006. The relative revealed competitiveness of China's exports to the United States vis a vis other countries in Asia, the Caribbean, Latin America and the OECD [R].

Schott P K,2008. The relative sophistication of chinese exports[J]. Economic Policy, 23(53):5-49.

Stiroh K J,2002. Information technology and the U S productivity revival: What do the industry data say? [J]. American Economic Review, 92(5):1559-1576.

Swenson D L,Chen H Y, 2014. Multinational exposure and the quality of new Chinese exports[J]. Oxford Bulletin of Economics and Statistics,76(1):41-66.

Syverson C,2011. What determines productivity? [J]. Journal of Economic Literature, 49(2):326-365.

Tacchella A, Cristelli M, Caldarelli G, et al,2013. Economic complexity: Conceptual Grounding of a new metrics for global competitiveness [J]. Journal of Economic Dynamics and Control,37(8):1683-1691.

Vernon R,1966. International investment and international trade in the product cycle

[J]. The Quarterly Journal Economics, 80(2): 190-207.

Wacziarg R T, Spolaore E, Alesina A F, 2003. Trade, growth and the size of countries[J]. Harvard Institute of Economic Research Working Papers, 1(5): 1499-1542.

Wang Z, Wei S J, 2008. What accounts for the rising sophistication of china's exports? [R]. National Bureau of Economic Research.

Weder R, 2003. Comparative home-market advantage: An empirical analysis of British and American exports[J]. Review of World Economics, 139(2): 220-247.

Wörz J, 2005. Skill intensity in foreign trade and economic growth[J]. Empirica, 32(1): 117-144.

Wörz, 2004. Skill intensity in foreign trade and economic growth[EB/OL]. (2004-03-04)[2018-08-09]. https://www.docin.com/p-1439602110.html.

Xu B, Lu J Y, 2009. Foreign direct investment, processing trade and the sophistication of China's exports [J]. China Economic Review(3): 425-439.

Xu B, 2010. The sophistication of exports: Is China special? [J]. China Economic Review, 21(3): 482-493.

Yu Z, 2005. Trade, market size, and industrial structure: Revisiting the home-market effect[J]. Canadian Journal of Economics, 38(1): 255-272.

蔡佳林, 2015. 劳动力成本、市场规模与FDI吸引力研究：基于中国省级空间面板数据[J]. 现代商贸工业(1): 104-107.

蔡礼辉, 朱磊, 任洁, 2019. 地区市场规模、出口开放与产业增长：一个新经济地理模型分析[J]. 西南民族大学学报(人文社科版), 40(4): 102-110.

陈保启, 毛日昇, 2018. 中国国际贸易水平的测度分析：基于出口产品质量的主要经济体间比较[J]. 数量经济技术经济研究, 35(4): 20-40.

陈德湖, 马平平, 2013. 外商直接投资、产业关联与技术外溢[J]. 统计研究, 30(7): 55-63.

陈丰龙, 徐康宁, 2012. 本土市场规模与中国制造业全要素生产率[J]. 中国工业经济(5): 44-56.

陈丰龙, 徐康宁, 2016. 中国出口产品的质量阶梯及其影响因素[J]. 国际贸易问题(10): 15-25.

陈虹, 2011. 中国对外贸易结构与产业结构的关系研究[D]. 长春：吉林大学.

陈虹, 2010. 中国对外贸易结构与产业结构的关系研究：文献评述[J]. 改革与战略, 26(8): 183-186.

陈建华, 马晓逵, 2009. 中国对外贸易结构与产业结构关系的实证研究[J]. 北京工商大学学报(社会科学版), 24(2): 1-5.

陈晋玲, 2014. 我国对外贸易结构优化对产业结构升级影响研究[J]. 商业时代(10):

25 - 27.

陈启斐,2013. 扩大内需与出口贸易:基于中国省级数据的分析[J]. 中国经济问题(4):3 - 11.

陈强,2010. 高级计量经济学及 Stata 应用[M]. 北京:高等教育出版社.

陈晓华,黄先海,刘慧,2011. 中国出口技术结构演进的机理与实证研究[J]. 管理世界(3):44 - 57.

陈钊,陆铭,金煜,2004. 中国人力资本和教育发展的区域差异:对于面板数据的估算[J]. 世界经济(12):25 - 31.

程莉,滕祥河,2016. 人口城镇化质量、消费扩大升级与中国经济增长[J]. 财经论丛(7):11 - 18.

池仁勇,2003. 企业技术创新效率及其影响因素研究[J]. 数量经济技术经济研究,20(6):105 - 108.

戴魁早,2012. 中国工业结构变迁的驱动因素:1985—2010[J]. 当代经济科学(6):1 - 14.

戴翔,2012. 中国服务贸易出口技术复杂度变迁及国际比较[J]. 中国软科学(2):52 - 59.

戴翔,金碚,2014. 产品内分工、制度质量与出口技术复杂度[J]. 经济研究(7):4 - 17.

戴翔,张二震,2011. 中国出口技术复杂度真的赶上发达国家了吗[J]. 国际贸易问题(7):3 - 16.

单豪杰,2008. 中国资本存量 K 的再估算:1952—2006 年[J]. 数量经济技术经济研究,25(10):17 - 31.

邓慧慧,孙久文,2009. 贸易自由化、本地市场需求与制造业分布:基于空间经济学本地市场效应的视角[J]. 西南民族大学学报(人文社科版),30(9):65 - 71.

邓向荣,曹红,2016. 产业升级路径选择:遵循抑或偏离比较优势[J]. 中国工业经济(2):52 - 67.

董鹏刚,史耀波,2019. 市场需求要素驱动的创新溢出效应研究[J]. 科技进步与对策(9):19 - 25.

杜传忠,张丽,2013. 中国工业制成品出口的国内技术复杂度测算及其动态变迁:基于国际垂直专业化分工的视角[J]. 中国工业经济(12):52 - 64.

杜威剑,李梦洁,2015. 目的国市场对出口企业产品质量升级的影响[J]. 经济与管理研究(1):18 - 24.

杜修立,王维国,2007. 中国出口贸易的技术结构及其变迁:1980—2003[J]. 经济研究(7):137 - 151.

段水仙,2015. 四川省发展对外贸易促进产业结构升级研究[D]. 成都:四川师范大学.

段元萍,1998. 出口结构升级的动因、目标及策略[J]. 国际商务研究(4):17-21.

樊纲,关志雄,姚枝仲,2006. 国际贸易结构分析:贸易品的技术分布[J]. 经济研究(8):70-80.

范剑勇,谢强强,2010. 地区间产业分布的本地市场效应及其对区域协调发展的启示[J]. 经济研究,45(4):107-119.

冯伟,2015. 本土市场规模与产业生产率:来自中国制造业的经验研究[J]. 财贸研究(5):11-18.

冯伟,2011a. 市场如何才能换来技术[J]. 科学学与科学技术管理,32(10):158-164.

冯伟,2011b. 基于本地市场效应的产业集聚机制研究[J]. 产业经济评论(3):53-81.

冯伟,李嘉佳,2018. 本土市场规模与产业升级:需求侧引导下的供给侧改革[J]. 云南财经大学学报,34(10):13-26.

冯伟,邵军,徐康宁,2011. 市场规模、劳动力成本与外商直接投资:基于我国1990—2009年省级面板数据的研究[J]. 南开经济研究(6):3-20.

冯伟,徐康宁,2012. 产业发展中的本地市场效应:基于我国2004—2009年面板数据的实证[J]. 经济评论(2):62-70.

冯伟,徐康宁,邵军,2014. 基于本土市场规模的产业创新机制及实证研究[J]. 中国软科学(1):55-67.

付宏,毛蕴诗,宋来胜,2013. 创新对产业结构高级化影响的实证研究:基于2000—2011年的省际面板数据[J]. 中国工业经济(9):56-68.

傅立峰,2012. 中国高技术产品出口复杂度及其影响因素分析[D]. 杭州:浙江大学.

高新,2017. 消费者异质性对省际进口贸易的影响研究[J]. 财经论丛(5):3-10.

高越,2003. 我国进出口对GDP及三个产业影响的实证分析[J]. 国际经贸探索,19(4):7-10.

高越,李荣林,2015. 国际市场竞争与中国出口产品质量的提高[J]. 产业经济研究(3):11-20.

龚六堂,谢丹阳,2004. 我国省份之间的要素流动和边际生产率的差异分析[J]. 经济研究(1):45-53.

谷永芬,洪娟,2011. 长三角地区对外贸易结构与产业结构互动升级研究[J]. 经济纵横(11):107-110.

关志雄,2002. 从美国市场看"中国制造"的实力:以信息技术产品为中心[J]. 国际经济评论(4):5-12.

郭峰,洪占卿,2013. 贸易开放、地区市场规模与中国省际通胀波动[J]. 金融研究

(3):73-86.

郭晶,杨艳,2010. 经济增长、技术创新与我国高技术制造业出口复杂度研究[J]. 国际贸易问题(12):91-96.

韩会朝,徐康宁,2014. 中国产品出口"质量门槛"假说及其检验[J]. 中国工业经济(4):58-70.

韩晶,2000. 贸易结构变化对经济增长转型影响分析[J]. 贵州财经学院学报(5):40-43.

何帆,朱鹤."共享单车"背后的经济学原理[R/OL]. (2017-03-07)[2018-04-05]. http://opiniorn.jrj.com.cn/2017/03/0708322214308/.shtml.

洪银兴,2001. WTO条件下贸易结构调整和产业升级[J]. 管理世界(2):21-26.

胡秋阳,2005. 关于中国进口的诱发结构和进口变动的要素分析:与日本的比较[D]. 神户:日本神户大学大学院经济学研究科.

胡文帅,2015. 政府消费与城乡居民消费对湖南经济增长影响的实证研究[D]. 长沙:湖南大学.

黄玖立,黄俊立,2008. 市场规模与中国省区的产业增长[J]. 经济学(季刊)(4):1317-1334.

黄玖立,李坤望,2006. 出口开放、地区市场规模和经济增长[J]. 经济研究,41(6):27-38.

黄蓉,2014. 中国对外贸易结构与产业结构的互动关系研究[D]. 上海:上海社会科学院.

黄先海,诸竹君,2015. 新产业革命背景下中国产业升级的路径选择[J]. 国际经济评论(1):112-120.

江小涓,2007. 我国出口商品结构的决定因素和变化趋势[J]. 经济研究(5):4-16.

金碚,2004. 中国工业的技术创新[J]. 中国工业经济(5):5-14.

金煜,陈钊,陆铭,2006. 中国的地区工业集聚:经济地理、新经济地理与经济政策[J]. 经济研究(4):79-89.

金哲松,2003. 中国贸易结构与生产结构偏离的原因分析[J]. 中央财经大学学报(3):38-41.

亢梅玲,和坤林,2014. 出口产品质量测度与干中学效应研究[J]. 世界经济研究(7):47-54.

孔群喜,王紫绮,2019. 对外直接投资如何影响中国经济增长质量:事实与机制[J]. 北京工商大学学报(社会科学版),34(1):112-126.

蓝庆新,田海峰,2002. 我国贸易结构变化与经济增长转型的实证分析及现状研究[J]. 株洲工学院学报,16(2):39-44.

李春顶,2010a. 新—新贸易理论文献综述[J]. 世界经济文汇(1):102-117.

李春顶,2010b. 中国出口企业是否存在"生产率悖论":基于中国制造业企业数据的检验[J]. 世界经济(7):64-81.

李丹,2012. 资本积累对服务贸易结构优化影响的实证研究:以美国为例[J]. 亚太经济(2):38-42.

李方静,2014. 企业生产率、产品质量与出口目的地选择:来自中国制造业企业微观层面证据[J]. 当代财经(4):86-97.

李怀建,沈坤荣,2015. 出口产品质量的影响因素分析:基于跨国面板数据的检验[J]. 产业经济研究(6):62-72.

李建民,1999. 人力资本与经济持续增长[J]. 南开经济研究(4):1-6.

李金昌,史龙梅,徐蔼婷,2019. 高质量发展评价指标体系探讨[J]. 统计研究,36(1):4-14.

李坤望,蒋为,宋立刚,2014. 中国出口产品品质变动之谜:基于市场进入的微观解释[J]. 中国社会科学(3):80-103.

李坤望,王有鑫,2013. FDI促进了中国出口产品质量升级吗:基于动态面板系统GMM方法的研究[J]. 世界经济研究(5):60-66.

李梅,柳士昌,2012. 对外直接投资逆向技术溢出的地区差异和门槛效应:基于中国省际面板数据的门槛回归分析[J]. 管理世界(1):21-32.

李荣林,姜茜,2010. 我国对外贸易结构对产业结构的先导效应检验:基于制造业数据分析[J]. 国际贸易问题(8):3-12.

李瑞琴,王汀汀,胡翠,2018. FDI与中国企业出口产品质量升级:基于上下游产业关联的微观检验[J]. 金融研究(6):91-108.

李伟庆,聂献忠,2015. 产业升级与自主创新:机理分析与实证研究[J]. 科学学研究,33(7):1008-1016.

李小平,卢现祥,朱钟棣,2008. 国际贸易、技术进步和中国工业行业的生产率增长[J]. 经济学(季刊),7(2):549-564.

李杏,M W Luke Chan,2009. 外商直接投资的技术溢出的进一步检验:基于中国东中西部不同时间阶段分析[J]. 南开经济研究(5):84-93.

李燕萍,彭峰,2012. 国际贸易、自主研发与高技术产业生产率增长[J]. 经济评论(1):133-139.

李宇,张瑶,2014. 制造业产业创新的企业规模门槛效应研究:基于门槛面板数据模型[J]. 宏观经济研究(11):96-106.

李子奈,叶阿忠,2012. 高级应用计量经济学[M]. 北京:清华大学出版社.

廖利兵,陈建国,曹标,2013. 中国吸引FDI的因素变化研究[J]. 国际贸易问题(12):137-147.

林玲,陈妹,赵素萍,2015. 产品内分工、要素禀赋与出口技术复杂度[J]. 经济问题探索(10): 117-124.

林毅夫,2007. 经济发展与转型:思潮、战略与自生能力[M].北京:北京大学出版社.

刘秉镰,刘勇,2006. 我国区域产业结构升级能力研究[J]. 开放导报(6):82-85.

刘和东,2013. 国内市场规模与创新要素集聚的虹吸效应研究[J]. 科学学与科学技术管理(7):104-112.

刘维林,李兰冰,刘玉海,2014. 全球价值链嵌入对中国出口技术复杂度的影响[J]. 中国工业经济(6):83-95.

刘希宋,邱瑞,2009. 我国对外贸易与产业结构关系动态分析[J]. 统计与决策(4):110-111.

刘修岩,殷醒民,贺小海,2007. 市场潜能与制造业空间集聚:基于中国地级城市面板数据的经验研究[J]. 世界经济,30(11):56-63.

刘逸琪,2014. 我国出口产品的质量研究[D]. 厦门:厦门大学.

刘遵义,2011. 中国经济改革成功的经验[M]// 经济学报(第5辑). 北京:清华大学出版社.

卢艳妮,2014. 国际贸易对中国制造业全要素生产率的影响:基于不同贸易种类的分析[D]. 厦门:厦门大学.

鲁晓东,2014. 技术升级与中国出口竞争力变迁:从微观向宏观的弥合[J]. 世界经济,37(8):70-97.

鲁晓东,李荣林,2007. 中国对外贸易结构、比较优势及其稳定性检验[J]. 世界经济(10):39-48.

陆懋祖,1999. 高等时间序列经济计量学[M]. 上海:上海人民出版社.

罗长远,陈琳,2011. FDI是否能够缓解中国企业的融资约束[J]. 世界经济(4):42-61.

罗国勋,1999. 经济发展与结构变化的实证分析[J]. 数量经济技术经济研究,16(3):48-51.

罗国勋,2000. 经济增长与劳动生产率、产业结构及就业结构的变动[J]. 数量经济技术经济研究,17(3):26-28.

罗良文,阚大学,2012. 国际贸易、FDI与技术效率和技术进步[J]. 科研管理,33(5):64-69.

马淑琴,2012. 中国出口品技术含量测度及其差异分析:基于产品内贸易分类的跨国数据[J]. 国际贸易问题(7):20-29.

马章良,顾国达,2011. 我国对外贸易与产业结构关系的实证研究[J]. 国际商务(对外经济贸易大学学报)(6):17-25.

莽丽,2003. 产业集群:吸引FDI的新取向[J]. 天津商学院学报,23(5):13-17.

毛日昇,陈敬,2004. 中国工业制成品贸易竞争力及结构转型分析[J]. 东部经济评论(2):32-39.

孟祺,2013. 中国出口产品国内技术含量的影响因素研究[J]. 科研管理,34(1):63-69.

莫莎,周晓明,2015. 生产性服务贸易进口复杂度对制造业国际竞争力的影响研究:基于跨国面板数据的实证分析[J]. 国际商务(对外经济贸易大学学报)(6):16-26.

聂辉华,江艇,杨汝岱,2012. 中国工业企业数据库的使用现状和潜在问题[J]. 世界经济(5):142-158.

欧阳峣,李坚飞,2015. 国家规模能够影响经济增长优势吗:基于38个国家数据的检验[J]. 湖南师范大学社会科学学报(6):26-35.

濮素,2010. 进口与经济增长相关性实证分析[J]. 商业时代(8):43-44.

齐俊妍,2006. 基于产品技术含量和附加值分布的国际贸易结构分析方法研究[J]. 现代财经(天津财经大学学报)(8):64-68.

齐俊妍,王岚,2015. 贸易转型、技术升级和中国出口品国内完全技术含量演进[J]. 世界经济,38(3):29-56.

钱纳里,塞尔昆,1988. 发展的型式:1950-1970[M]. 李新华,等译. 北京:经济科学出版社.

钱学锋,梁琦,2007. 本地市场效应:理论和经验研究的新近进展[J]. 经济学(季刊),6(3):969-990.

钱学锋,熊平,2010. 中国出口增长的二元边际及其因素决定[J]. 经济研究,45(1):65-79.

邱斌,尹威,2010. 中国制造业出口是否存在本土市场效应[J]. 世界经济(7):44-63.

任世毅,2016. 市场需求引导下的供给侧改革[J]. 财经界(21):27.

邵军,徐康宁,2011. 转型时期经济波动对我国生产率增长的影响研究[J]. 经济研究,46(12):97-110.

沈利生,吴振宇,2003. 出口对中国GDP增长的贡献:基于投入产出表的实证分析[J]. 经济研究(11):33-41.

沈琳,2015. 技术创新对中国高技术产品出口复杂度影响的实证研究[J]. 南京财经大学学报(1):14-19.

盛斌,2002. 中国对外贸易政策的政治经济分析[M]. 上海:上海三联书店.

盛斌,陈帅,2015. 全球价值链如何改变了贸易政策:对产业升级的影响和启示[J]. 国际经济评论(1):85-97.

施炳展,2014. 中国企业出口产品质量异质性:测度与事实[J]. 经济学(季刊),13(1):263-284.

施炳展,2015. FDI 是否提升了本土企业出口产品质量[J].国际商务研究(2):5-20.

施炳展,李坤望,2009.中国出口贸易增长的可持续性研究:基于贸易随机前沿模型的分析[J].数量经济技术经济研究,26(6):64-74.

施炳展,邵文波,2014.中国企业出口产品质量测算及其决定因素:培育出口竞争新优势的微观视角[J].管理世界(9):90-106.

施炳展,王有鑫,李坤望,2013.中国出口产品品质测度及其决定因素[J].世界经济(9):69-93.

施炳展,冼国明,2012.技术复杂度偏好与中国出口增长:基于扩展引力模型的分析[J].南方经济,30(8):87-101.

时磊,田艳芳,2011. FDI 与企业技术"低端锁定"[J].世界经济研究(4):75-80.

史伟,蔡慧芝,2018.产业集聚的知识溢出对企业创新的影响[J].山西师大学报(社会科学版),45(4):47-53.

史忠良,林毓铭,1999.实现再就业工程与产业结构调整的互动[J].当代财经(9):9-15.

宋大强,王璐雯,2017.国内市场规模扩大对服务贸易进口影响的实证研究:基于跨国面板数据的考察[J].无锡商业职业技术学院学报,17(1):6-14.

苏振天,2010.我国产业结构与对外贸易互动关系实证研究[J].绵阳师范学院学报(4):5-10.

孙海涛,宋荣兴,2012.消费需求与经济增长关系的计量经济分析[J].技术经济与管理研究(1):121-124.

孙金秀,2013.浙江对外直接投资对进出口贸易的影响及区域差异:基于面板数据的实证分析[J].企业经济(6):140-144.

孙晓华,王昀,2013.对外贸易结构带动了产业结构升级吗:基于半对数模型和结构效应的实证检验[J].世界经济研究(1):15-21.

覃桂凤,隋丹,2011.上海市对外贸易结构与产业结构的实证研究[J].上海管理科学(3):9-14.

唐海燕,张会清,2009.产品内国际分工与发展中国家的价值链提升[J].经济研究(9):81-93.

汪同三,2018.深入理解我国经济转向高质量发展[N].人民日报,06-07(77).

王菲,2010.中国对外贸易结构与产业结构的关系研究[D].武汉:华中科技大学.

王菲,2011.中国对外贸易与三次产业的结构变化效应关系研究[J].统计与决策(2):116-118.

王海杰,李延朋,2013.全球价值链分工中产业升级的微观机理:一个产权经济学的观点[J].中国工业经济(4):82-93.

王明益,毕红毅,张洪,2015. 外商直接投资、技术进步与东道国出口产品结构[J]. 世界经济文汇(4):61-76.

王明益,2014a. 中国出口产品质量提高了吗[J]. 统计研究,31(5):24-31.

王明益,2014b. 技术差距对我国出口产品质量影响研究[D]. 济南:山东大学.

王孝松,翟光宇,林发勤,2014. 中国出口产品技术含量的影响因素探究[J]. 数量经济技术经济研究(11):21-36.

王徐广,2009. 市场规模与外商对华直接投资:基于我国各省区面板数据的实证[D]. 武汉:华中科技大学.

王永进,盛丹,施炳展,等,2010. 基础设施如何提升了出口技术复杂度?[J]. 经济研究(7):103-115.

王兆海,2015. 山东省对外贸易对产业结构升级的影响分析[D]. 济南:山东师范大学.

王紫绮,孔群喜,2017. 扩大内需与服务进口贸易:基于跨国面板数据空间计量分析[J]. 山东工商学院学报,31(6):14-25.

卫欢,2017. 进口贸易技术溢出及其对中国碳排放强度的影响[D]. 合肥:合肥工业大学.

卫军,2016. 对外贸易促进山西省产业结构升级的实证研究[D]. 太原:山西财经大学.

魏浩,2014. 中国进口商品的国别结构及相互依赖程度研究[J]. 财贸经济(4):69-81.

魏浩,程玲,2010. 中国出口商品结构、劳动力市场结构与高端人才战略[J]. 财贸经济(10):93-99.

魏浩,毛日昇,张二震,2005. 中国制成品出口比较优势及贸易结构分析[J]. 世界经济(2):21-33.

魏婕,任保平,2011. 中国经济增长包容性的测度:1978—2009[J]. 中国工业经济(12):5-14.

魏敏,李书昊,2018. 新时代中国经济高质量发展水平的测度研究[J]. 数量经济技术经济研究,35(11):3-20.

魏伟,刘曼曼,孔祥贞,2018. 中国对美出口产品质量阶梯测度及影响因素研究[J]. 宏观质量研究,6(3):32-44.

吴丰华,刘瑞明,2013. 产业升级与自主创新能力构建:基于中国省际面板数据的实证研究[J]. 中国工业经济(5):57-69.

吴敏洁,程中华,徐常萍,2018. R&D、FDI 和出口对制造业环境全要素生产率影响的实证分析[J]. 统计与决策(14):132-136.

夏素云,2016. 要素集聚、全要素生产率与出口产品质量[D]. 杭州:浙江大学.

谢建国,2003. 外商直接投资与中国的出口竞争力:一个中国的经验研究[J]. 世界经济研究(7):34-39.

邢孝兵,徐洁香,王阳,2018. 进口贸易的技术创新效应:抑制还是促进[J]. 国际贸易问题(6):11-26.

熊爱华,2010. 我国居民消费与经济增长分析[J]. 山东大学学报(哲学社会科学版)(6):126-131.

徐邦栋,李荣林,2018. 出口产品质量研究的文献综述[J]. 现代管理科学(12):21-23.

徐光耀,2007. 我国进口贸易结构与经济增长的相关性分析[J]. 国际贸易问题(2):3-7.

徐晖,2014. 苏粤两省对外贸易对产业结构升级影响比较研究[D]. 无锡:江南大学.

徐康宁,冯伟,2010. 基于本土市场规模的内生化产业升级:技术创新的第三条道路[J]. 中国工业经济(11):58-67.

徐康宁,王剑,2006. 自然资源丰裕程度与经济发展水平关系的研究[J]. 经济研究(1):78-89.

徐圆,2009. 国际R&D溢出、产业间贸易流与中国制造业生产率[J]. 经济科学,31(3):49-58.

许德友,2015. 以内需市场培育出口竞争新优势:基于市场规模的视角[J]. 学术研究(5):92-98.

许和连,成丽红,2015. 动态比较优势理论适用于中国服务贸易出口结构转型吗:基于要素结构视角下的中国省际面板数据分析[J]. 国际贸易问题(1):25-35.

杨浩昌,李廉水,刘军,2015. 本土市场规模对技术创新能力的影响及其地区差异[J]. 中国科技论坛(1):27-32.

杨露鑫,2015. 中国对外贸易商品结构和产业结构的关系研究[D]. 兰州:兰州财经大学.

杨全发,1999. 广东利用外资的外贸效应分析[J]. 国际贸易问题(6):53-55.

杨全发,舒元,1998. 中国出口贸易对经济增长的影响[J]. 世界经济与政治(8):54-58.

杨汝岱,朱诗娥,2008. 中国对外贸易结构与竞争力研究:1978—2006[J]. 财贸经济(2):112-119.

杨文欣,徐毅,2019. 安徽省进口贸易与经济增长关系实证分析[J]. 淮阴工学院学报,28(1):85-90.

姚洋,张晔,2008. 中国出口品国内技术含量升级的动态研究:来自全国及江苏省、广东省的证据[J]. 中国社会科学(2):67-82.

易先忠,欧阳峣,傅晓岚,2014. 国内市场规模与出口产品结构多元化:制度环境的门槛效应[J].经济研究,49(6):18-29.

殷德生,2011.中国入世以来出口产品质量升级的决定因素与变动趋势[J].财贸经济(11):31-38.

尹翔硕,2004.贸易结构更为重要:中国外贸依存度及进出口贸易的不平衡与不对称[J].国际贸易(3):10-13.

于津平,邓娟,2014.垂直专业化、出口技术含量与全球价值链分工地位[J].世界经济与政治论坛(2):44-62.

余道先,刘海云,2008.我国服务贸易结构与贸易竞争力的实证分析[J].国际贸易问题(10):73-79.

余泳泽,2015.改革开放以来中国经济增长动力转换的时空特征[J].数量经济技术经济研究,32(2):19-34.

余泳泽,2012.FDI技术外溢是否存在"门槛条件":来自我国高技术产业的面板门限回归分析[J].数量经济技术经济研究(8):49-63.

袁微,2017.我国政府消费对经济增长的非线性影响研究[D].长沙:湖南大学.

袁欣,2010.中国对外贸易结构与产业结构:"镜像"与"原像"的背离[J].经济学家(6):67-73.

原毅军,谭绍鹏,吕萃婕,2010."市场换技术"政策实施效果评价:来自装备制造业的经验证据[J].科学学与科学技术管理,31(2):9-12.

曾铮,张亚斌,2008.相对效用价格比:基于不完全竞争市场的比较优势模型[J].产业经济研究(4):52-59.

张宸睿,2019.我国经济增长与国民消费的演进[J].中国商论(4):2-3.

张萃,2014.技术努力、对外贸易与中国工业企业技术升级:基于企业异质性视角的分析[J].暨南学报(哲学社会科学版)(9):111-120.

张公嵬,梁琦,2010.出口、集聚与全要素生产率增长:基于制造业行业面板数据的实证研究[J].国际贸易问题(12):12-19.

张国胜,2011.本土市场规模与产业升级:一个理论构建式研究[J].产业经济研究(4):26-34.

张金太,2011.产业结构升级与对外贸易互动关系研究:基于我国1978年—2009年数据的协整分析[J].商场现代化(15):3-5.

张其仔,李颢,2013.中国产业升级机会的甄别[J].中国工业经济(5):44-56.

张其仔,2014.中国能否成功地实现雁阵式产业升级[J].中国工业经济(6):18-30.

张群,2015.中国货物贸易结构演进研究[D].长春:东北师范大学.

张群,张曙霄,2014.基于产品技术含量分类的中德出口商品结构比较[J].商业研究(8):79-84.

张三峰,2009.FDI溢出渠道、人力资本与中国制造业生产率增长:基于1999—2006

年制造业行业数据的经验研究[J].浙江社会科学(9):42-49.

张曙霄,2003.中国对外贸易结构论[M].北京:中国经济出版社.

张丝思,2008.对外贸易与产业结构升级的理论关系[J].时代经贸(2):101-102.

张亚斌,2001.中国所有制结构与产业结构的耦合研究[M].北京:人民出版社.

张亚斌,黎谧,冯迪,2014.产品质量与制造业本地市场效应:基于需求结构视角的经验研究[J].当代财经(9):88-97.

张占斌,2016.夯实我国经济长期向好的基础[J].红旗文稿(9):21-24.

赵红,彭馨,2014.中国出口技术复杂度测算及影响因素研究[J].中国软科学(11):183-192.

赵伟,古广东,何元庆,2006.外向FDI与中国技术进步:机理分析与尝试性实证[J].管理世界(7):53-60.

赵伟,江东,2010.ODI与中国产业升级:机理分析与尝试性实证[J].浙江大学学报(人文社会科学版)40(3):116-125.

赵永亮,2015.消费品市场实现平稳发展的研究和展望[J].中国市场(8):111-112.

赵玉林,胡燕,2018.高技术产业创新绩效的累积效应:基于阶段性和滞后期的实证分析[J].中国科技论坛(10):101-110.

郑立伟,刘刚,刘晓飞,等,2015.国际贸易中产品的质量结构分析与实证研究[C].第十一届中国软科学学术年会论文集,北京:199-206.

郑展鹏,2010.中国对外贸易结构及出口竞争优势的实证研究[J].国际贸易问题(7):42-47.

郑展鹏,王洋东,2017.国际技术溢出、人力资本与出口技术复杂度[J].经济学家(1):97-104.

周昌林,魏建良,2007.产业结构水平测度模型与实证分析:以上海、深圳、宁波为例[J].上海经济研究(6):15-21.

周琳,2007.中国对外贸易比较优势实证研究[D].天津:南开大学.

周茂,陆毅,符大海,2016.贸易自由化与中国产业升级:事实与机制[J].世界经济(10):78-102.

周燕,蔡宏波,2010.南北贸易、R&D投入与中国工业行业技术进步[J].南京大学学报(哲学·人文科学·社会科学),47(5):45-54.

周英章,蒋振声,2002.我国产业结构变动与实际经济增长关系实证研究[J].浙江大学学报(人文社会科学版)(3):146-152.

朱敏,2018.消费升级新引擎[J].新经济导刊(11):5.

朱希伟,金祥荣,罗德明,2005.国内市场分割与中国的出口贸易扩张[J].经济研究(12):68-76.

朱振荣,王文皓,2007.我国高新技术产品出口的制约因素以及应对措施:以北京市为例[J].统计与决策(11):13-20.

朱子云,2019.中国经济增长质量的变动趋势与提升动能分析[J].数量经济技术经济研究,36(5):23-43.

祝树金,江鸣,张一博,2015.我国制造业全要素生产率影响出口质量的实证研究[J].湖南财政经济学院学报,31(5):114-123.

附　录

附录 A　我国出口产品按 SITC 分类的贸易竞争指数　　单位：%

年份	初级产品	SITC$_0$	SITC$_1$	SITC$_2$	SITC3	SITC$_4$	工业制成品
2017	−66.24	7.11	−33.92	−88.83	−75.17	−80.92	25.85
2016	−61.49	10.83	−26.54	−87.85	−73.58	−84.26	26.93
2015	−63.91	7.04	−27.14	−87.55	−75.36	−84.13	28.49
2014	−70.33	11.43	−28.86	−88.91	−80.38	−86.33	25.90
2013	−71.97	14.40	−26.70	−90.32	−80.64	−89.31	23.86
2012	−72.66	19.25	−25.92	−89.90	−81.98	−91.67	24.42
2011	−71.47	27.40	−23.64	−90.01	−79.05	−90.96	22.42
2010	−68.31	31.22	−12.05	−89.63	−75.27	−92.18	21.71
2009	−64.23	37.51	−8.70	−89.09	−71.78	−92.05	22.77
2008	−64.59	39.97	−11.32	−87.28	−68.39	−89.63	27.44
2007	−59.61	45.55	−0.16	−85.65	−68.05	−92.08	23.72
2006	−55.91	44.04	6.82	−82.73	−66.71	−82.69	20.50
2005	−50.15	41.08	20.35	−80.74	−56.79	−85.27	16.38
2004	−48.61	34.66	37.80	−80.90	−53.64	−93.21	10.92
2003	−35.28	49.26	35.06	−74.30	−44.85	−92.62	8.53
2002	−26.64	47.25	43.54	−67.56	−39.14	−88.62	9.42
2001	−26.92	43.94	35.88	−68.27	−35.02	−74.60	9.59
2000	−29.47	44.15	34.36	−63.52	−44.86	−78.77	11.29
1999	−14.76	48.58	57.51	−52.93	−31.34	−82.39	11.51

续表

年份	初级产品	SITC$_0$	SITC$_1$	SITC$_2$	SITC3	SITC$_4$	工业制成品
1998	−5.66	47.02	68.98	−50.56	−13.40	−65.85	16.37
1997	−8.88	44.03	53.25	−48.21	−19.19	−44.49	16.54
1996	−7.42	28.67	45.95	−45.13	−7.39	−63.72	6.49
1995	−6.39	23.76	55.33	−39.80	1.96	−70.32	8.35
1994	8.90	52.30	87.29	−28.62	0.42	−57.03	1.08
1993	7.95	58.40	57.24	−28.10	−17.22	−42.01	−8.90
1992	12.39	45.07	50.16	−29.51	13.59	−58.13	0.45
1991	19.69	44.16	45.13	−17.87	38.46	−65.48	2.52
1990	23.44	32.92	37.07	−7.46	60.92	−71.83	3.02
1989	12.39	18.89	21.71	−6.89	44.73	−82.10	−11.70
1988	17.72	25.77	−19.10	−8.91	66.77	−66.59	−15.45
1987	31.35	32.36	−20.09	4.72	78.79	−62.33	−16.15
1986	33.23	46.48	−18.21	−3.88	75.93	−28.53	−30.89
1985	44.67	42.01	−32.48	−9.90	95.29	5.06	−46.43
1984	39.24	16.20	−2.65	−2.44	95.49	28.57	−21.97
1983	24.71	−4.50	38.67	−13.03	95.35	20.00	−10.56
1982	13.66	−18.19	−14.54	−29.13	93.34	−16.13	2.59
1981	12.05	−10.66	−56.04	−34.79	96.87	−5.88	−8.60
1980	13.41	0.98	36.84	−35.00	90.94	−59.87	−18.37

年份	SITC$_5$	SITC$_6$	SITC$_7$	SITC$_8$	资源密集型产品	资本密集型产品	劳动密集型产品
2017	−15.65	46.34	19.12	60.61	−66.24	13.71	54.55
2016	−14.75	48.47	19.88	61.52	−61.49	14.74	56.05
2015	−13.86	49.24	21.63	62.70	−63.91	16.40	57.04
2014	−17.91	39.79	19.30	63.32	−70.33	13.55	53.22
2013	−22.81	41.84	18.78	61.43	−71.97	12.52	53.32
2012	−22.44	39.07	19.26	59.38	−72.66	12.86	50.93
2011	−22.41	36.02	17.70	56.49	−71.47	11.21	47.39
2010	−26.18	30.98	17.36	53.76	−68.31	10.77	43.82
2009	−28.76	26.35	18.28	55.74	−64.23	11.30	43.05

续表

年份	SITC$_5$	SITC$_6$	SITC$_7$	SITC$_8$	资源密集型产品	资本密集型产品	劳动密集型产品
2008	−20.07	42.00	20.77	54.96	−64.59	14.59	49.00
2007	−28.13	36.25	16.63	54.46	−59.61	10.14	46.15
2006	−32.31	33.58	12.21	53.89	−55.91	6.01	44.58
2005	−36.97	22.81	9.61	52.27	−50.15	2.62	38.96
2004	−42.59	15.27	2.96	51.44	−48.61	−3.86	34.87
2003	−42.88	3.85	−1.33	58.50	−35.28	−7.67	33.63
2002	−43.62	4.40	−3.80	67.26	−26.64	−10.60	38.59
2001	−41.25	2.19	−6.00	70.49	−26.92	−12.48	39.33
2000	−42.81	0.88	−5.35	74.25	−29.47	−12.66	40.50
1999	−39.70	−1.56	−8.28	76.40	−14.76	−14.92	41.23
1998	−32.27	2.21	−6.19	78.50	−5.66	−11.97	44.40
1997	−30.72	3.32	−9.40	78.36	−8.88	−14.39	44.02
1996	−34.20	−4.83	−21.59	73.85	−7.42	−24.50	36.09
1995	−31.09	5.68	−25.27	73.69	−6.39	−26.66	40.18
1994	−32.09	−9.49	−40.31	76.13	8.90	−38.66	35.46
1993	−35.46	−27.02	−49.32	71.31	7.95	−46.66	22.34
1992	−43.91	−8.86	−40.63	71.94	12.39	−41.48	33.91
1991	−41.69	15.88	−46.55	74.41	19.69	−44.95	41.23
1990	−28.12	17.08	−50.18	71.56	23.44	−43.20	39.30
1989	−40.49	−6.19	−64.91	67.68	12.39	−56.91	20.09
1988	−51.86	0.38	−71.55	61.33	17.72	−64.03	20.43
1987	−38.29	−6.34	−78.70	53.92	31.35	−66.29	12.23
1986	−37.03	−31.07	−87.76	45.00	33.23	−75.82	−9.35
1985	−53.39	−45.18	−90.92	29.40	44.67	−81.35	−26.73
1984	−51.29	−18.30	−65.83	59.79	39.24	−60.15	6.85
1983	−43.57	−18.06	−53.12	65.90	24.71	−48.73	7.20
1982	−42.11	4.82	−43.45	76.81	13.66	−42.81	29.16
1981	−32.02	7.68	−68.73	73.94	12.05	−55.44	29.47
1980	−44.40	−1.90	−71.72	67.91	13.41	−60.70	18.55

数据来源：根据《中国统计年鉴》中的出口统计数据整理计算而得。

附录 B 我国出口产品按 SITC 分类的显示性比较优势指数   单位：%

年份	初级产品	$SITC_0$	$SITC_1$	$SITC_2$	$SITC_3$	$SITC_4$	工业制成品
2017	−26.24	−0.18	−0.23	−13.47	−11.97	−0.38	26.24
2016	−22.76	−0.18	−0.22	−12.13	−9.84	−0.40	22.76
2015	−23.53	−0.45	−0.20	−11.87	−10.60	−0.42	23.53
2014	−28.21	0.13	−0.14	−13.09	−14.70	−0.41	28.21
2013	−28.89	0.38	−0.11	−14.03	−14.63	−0.50	28.89
2012	−30.01	0.60	−0.12	−14.13	−15.70	−0.66	30.01
2011	−29.36	1.01	−0.09	−15.55	−14.12	−0.61	29.36
2010	−25.90	1.06	−0.05	−14.46	−11.85	−0.60	25.90
2009	−23.56	1.24	−0.06	−13.37	−10.64	−0.73	23.56
2008	−26.55	1.05	−0.06	−13.93	−12.72	−0.89	26.55
2007	−20.38	1.32	−0.03	−11.59	−9.34	−0.74	20.38
2006	−18.18	1.39	−0.01	−9.70	−9.41	−0.46	18.18
2005	−15.95	1.53	0.04	−9.66	−7.38	−0.48	15.95
2004	−14.06	1.55	0.11	−8.88	−6.11	−0.73	14.06
2003	−9.68	2.56	0.11	−7.12	−4.54	−0.70	9.68
2002	−7.93	2.72	0.17	−6.35	−3.94	−0.52	7.93
2001	−8.88	2.76	0.16	−7.52	−4.01	−0.27	8.88
2000	−10.55	2.81	0.14	−7.10	−6.02	−0.39	10.55
1999	−5.97	3.18	0.27	−5.68	−2.99	−0.76	5.97
1998	−5.21	3.02	0.40	−5.73	−2.01	−0.90	5.21
1997	−7.00	3.04	0.35	−6.14	−3.42	−0.83	7.00
1996	−3.81	2.69	0.53	−5.03	−1.03	−0.97	3.81
1995	−4.05	2.05	0.62	−4.75	−0.30	−1.67	4.05
1994	2.03	5.56	0.77	−3.02	−0.13	−1.16	−2.03
1993	4.50	7.03	0.75	−1.90	−1.12	−0.26	−4.50
1992	3.57	5.88	0.55	−3.47	1.09	−0.49	−3.57
1991	5.49	5.67	0.42	−2.99	3.30	−0.92	−5.49
1990	7.11	4.39	0.26	−2.00	6.05	−1.58	−7.11
1989	8.82	4.61	0.26	−0.16	5.43	−1.32	−8.82
1988	12.10	6.11	−0.13	−0.25	6.89	−0.51	−12.10
1987	17.55	6.47	−0.16	1.57	10.27	−0.60	−17.55

续表

年份	初级产品	SITC$_0$	SITC$_1$	SITC$_2$	SITC$_3$	SITC$_4$	工业制成品
1986	23.26	10.59	−0.02	2.07	10.73	−0.11	−23.26
1985	38.04	10.23	−0.10	2.04	25.67	0.20	−38.04
1984	26.66	3.86	0.00	−0.01	22.55	0.26	−26.66
1983	16.13	−1.76	0.25	−2.98	20.47	0.15	−16.13
1982	5.44	−8.76	−0.24	−8.21	22.86	−0.21	−5.44
1981	10.03	−3.17	−0.69	−9.44	23.38	−0.05	−10.03
1980	15.54	1.85	0.25	−8.31	22.61	−0.86	−15.54

年份	SITC$_5$	SITC$_6$	SITC$_7$	SITC$_8$	资源密集型产品	资本密集型产品	劳动密集型产品
2017	−4.26	8.95	7.96	16.91	−26.24	3.70	25.87
2016	−4.52	9.07	5.49	17.30	−22.76	0.97	26.37
2015	−4.50	9.28	5.96	17.82	−23.53	1.46	27.10
2014	−4.12	8.29	8.74	19.43	−28.21	4.62	27.72
2013	−4.34	8.74	10.60	19.19	−28.89	6.25	27.93
2012	−4.32	8.23	11.16	18.64	−30.01	6.85	26.87
2011	−4.34	8.21	11.34	16.87	−29.36	6.99	25.08
2010	−5.17	6.39	10.10	15.80	−25.90	4.93	22.19
2009	−5.98	4.67	8.58	16.48	−23.56	2.60	21.15
2008	−4.98	8.88	8.06	14.86	−26.55	3.08	23.74
2007	−6.30	7.29	4.24	15.22	−20.38	−2.06	22.52
2006	−6.40	7.06	1.99	15.55	−18.18	−4.41	22.61
2005	−7.08	4.65	2.21	16.26	−15.95	−4.87	20.91
2004	−7.22	3.78	0.16	17.43	−14.06	−7.06	21.21
2003	−7.40	0.27	−3.87	20.77	−9.68	−11.27	21.04
2002	−8.52	−0.16	−7.42	24.36	−7.93	−15.94	24.20
2001	−8.16	−0.75	−8.28	26.55	−8.88	−16.44	25.79
2000	−8.57	−1.50	−7.70	28.96	−10.55	−16.26	27.46
1999	−9.18	−3.65	−11.73	31.34	−5.97	−20.91	27.70
1998	−8.76	−4.48	−13.20	32.18	−5.21	−21.96	27.70
1997	−7.96	−3.79	−13.16	32.54	−7.00	−21.12	28.75

续表

年份	SITC$_5$	SITC$_6$	SITC$_7$	SITC$_8$	资源密集型产品	资本密集型产品	劳动密集型产品
1996	−7.16	−3.74	−16.07	31.24	−3.81	−23.23	27.50
1995	−6.98	−0.11	−18.75	30.41	−4.05	−25.73	30.30
1994	−5.34	−5.10	−26.42	35.41	2.03	−31.76	30.31
1993	−4.30	−9.57	−26.65	36.02	4.50	−30.95	26.45
1992	−8.73	−4.92	−23.29	33.37	3.57	−32.02	28.45
1991	−9.23	3.67	−20.78	19.31	5.49	−30.00	22.98
1990	−6.45	3.56	−22.58	16.49	7.11	−29.03	20.05
1989	−6.68	−0.12	−23.41	16.97	8.82	−30.10	16.85
1988	−10.44	3.24	−24.38	13.81	12.10	−34.82	17.06
1987	−5.92	−0.78	−29.39	11.56	17.55	−35.31	10.78
1986	−3.19	−7.06	−35.58	11.62	23.26	−38.77	4.55
1985	−5.61	−11.73	−35.61	8.24	38.04	−41.22	−3.49
1984	−10.24	−7.36	−20.72	13.66	26.66	−30.96	6.29
1983	−9.25	−9.76	−13.15	13.46	16.13	−22.40	3.70
1982	−9.87	−0.98	−10.96	14.08	5.44	−20.82	13.10
1981	−5.74	3.06	−21.71	14.39	10.03	−27.45	17.45
1980	−8.35	1.32	−20.92	12.94	15.54	−29.27	14.26

数据来源：根据《中国统计年鉴》中的出口统计数据整理计算而得。

附录C 我国各省区市基于技术密集型产品复杂度(PRODY)计算所得的出口产品结构优化

单位：%

地区	1998年	2002年	2006年	2010年	2014年	2017年
北京市	9 730.638	7 259.464	8 286.422	7 021.662	5 949.237	5 929.823
天津市	5 089.566	6 694.206	7 311.973	4 747.902	5 018.95	4 410.563
河北省	2 884.28	2 643.97	2 802.018	2 857.039	3 407.975	3 174.943
山西省	826.748 3	956.280 7	903.797 7	595.668 5	853.256 8	1 032.304
内蒙古自治区	486.661	464.243 5	467.334 8	422.345 7	610.162 1	493.899 8
辽宁省	7 455.599	7 117.139	6 182.933	5 458.979	5 606.312	4 542.678
吉林省	692.424 2	1 017.783	654.243 6	566.911 3	551.372 3	447.470 7

续表

地区	1998年	2002年	2006年	2010年	2014年	2017年
黑龙江省	841.022 6	1 143.346	1 841.8	2 062.168	1 654.385	527.426 9
上海市	14 760.1	18 437.98	24 799.74	22 889.62	20 054.01	19 606.37
江苏省	14 457.64	22 137.23	35 021.97	34 267.02	32 622.59	36 756.44
浙江省	10 054.98	16 926.27	22 027.26	22 858.07	26 084.81	29 037.86
安徽省	1 399.612	1 411.81	1 492.881	1 572.236	3 004.785	3 097.851
福建省	9 216.947	9 997.05	9 008.614	9 055.472	10 827.25	10 622.83
江西省	941.618	605.437 4	819.397 4	1 699.315	3 056.31	3 289.434
山东省	9 666.69	1 2147.85	12 793.67	13 201.45	13 810.19	14 887.56
河南省	1 098.653	1 219.293	1 448.47	1 333.664	3 758.501	4 761.898
湖北省	1 580.505	1 207.574	1 366.878	1 829.232	2 542.603	3 086.736
湖南省	1 187.167	1 033.21	1 111.686	1 007.722	1 903.247	2 346.047
广东省	69 990.76	6 8177	65 923.45	57 402.18	61 658.94	63 065.5
广西壮族自治区	1 669.897	867.559 4	784.438 4	1 216.337	2 321.683	2 844.232
海南省	707.997 8	471.511 7	300.336 7	293.907 4	421.498 3	442.039 4
重庆市	47.581 18	62.800 25	73.187 43	948.569 2	6 050.61	4 312.778
四川省	108.441 2	156.064 3	144.614 3	2 386.391	4 279.204	3 802.286
贵州省	359.001 7	254.278 9	226.730 1	243.207 5	896.823 9	586.620 6
云南省	1 038.636	822.818 6	740.467 3	963.357 5	1 792.977	1 160.981
西藏自治区	44.037 9	46.687 64	48.519 16	97.662 7	200.488 9	43.862 49
陕西省	1 088.327	791.928 4	792.444 6	786.337 6	1 329.387	2 485.06
甘肃省	319.097 6	315.911	329.594 9	207.435 8	508.61	173.112 4
青海省	96.309 7	86.904 27	116.634 6	59.053 26	107.632 3	42.945 82
宁夏回族自治区	194.711 6	188.864 3	205.792 5	148.202 7	410.634 5	369.668 6
新疆维吾尔自治区	691.884 3	753.065 3	1 558.691	1 642.64	2 240.875	1 785.368

数据来源：根据 UN Comtrade 数据库和 Hausmann 等（2007）所提供的方法计算所得。

附录 D 我国各省区市基于技术密集型产品复杂度(EXPY)计算所得的出口产品结构优化

地区	1998年	2002年	2006年	2010年	2014年	2017年
北京市	14.3531	10.1647	11.0375	8.5976	7.2074	6.9456
天津市	7.5073	9.3732	9.7395	5.8135	6.0804	5.1661
河北省	4.2544	3.7021	3.7323	3.4983	4.1287	3.7188
山西省	1.2195	1.3390	1.2039	0.7294	1.0337	1.2091
内蒙古自治区	0.7178	0.6500	0.6225	0.5171	0.7392	0.5785
辽宁省	10.9973	9.9654	8.2356	6.6842	6.7919	5.3209
吉林省	1.0214	1.4251	0.8714	0.6943	0.6680	0.5241
黑龙江省	1.2405	1.6009	2.4533	2.5250	2.0043	0.6178
上海市	21.7718	25.8168	33.0331	28.0271	24.2951	22.9651
江苏省	21.3257	30.9965	46.6490	41.9580	39.5217	43.0531
浙江省	14.8315	23.7001	29.3401	27.9884	31.6013	34.0123
安徽省	2.0645	1.9768	1.9885	1.9251	3.6402	3.6285
福建省	13.5954	13.9979	11.9994	11.0879	13.1170	12.4426
江西省	1.3889	0.8477	1.0914	2.0807	3.7027	3.8529
山东省	14.2588	17.0094	17.0411	16.1644	16.7308	17.4379
河南省	1.6206	1.7073	1.9294	1.6330	4.5534	5.5776
湖北省	2.3313	1.6908	1.8207	2.2398	3.0803	3.6155
湖南省	1.7511	1.4467	1.4808	1.2339	2.3057	2.7479
广东省	103.2395	95.4613	87.8095	70.2858	74.6987	73.8691
广西壮族自治区	2.4632	1.2148	1.0445	1.4893	2.8127	3.3315
海南省	1.0443	0.6602	0.4000	0.3599	0.5106	0.5178
重庆市	0.0702	0.0879	0.0975	1.1615	7.3302	5.0516
四川省	0.1600	0.2185	0.1926	2.9220	5.1846	4.4536
贵州省	0.5295	0.3560	0.3020	0.2978	1.0865	0.6871
云南省	1.5320	1.1523	0.9863	1.1796	2.1722	1.3599
西藏自治区	0.0650	0.0654	0.0646	0.1196	0.2429	0.0514
陕西省	1.6053	1.1089	1.0555	0.9628	1.6105	2.9108
甘肃省	0.4707	0.4423	0.4390	0.2540	0.6162	0.2028
青海省	0.1421	0.1217	0.1554	0.0723	0.1304	0.0503
宁夏回族自治区	0.2872	0.2644	0.2741	0.1815	0.4975	0.4330
新疆维吾尔自治区	1.0206	1.0544	2.0762	2.0113	2.7148	2.0912

数据来源：根据 UN Comtrade 数据库和 Hausmann 等(2007)所提供的方法计算所得。

附录 E 我国各省区市基于 Harris(1954)计算所得的国内市场规模

地区	1998 年	2002 年	2006 年	2010 年	2014 年	2017 年
北京市	0.013 235	0.020 604	0.039 321	0.072 74	0.116 631	0.155 788
天津市	0.013 041	0.019 517	0.037 935	0.072 021	0.119 288	0.156 831
河北省	0.011 586	0.016 885	0.032 504	0.060 669	0.097 058	0.127 907
山西省	0.009 663	0.013 984	0.027 02	0.050 863	0.081 621	0.107 402
内蒙古自治区	0.006 044	0.008 84	0.017 011	0.032 4	0.052 608	0.068 747
辽宁省	0.007 729	0.011 069	0.020 122	0.038 393	0.062 898	0.074 587
吉林省	0.006 57	0.009 384	0.017 074	0.032 346	0.052 881	0.064 403
黑龙江省	0.005 215	0.007 415	0.013 568	0.025 411	0.041 33	0.051 525
上海市	0.021 404	0.031 761	0.059 402	0.104 386	0.157 971	0.218 497
江苏省	0.015 237	0.022 185	0.042 467	0.080 283	0.130 022	0.180 657
浙江省	0.013 621	0.020 138	0.038 381	0.070 706	0.111 726	0.154 35
安徽省	0.013 415	0.019 375	0.036 787	0.069 936	0.114 434	0.158 55
福建省	0.008 144	0.011 797	0.021 663	0.040 807	0.066 767	0.093 045
江西省	0.009 806	0.014 106	0.026 563	0.050 36	0.083 018	0.114 535
山东省	0.012 562	0.018 276	0.035 678	0.066 552	0.106 66	0.142 13
河南省	0.011 309	0.016 254	0.031 246	0.059 037	0.095 402	0.129 022
湖北省	0.010 805	0.015 429	0.028 951	0.055 39	0.091 921	0.126 538
湖南省	0.009 283	0.013 288	0.024 895	0.047 525	0.078 975	0.108 558
广东省	0.009 628	0.014 362	0.027 347	0.050 007	0.079 952	0.111 4
广西壮族自治区	0.006 269	0.008 988	0.016 843	0.031 756	0.052 541	0.071 851
海南省	0.005 5	0.007 99	0.014 845	0.027 725	0.045 714	0.062 844
重庆市	0.007 413	0.010 511	0.019 422	0.037 048	0.063 286	0.088 392
四川省	0.006 202	0.008 816	0.016 454	0.031 349	0.052 774	0.072 476
贵州省	0.006 159	0.008 797	0.016 392	0.031 058	0.052 677	0.073 461
云南省	0.004 758	0.006 721	0.012 456	0.023 457	0.039 476	0.054 207
西藏自治区	0.002 224	0.003 205	0.006 03	0.011 388	0.018 799	0.025 351
陕西省	0.007 736	0.011 195	0.021 468	0.041 091	0.068 015	0.091 822
甘肃省	0.005 107	0.007 364	0.013 974	0.026 571	0.043 886	0.058 51
青海省	0.004 514	0.006 503	0.012 316	0.023 342	0.038 51	0.051 217
宁夏回族自治区	0.005 312	0.007 703	0.014 726	0.028 272	0.046 369	0.061 367
新疆维吾尔自治区	0.002 366	0.003 419	0.006 454	0.012 154	0.019 995	0.026 675

数据来源：根据《中国统计年鉴》所提供的数据和 Harris(1954)所提供的方法计算所得。

附录 F 我国工业行业基于 PRODY 计算所得的产品复杂度

产品复杂度	2002 年	2004 年	2006 年	2008 年	2010 年	2012 年	2014 年	2016 年
01 煤炭采选业	16 840.62	13 196.16	13 278.83	13 679.70	11 911.60	11 060.37	7 516.86	9 282.58
02 石油和天然气开采业	11 263.49	11 646.42	12 807.93	13 665.24	13 027.47	15 053.60	15 569.40	16 080.45
03 黑色金属矿采选业	12 515.15	8 689.51	12 424.61	14 407.28	15 015.78	11 349.41	10 983.25	15 261.36
04 有色金属矿采选业	5 739.51	6 521.45	13 842.33	7 098.29	8 473.77	8 606.47	8 035.53	7 747.18
05 非金属矿采选业	11 335.47	13 048.02	13 815.96	13 873.68	14 406.63	13 632.84	15 408.67	16758.15
06 木材及竹材采运业	7 445.03	6 956.61	7 005.07	8 860.50	9 436.45	10 412.22	10 710.21	11 855.50
07 食品加工和制造业	10 292.03	11 406.77	12 063.31	12 075.98	11 339.39	11 601.10	11 514.01	12 192.10
08 饮料制造业	8 478.34	6 578.18	7703.86	9 195.79	9 120.41	7 814.81	8 697.01	10 319.67
09 烟草加工业	16 012.35	12 924.26	12820.82	12 791.12	14 620.51	12 347.35	15 745.65	12 140.07
10 纺织业	11 333.10	12 230.68	12 783.94	12 581.19	12 255.15	12 164.16	12 445.93	12 942.66
11 服装及其他纤维制品制造业	6 218.91	6 939.41	7 388.62	7 651.19	6 783.66	6 451.79	6 362.32	6 575.18
12 皮革毛皮羽绒及其制品业	8 259.68	9 857.65	9 647.80	10 467.19	10 204.29	11 150.96	11 691.37	12 280.30
13 木材加工及竹藤棕草制品业	9 169.40	10 567.50	12 764.39	14 537.57	14 430.95	14 637.98	14 986.84	14 992.18
14 家具制造业	13 775.06	14 440.80	15 248.82	15 870.90	15 832.05	16 132.81	16 016.17	17 610.78
15 造纸及纸制品业	15 629.44	16 097.47	20 051.03	20 363.80	19 655.72	19 519.56	20 269.86	21 030.35
16 印刷业记录媒介的复印	18 666.31	19 943.78	19 408.29	19 023.60	18 334.77	17 942.36	18 420.15	20 407.46
17 文教体育用品制造业	17 043.76	18 269.58	19 583.08	22 657.20	20 599.49	21 323.67	22 167.81	23 475.88
18 石油加工及炼焦业	14 064.32	14 593.53	14 803.37	17 349.23	15 333.70	18 012.28	17 045.89	17 716.92

续表

产品复杂度	2002 年	2004 年	2006 年	2008 年	2010 年	2012 年	2014 年	2016 年
19 化学原料及化学制品制造业	20 123.98	22 855.65	22 719.53	22 917.18	23 685.29	23 084.79	24 264.36	25 191.38
20 医药制造业	31 349.74	33 064.24	34 517.90	35 547.22	28 660.63	35 812.93	37 200.76	36 790.19
21 化学纤维制造业	16 864.56	15 313.31	19 492.29	21 093.74	17 827.62	19 491.16	19 748.82	20 798.97
22 橡胶和塑料制品	16 363.36	17 293.97	17 764.13	18 193.07	18 142.62	18 259.76	18 584.90	19 258.08
23 非金属矿物制品业	13 759.03	15 330.14	15 779.86	17 095.46	16 742.41	16 708.29	17 438.05	18 402.85
24 黑色金属冶炼及延压加工业	13 625.41	12 948.91	15 720.75	17 341.97	19 764.12	20 914.95	21 652.13	22 223.06
25 有色金属冶炼及延压加工业	13 136.51	13 957.65	17 708.65	18 635.78	20 516.78	20 472.28	20 528.78	21 040.70
26 金属制品业	18 486.80	19 891.12	20 853.86	20 476.95	20 269.26	20 930.60	21 396.38	21 924.64
27 普通机械制造业	19 603.29	21 099.90	22 630.18	23 133.96	22 569.67	23 646.09	24 935.19	25 085.35
28 专用设备制造业	24 041.16	26 098.11	26 577.03	24 957.19	24 497.53	26 951.14	28 209.84	27 996.07
29 交通运输设备制造业	13 900.50	16 609.65	17 388.59	17 137.18	16 916.44	17 982.51	20 025.71	19 325.40
30 电气机械及器材制造业	17 412.38	18 717.23	19 813.91	20 187.69	19 914.40	19 981.53	21 323.17	20 844.56
31 电子及通信设备制造业	18 572.31	20 204.47	21 452.35	21 123.81	19 907.98	20 390.17	19 919.86	20 181.43
32 仪器仪表及文化办公用机械	23 547.63	24 322.99	24 994.21	24 529.74	25 862.26	26 870.15	27 907.65	26 565.79
33 煤气的生产和供应	9 151.73	15 000.31	8 581.54	12 553.77	11 335.43	6 319.47	7 994.44	9 743.80

数据来源：根据 UN Comtrade 数据库和 Hausmann 等（2007）所提供的方法计算所得。

附录 G 我国工业行业基于 EXPY 计算所得的产品复杂度

产品复杂度	2002年	2004年	2006年	2008年	2010年	2012年	2014年	2016年
01 煤炭采选业	23.4893	17.8793	17.4911	17.4042	14.2595	12.6850	8.6390	10.4121
02 石油和天然气开采业	15.5454	15.7184	16.8547	17.3854	15.6612	17.4492	18.6118	18.6146
03 黑色金属矿采选业	17.3282	11.5955	16.3366	18.3517	18.1586	13.0299	12.9320	17.6263
04 有色金属矿采选业	7.6772	8.5725	18.2528	8.8335	9.9414	9.7574	9.2813	8.5594
05 非金属矿采选业	15.6479	17.6727	18.2171	17.6568	17.3935	15.7542	18.4128	19.4324
06 木材及竹材采运业	10.1065	9.1793	9.0116	11.1284	11.1506	11.9117	12.5939	13.5167
07 食品加工和制造业	14.1617	15.3843	15.8483	15.3158	13.5408	13.3302	13.5893	13.9228
08 饮料制造业	11.5783	8.6516	9.9561	11.5650	10.7536	8.8129	10.1005	11.6635
09 烟草加工业	22.3095	17.5001	16.8721	16.2470	17.6621	14.2205	18.8301	13.8600
10 纺织业	15.6445	16.5331	16.8223	15.9737	14.6911	14.0019	14.7435	14.8285
11 服装及其他纤维制品制造业	8.3600	9.1553	9.5300	9.5535	7.8185	7.1867	7.2091	7.1453
12 皮革毛皮羽绒及其制品业	11.2669	13.2243	12.5835	13.2207	12.1150	12.7931	13.8090	14.0293
13 木材加工及竹藤棕草制品业	12.5626	14.2141	16.7958	18.5214	17.4240	16.9533	17.8904	17.3015
14 家具制造业	19.1228	19.6147	20.1538	20.2577	19.1839	18.7368	19.1652	20.4612
15 造纸及纸制品业	21.7641	21.9246	26.6444	26.1086	23.9867	22.7774	24.4333	24.5873
16 印刷业记录媒介的复印	26.0898	27.2876	25.7757	24.3634	22.3275	20.8957	22.1424	23.8357
17 文教体育用品制造业	23.7786	24.9533	26.0119	29.0952	25.1722	24.9298	26.7838	27.5382
18 石油加工及炼焦业	19.5348	19.8277	19.5517	22.1829	18.5579	20.9791	20.4405	20.5892

续表

产品复杂度	2002 年	2004 年	2006 年	2008 年	2010 年	2012 年	2014 年	2016 年
19 化学原料及化学制品制造业	28.1660	31.3477	30.2511	29.4338	29.0481	27.0309	29.3804	29.6082
20 医药制造业	44.1557	45.5818	46.1977	45.8814	35.2975	42.2164	45.4018	43.6036
21 化学纤维制造业	23.5234	20.8313	25.8892	27.0592	21.6905	22.7435	23.7880	24.3081
22 橡胶和塑料制品	22.8095	23.5929	23.5534	23.2818	22.0861	21.2744	22.3465	22.4489
23 非金属矿物制品业	19.1000	20.8547	20.8715	21.8524	20.3274	19.4234	20.9261	21.4169
24 黑色金属冶炼及延压加工业	18.9097	17.5345	20.7916	22.1734	24.1229	24.4422	26.1452	26.0265
25 有色金属冶炼及延压加工业	18.2133	18.9410	23.4785	23.8583	25.0683	23.9140	24.7539	24.5998
26 金属制品业	25.8341	27.2142	27.7295	26.2560	24.7574	24.4609	25.8284	25.6664
27 普通机械制造业	27.4244	28.8996	30.1304	29.7161	27.6468	27.7006	30.2112	29.4802
28 专用设备制造业	33.7455	35.8688	35.4649	32.0904	30.0684	31.6438	34.2668	32.9924
29 交通运输设备制造业	19.3015	22.6388	23.0459	21.9067	20.5460	20.9436	24.1309	22.5301
30 电气机械及器材制造业	24.3037	25.5774	26.3239	25.8793	24.3116	23.3285	25.7378	24.3631
31 电子及通信设备制造业	25.9559	27.6511	28.5384	27.0984	24.3036	23.8161	23.9998	23.5630
32 仪器仪表及文化办公用机械	33.0426	33.3937	33.3256	31.5338	31.7826	31.5471	33.8925	31.2666
33 煤气的生产和供应	12.5375	20.3948	11.1423	15.9380	13.5358	7.0288	9.2304	10.9686

数据来源：根据 UN Comtrade 数据库和 Hausmann 等（2007）所提供的方法计算所得。

附录 H 我国工业行业基于工业销售产值减去出口交货值计算所得的国内市场规模

国内市场规模	2002 年	2004 年	2006 年	2008 年	2010 年	2012 年	2014 年	2016 年
01 煤炭采选业	1 812.31	3 823.72	6 894.63	14 211.35	21 409.90	30 182.44	25 969.11	19 822.87
02 石油和天然气开采业	2 604.21	4 448.50	7 465.92	9 245.32	9 728.83	11 766.48	11 615.27	6 766.00
03 黑色金属矿采选业	218.70	703.38	1 346.17	3 595.86	5 802.91	8 412.77	9 329.79	6 210.99
04 有色金属矿采选业	436.57	758.27	1 567.48	2 621.48	3 683.91	5 557.73	6 331.71	6 299.68
05 非金属矿采选业	375.16	537.19	965.91	1 781.51	2 963.02	4 143.73	5 397.45	5 581.86
06 木材及竹材采运业	4 131.76	7 164.43	11 371.11	21 680.11	32 246.41	48 998.93	60 675.53	66 021.42
07 食品加工和制造业	1 731.89	2 482.63	4 133.43	6 807.42	10 304.94	14 617.73	18 873.77	22 429.95
08 饮料制造业	1 881.96	2 282.78	3 660.27	5 884.40	8 733.99	12 989.93	16 095.54	18 778.07
09 烟草加工业	2 022.18	2 564.23	3 187.18	4 419.39	5 818.68	7 905.60	9 079.95	8 814.56
10 纺织业	4 458.17	7 085.45	11 318.59	16 852.13	23 352.37	28 041.73	33 857.45	36 765.69
11 服装及其他纤维制品制造业	1 289.56	1 750.34	3 294.95	5 867.93	8 647.85	12 779.81	16 160.38	18 916.52
12 皮革毛皮羽绒及其制品业	737.28	1 126.82	2 121.01	3 627.15	5 413.16	8 175.30	10 448.53	11 807.40
13 木材加工及竹藤棕草制品业	662.85	1 031.41	1 881.03	4 066.00	6 560.72	9 575.18	12 717.45	14 227.47
14 家具制造业	288.10	488.76	963.82	1 893.84	3 102.04	4 330.73	5 785.30	7 040.46
15 造纸及纸制品业	1 876.46	3 024.89	4 505.48	7 115.44	9 580.30	11 969.84	13 183.27	14 262.92
16 印刷业记录媒介的复印	738.75	1 052.63	1 492.29	2 365.74	3 208.00	4 202.54	6 455.42	7 697.20
17 文教体育用品制造业	246.81	362.02	645.60	1 051.78	1 715.39	1 882.32	2 546.86	3 278.84
18 石油加工及炼焦业	4 549.68	8 614.67	14 734.98	21 920.04	28 519.15	38 643.26	40 249.06	33 467.29

续表

国内市场规模	2002年	2004年	2006年	2008年	2010年	2012年	2014年	2016年
19 化学原料及化学制品制造业	6 383.69	11 360.49	18 120.65	30 210.97	43 751.46	62 739.31	77 966.97	82 455.92
20 医药制造业	2 035.77	2 724.03	4 225.54	6 735.18	10 219.92	15 770.76	21 887.96	26 957.30
21 化学纤维制造业	1 023.37	1 819.83	2 934.97	3 546.20	4 537.16	6 138.93	6 651.16	7 319.87
22 橡胶和塑料制品	2 630.26	4 337.46	6 704.56	10 875.58	16 208.10	20 803.41	26 271.97	29 021.32
23 非金属矿物制品业	3 982.02	6 583.26	10 318.30	18 934.04	29 789.89	42 375.96	56 326.90	61 281.36
24 黑色金属冶炼及延压加工业	6 236.82	15 745.59	23 332.48	40 920.69	49 461.00	65 776.07	68 084.70	58 023.70
25 有色金属冶炼及延压加工业	2 293.85	5 295.70	11 573.55	19 190.07	26 491.40	36 421.60	44 899.97	47 754.96
26 金属制品业	2 331.82	3 484.03	6 183.45	11 561.61	16 891.18	25 670.71	32 775.62	35 704.55
27 普通机械制造业	3 505.83	6 871.69	11 286.36	20 548.67	30 976.67	33 031.03	41 977.16	43 406.14
28 专用设备制造业	2 485.97	4 320.49	6 616.42	12 111.27	18 883.69	25 594.41	31 810.29	34 648.52
29 交通运输设备制造业	7 503.27	12 195.36	17 233.69	27 778.33	48 573.81	59 795.38	78 463.35	94 136.51
30 电气机械及器材制造业	4 608.09	7 799.74	13 160.75	22 788.18	34 074.55	45 070.45	57 038.54	64 071.56
31 电子及通信设备制造业	5 608.59	8 058.75	10 756.22	13 748.71	19 940.64	27 026.17	39 109.61	51 375.92
32 仪器仪表及文化办公用机械	592.83	974.08	1 703.85	2 742.84	4 219.56	5 575.19	7 045.75	8 083.21
33 煤气的生产和供应	223.41	409.05	724.89	1 472.42	2 368.52	3 251.42	5 052.11	6 047.78

数据来源：计算过程中所用到的原始数据来源于《中国工业经济年鉴》（历年）。

附录 I 我国工业行业基于 Weder(2003) 计算所得的国内市场规模

国内市场规模	2002 年	2004 年	2006 年	2008 年	2010 年	2012 年	2014 年	2016 年
01 煤炭采选业	1 708.085 4	4 234.163 6	7 378.141 2	15 344.654 0	23 447.609 0	35 164.380 0	31 344.824 8	24 917.727 2
02 石油和天然气开采业	2 463.223 1	3 932.371 8	7 295.396 7	8 859.241 6	10 645.265 3	13 319.900 8	12 674.565 8	7 520.334 5
03 黑色金属矿采选业	1 133.340 9	3 233.033 1	6 143.720 4	11 894.894 5	14 337.953 8	21 706.201 5	23 470.117 3	14 293.537 0
04 有色金属矿采选业	641.440 7	1 566.103 5	2 840.769 5	5 230.889 9	7 912.280 6	10 270.810 0	10 867.994 1	9 465.879 6
05 非金属矿采选业	588.534 8	1 120.137 5	2 261.612 9	3 484.195 7	5 097.850 4	6 540.305 6	8 080.065 2	8 019.558 8
06 木材及竹材采运业	4 606.823 3	8 117.656 7	12 703.795 0	23 485.354 7	34 291.661 9	51 762.043 7	63 715.985 6	68 932.573 4
07 食品加工和制造业	2 006.792 2	2 879.426 9	4 739.207 7	7 844.520 1	11 609.124 1	16 270.785 6	20 980.665 7	24 530.056 9
08 饮料制造业	1 402.281 6	1 788.709 8	2 964.195 6	5 471.231 4	8 461.703 5	13 151.067 5	16 482.750 4	19 359.752 7
09 烟草加工业	1 973.241 0	2 518.932 5	3 163.526 9	4 421.796 8	5 855.084 2	8 004.889 8	9 132.289 3	8 903.198 9
10 纺织业	6 204.593 0	10 109.045 3	14 996.749 2	20 894.738 0	27 951.226 1	31 743.188 3	37 667.631 4	40 254.715 2
11 服装及其他纤维制品制造业	2 005.960 0	2 200.692 8	3 538.697 4	6 126.771 3	8 607.730 0	13 311.780 0	16 553.887 6	18 995.233 1
12 皮革毛皮羽绒及其制品业	−2 748.323 3	−3 501.583 0	−4 494.817 0	−3 831.071 4	−2 288.913 3	1 023.796 5	3 477.007 6	5 726.446 9

续表

国内市场规模	2002年	2004年	2006年	2008年	2010年	2012年	2014年	2016年
13 木材加工及竹藤棕草制品业	−1 280.088 0	−1 399.914 5	−997.905 2	609.849 8	3 065.907 6	5 721.773 5	8 743.768 3	10 684.526 2
14 家具制造业	335.514 3	790.835 9	1 251.931 0	2 363.746 2	3 683.020 4	4 927.501 1	6 587.428 1	8 068.961 4
15 造纸及纸制品业	966.161 4	1 575.123 3	2 492.237 9	4 838.256 8	7 353.370 7	9 465.832 7	10 482.394 5	11 358.269 3
16 印刷业记录媒介的复印	970.756 5	1 400.372 7	1 822.981 1	2 878.124 4	3 852.516 2	4 899.675 0	7 127.406 4	8 497.340 4
17 文教体育用品制造业	661.864 1	1 012.109 1	1 451.659 9	2 104.981 7	2 766.475 5	3 192.524 8	3 842.413 7	4 618.356 6
18 石油加工及炼焦业	3 326.172 0	8 520.154 8	14 779.506 0	19 368.162 9	28 494.960 0	39 086.475 0	40 802.630 0	31 354.157 0
19 化学原料及化学制品制造业	7 215.472 9	13 114.689 3	20 897.145 1	34 450.815 1	47 673.899 5	67 891.037 5	83 341.910 8	87 194.740 3
20 医药制造业	3 721.303 0	5 608.447 6	7 490.585 6	9 572.395 1	14 411.090 5	19 858.367 5	25 602.114 8	29 666.472 4
21 化学纤维制造业	989.559 4	1 713.356 3	2 904.949 8	3 468.936 3	4 402.499 0	6 136.134 8	6 676.575 3	7 322.001 8
22 橡胶和塑料制品	3 456.126 2	5 831.406 6	8 578.274 4	13 243.649 4	18 891.595 1	23 395.883 5	29 088.147 5	31 769.202 0
23 非金属矿物制品业	3 876.104 6	6 535.960 8	10 315.794 4	19 050.225 9	30 182.414 5	42 805.295 0	56 617.930 8	61 230.817 5

续表

国内市场规模	2002年	2004年	2006年	2008年	2010年	2012年	2014年	2016年
24 黑色金属冶炼及延压加工业	6 076.623 6	16 018.846 2	23 902.165 0	42 494.609 8	49 802.763 4	66 628.784 0	69 288.097 6	58 520.180 8
25 有色金属冶炼及延压加工业	3 266.259 4	6 494.616 0	11 784.201 2	16 997.621 8	26 365.728 0	35 512.622 5	43 052.526 0	46 248.669 2
26 金属制品业	3 377.648 6	5 294.632 3	8 595.065 8	15 147.082 1	21 518.052 0	30 801.245 0	37 834.867 2	40 411.022 6
27 普通机械制造业	3 419.042 2	7 043.683 0	11 406.818 5	20 955.690 1	31 500.944 0	34 410.682 5	43 330.088 4	44 438.089 9
28 专用设备制造业	2 708.933 0	4 891.362 8	6 640.575 2	11 669.046 4	19 118.440 0	25 302.785 0	31 009.343 2	32 657.973 5
29 交通运输设备制造业	8 984.863 2	14 888.791 6	20 412.296 2	31 346.053 1	53 828.900 5	65 112.120 0	83 626.075 6	99 232.380 2
30 电气机械及材制造业	6 302.958 7	11 384.613 6	17 960.311 4	28 546.514 2	42 713.851 5	55 527.417 5	69 347.976 0	75 618.463 7
31 电子及通信设备制造业	9 078.264 0	18 616.055 2	27 412.252 2	35 726.101 3	45 701.997 0	60 125.755 0	74 991.702 8	87 271.606 8
32 仪器仪表及文化办公用机械	−4 811.528 0	−11 207.732 0	−17 542.124 8	−17 816.096 0	−21 243.888 0	−25 806.602 5	−26 494.263 6	−24 009.212 8
33 煤气的生产和供应	226.502 3	413.473 2	732.540 9	1 489.785 4	2 386.543 3	3 277.928 8	5 078.378 9	6 098.030 2

数据来源：计算过程中所用到的原始数据来源于《中国工业经济年鉴》（历年）。

致 谢

本书的出版依托于国家社会科学基金青年项目"国内市场规模对我国出口产品结构优化的作用机制与实现路径研究"(15CJL039)。在此首先要感谢全国哲学社会科学规划办公室的资助和江苏省哲学社会科学规划办公室的支持,同时也要感谢本人所在单位给予的支持。没有你们从资金、平台、办公环境、研究设施等方面的帮助,该项课题是难以"生根""开花"和"结果"的。

从 2015 年申请并成功获得该项课题,本人一直秉着敬畏的心态和踏实的态度来展开研究和撰写报告。敬畏的是,本人深知国家把这项课题交给本人来进行研究和分析,是国家对本人学术研究能力的一种肯定,但更多是一种鞭策,激励并期待本人能在此基础上有所突破,做出更高水平的科研成果;踏实的是,学术研究容不得半点的浮夸和浮躁,需要有"独上高楼,望尽天涯路"和"板凳要坐十年冷,文章不写半句空"的决心和毅力,对此本人也只能尽力做到"静心、清心与精心",力图能将学术问题剖析深和研究透。值得说明的是,本人原本可以在 2018 年年底结项,但是当时考虑到还有些问题并没有想清楚和弄明白,而且在 2018 年之后,不论是在国际还是在国内,均出现了一些新的经济形势和变化,如中美贸易摩擦、中国构建贸易强国以及推进高质量发展等,这对本书研究具有新的现实意义和理论指导价值,因而本人申请延期了一年进行结项。

从 2015 年立项到 2019 年申请结项,本书历时约 4 年时间。在这 4 年中,本人要感谢所有参与到本书研究中的老师们和同学们,他们分别是徐康宁、邵军、赵驰和浦正宁等老师,王兴元、熊金月、何雨寒、熊晓彤、李嘉佳和付悦等同学。和你们在一起阅读文献、讨论问题、撰修论文等,虽然过程较为艰辛和枯燥,但是充满了收获和充实,真是"痛并快乐着"。通过我们的共同努力,以本书为支撑,我们完成了多篇论文,其中公开发表论文 13 篇(SCI 收录论文 1 篇,CSSCI 收录论文 12 篇),另有多篇论文还在投审稿的过程中。因而,本书凝聚了团队的智慧、辛劳和汗水。

最后,还要感谢我的家人,尤其是始终陪伴我的妻子和儿子。妻子始终默默地在为这个小家而操持,除了要忙于自己的事业,还要照顾好家庭,方方面面、林林总总,都需要去考虑和应对,真是辛苦了;儿子聪明懂事,俏皮可爱,时不时会来一句鼓舞人心的话"爸爸,你最棒!",真是让人感动。

正所谓"滴水之恩,当涌泉相报"。作为选择"以笔绘人生"的我来说,没有其他更好的回报,只能继续秉着"止于至善"的问学精神,力争写出品质更好、水平更高的作品来,以此回馈你们对我的信任、帮助和关怀。